초우량 기업들의
경영혁신 200년

윤 덕 균

머리말

현재와 같은 글로벌 시대 하에서 선진국들의 개방 압력과 무역 장벽 아래서 우리기업들이 국제적으로 비교우위를 유지하고 지속적인 성장을 하기 위해서는 경영혁신이 필연적인 과제라는 데는 이의가 없을 것이다. 그러나 어떠한 경영혁신 기법이 우리기업에 적절할 것인가에 대해서는 의견이 분분하게 된다.

IE, VE, SQC, TQC, TQM, ZD, TPM, JIT, CIM, 최근의 6시그마, TOC 등 차라리 귀를 막고 싶을 정도로 어지럽게 많은 기법이 제시된다. 여기서 어떠한 경영혁신 기법을 선택할 것인가 또는 어떤 순서로 도입할 것인가 하는 문제의 해답을 얻기 위해서는 그 경영혁신 기법이 원초적으로 선진 기업에서 도입될 때의 기업 환경과 접근 방법을 연구할 필요가 있다. 어떤 경영혁신 기법이나 운동은 우연히 발생된 것이 아니라 시대적 요청에 의한 것이기 때문이다. 그러므로 그러한 시대적 배경을 이해하지 못하고는 그 기법이나 운동에 대한 확실한 접근 방법을 알기 어려울 뿐 아니라 성공에 대한 확신을 가질 수 없다. 경영혁신이 성공하기 위해서는 경영혁신 방법론(Know-how)이 필연적인데 이러한 방법론을 확실히 하기 위해서는 방법론의 본질(Know-what)에 대한 이해가 선결되어야 한다. 그런데 이러한 경영혁신의 본질을 이해하기 위해서는 그 경영혁신을 해야 되는 소이연(Know-why)에 대한 전반적인 이해가 필요하고 그러한 이해를 돕는 것이 바로 그러한 경영 혁신이 출현하게 된 배경(Know-when과 Know-where)이다. 이와 같이 경영혁신이 성공하기 위해서는 경영혁신 방법론의 육하원칙적인 고찰이 필요한 것이다.

이러한 산업 현장의 요구에 부응해서 본서에서는 아담스미스의 분업론을 시작으로 경영혁신에 대한 고전적 이론의 배경을 기술하고 선진국의 초우량 기업들이 어떻게 경영혁신을 성공적으로 수행해서 비교우위를 유지할 수 있었던가에 대한 역사적 배경, 도입의 동기, 수행과정, 그리고 성공과 실패의 결과를 편년사적으로 고찰한다. 이러한 경영혁신의 이론과 전개의 편년사적인 연구를 통해서 우리 기업이 나아가야 할 경영혁신의 지표를 제시하고자 한다. 우리기업들이 경영혁신을 하고자 할 경우 처음부터 최신 기법을 도입해야 하는 것이 아니라 기간의 장단에 관계없이 선진 기업들이 시행착오를 거쳐 완성한 경영혁신의 역사를 정확하게 섭렵하지 않으면 안 되기 때문이다. 처음에는 아담스미스가 주창한 분업을 통해서 전문화를 하는 것이 가장 경영혁신을 잘하는 길이며 그 다음에는 휘트니가 주창한 표준화를 통해서 경영을 혁신할 수 있는 것이다. 아무리 급하더라도 우리 기업이 이러한 절차를 밟지 않고 먼저 어떤 최신의 경영혁신 기법을 도입했을 경우 전문화와 표준화를 비롯한 이러한 절차를 거치지 않은 데 대한 수업료를 톡톡히 물어야 하는 것은 불을 보듯이 자명하기 때문이다.

경영혁신을 수행해야 할 기업의 담당자 뿐 아니라 경영방법론을 연구하는 교수들과 학생들도 본 내용을 활용해서 소기의 성과를 거두기를 소망한다.

본서가 나오는 데 물심양면으로 수고하여 주신 민영사의 김정식 사장님을 비롯한 관계자 여러분과 본서의 저술에 많은 자료를 찾아주고 도와준 품질경영연구실의 김계완를 비롯한 여러분들에게 진심으로 감사를 표한다.

2007년 2월 저자 씀

차례

제 1 장

생산성 혁신에 대한 역사적 인식의 필요성

혁신 운동이란 과학이 아니며 어느
기업에서 성공했다는 사실이 다른 모든
기업에서의 성공까지 보장하는 것은 아니다.
그럼에도 불구하고 우리 기업들은 선진국의 혁신
운동을 무비판적으로 받아들임으로써 특정 혁신
운동의 토양과 환경 조건의 다른 점, 시기의 부적절성,
접근 방법의 미숙으로 인한 시행 착오를 반복하고 있다.

productivity
Innovation

생산성 혁신에 대한 역사적 인식의 필요성

최근 우리 기업은 생산성 혁신 운동을 성공시켜야 하는 절실한 상황에 처해 있다. 그러나 대부분의 경우 성공적이라기보다는 시행착오를 되풀이하고 있는 안타까운 실정이다. 그 원인을 보면 어떤 혁신 운동이 성공하기 위해 필요한 다음의 두 가지 조건을 간과한 때문이 아닌가 한다.

첫째는 타이밍이며, 둘째가 접근 방법이다.

혁신 운동이란 과학이 아니며 어느 기업에서 성공했다는 사실이 다른 모든 기업에서의 성공까지를 보장하는 것은 아니다.

그럼에도 불구하고 우리 기업들은 선진국의 혁신 운동을 무비판적으로 수용함으로써 혁신 운동의 토양과 환경 조건의 차이·시기의 부적절성·접근 방법의 미숙에 따른 시행착오를 반복하고 있다.

이런 의미에서 선진국의 생산성 혁신 운동을 도입할 때 이른바 최신의 첨단 기법이 가장 좋다는 사고에서 벗어나지 않으면 안 된다.

개구리알이 올챙이를 거치지 않고서는 개구리가 될 수 없고, 누에의 애벌레가 몇 번의 탈바꿈을 거치지 않고는 누에고치가 될 수 없고 또 나방도 될 수 없듯이, 생산성 혁신에도 각 수준마다 필요한 절차가 있다.

어떤 적합한 수준에 도달하지 않은 상태에서 무조건 도약을 시도하는 경우 실패는 명약관화하며 이에 대한 대표적인 예로서 우리나라에서 실패로 끝난 ZD운동을 들 수 있다. ZD운동은 1962년 미국 마틴 사의 오랜도 사업부에서 시작되어 미국의 대부분 기업이 참여하여 성공한 무결점 운동이었으며 이 운동이 우리나라에 도입된 것은 1960년대 말에 미군을 통해서였다.

그 당시 한국의 실정은 불량품이 되더라도 수입품을 국산화하면 그 사실만으로도 자랑스러웠기에 그 시절의 무결점 운동은 웃음거리로 끝나버렸다.

이렇듯 생산성 혁신을 성공적으로 이끌기 위해서는 기업이 현 상황에서 요구되는 생산성 혁신의 수준을 인지할 필요가 있으며, 그 지름길은 선진국의 생산성 혁신 운동의 역사를 연구하면서 선진국 경제와 한국 경제의 격차를 이해하고 생산성 혁신의 환경 조건을 파악하는 것이다.

어떤 생산성 혁신 기법도 우연히 발생된 것이 아닌 시대적 요청에 따른 것이다. 그러므로 그러한 시대적 요청과 해당 기업이 처한 한국 기업의 경제 현상과의 유추를 통해서, 해당 기업의 수준을 파악하여 혁신의 성공적 방법론에 대한 지침을 발견해야 하는 것이다.

한·일간의 경제 격차 인식

'어떤 생산성 혁신 기법이 우리 기업에 적합할까?'라는 물음에 가장 쉬운 해답을 주는 것이 있다면 그것은 일본의 생산성 혁신의 역사를 파악하고 일본과의 격차를 감안하는 것이 될 것이다.

예를 들면 일본전기(주)에 처음 ZD운동이 도입되어 성공을 거둔 것이 1965년이라면, 우리나라에서의 ZD운동은 25년의 격차를 두고 1990년경에 시작하면 되겠다는 식의 판단을 하는 것이다.

우리가 일본과 25년의 격차를 인식해야 하는 것은 우리 기업이 서두른다고 되는 것이 아니라 전체적인 경제 여건이 우선 성숙되어야 하기 때문이다.

최근 국제화다 해서 우리 기업인들이 일본을 방문한 후 무조건 일본의 생산성 혁신 운동을 도입하곤 하는데 대부분이 실패하는 이유도 여기에 있다.

일본의 컨설턴트들이 한국 기업가들에게 다음과 같은 우화에 빗대어 말하여 준다.

아프리카의 원주민이 문명국에 여행을 갔다 왔다고 한다. 그가 가서 본 것 중 가장 부러운 것이 스위치만 누르면 환히 켜지는 전등이었다. 그래서 귀국할 때 그는 전구만 한 가방을 사 가지고 왔더라는 것이다.

전구가 켜지기 위해서는 발전소도 변전소도 있어야 한다는 생각을 못하고 전구만 있으면 전기가 들어오는 줄 알고 전구만 사 가는 원주민과 같이 한국 기업들은 일본 기업에서 보이는 것만을 가지고 일본의 생산성 혁신 운동을 모방한다는 것이다.

여기서 우리는 한국 기업의 생산성 혁신 운동이 실패한 원인을 발견한다.

GNP 10,000달러의 경제 여건하에서 GNP 3만 달러인 나라에서 행하고 있는 생산성 혁신 운동을 따라한다면 그 실패는 불을 보듯 뻔하지 않겠는가?

적어도 시차상의 실패를 피하기 위해서는 우리 기업의 생산성 혁신 전략을 우리와 비슷한 GNP 수준이던 일본의 생산성 혁신 전략으로 실행하면 될 것이다.

여기서 일본의 생산성 혁신 운동과 우리 기업의 생산성 혁신 운동의 격차를 25년 전후라고 제안한다. 왜냐하면 우리 경제는 25년 전후의 시차를 갖는 일본 경제의 복사판이기 때문이다.

1964년 일본이 도쿄에서 올림픽을 개최하였고 24년 후 우리나라는 서울에서 올림픽을 개최하였다.

일본이 올림픽을 치르던 1964년 IMF에 가입하였고, 우리나라도 올림픽을 치르던 1988년 IMF에 가입하였다.

일본이 1967년 증권 시장을 개방한 25년 후에 한국도 증권 시장을 개방하였고, 일본이 1965년 밍크 코트를 시판한 24년 후인 1989년 밍크 코트의 시판을 허락하였다.

또한 일본이 북미에 자동차를 수출한 1958년보다 25년 후인 1983년 한국의 현대자동차가 북미에 자동차를 수출하였고, 한국의 GNP가 7,000달러에 이른 것이 일본이 7,000달러를 달성한 70년보다 24년 늦은 1994년의 일이기 때문이다.

제 2 장

아담 스미스의 분업론과 전문화 (1776년)

분업으로 전문성을 높여
생산성을 혁신하겠다는 선각자들의
생각은 동서양이 동일한 것으로서,
우연의 일치인지는 몰라도 우리나라의
대표적 선각자인 다산 정약용도
한국의 『국부론』이라 할 『목민심서』에서
분업을 주창하였다. 공장에서 가장 쉽게 원가를
절감하는 방법은, 업무를 관찰하여 단순 작업과
숙련 작업으로 구분한 후, 숙련 작업자는 숙련
작업만을 전담하고, 단순 기능공으로 하여금 단순
작업을 분담하게 함으로써 숙련 작업자의 생산성을
높이는 것이다. 기업의 모든 관리자는 각자의
소임에 따라 최고의 전문가로 자라지 않으면 안된다.
전문성에 긍지를 갖고 그것을 지키기 위해서 노력하고,
결실이 맺어질 때, 기업의 생산성은 보장되는 것이다.

Division of Labor, Specialization

산업혁명과 국부론

세계에서 가장 강력한 생산 시스템(공장)을 가진 나라가 세계를 지배한다고 한다.

영국은 산업혁명을 통해서 1764년 이래 세계 최초로 하그리브(J. Hargreave, 1745~1778)가 방적기를, 와트(J. Watt, 1736~1819)는 증기 기관을 발명하여 가내 수공업 체제를 공장제 공업 체제로 혁신하는 생산 시스템을 보유하게 됨으로써 세계를 제패할 수 있었다. 공장제 공업의 성립으로 숙련공들은 몰락하고 기계화가 촉진되었으며 새로운 경제 질서가 탄생되었다. 또한 공장제 공업이 탄생되면서 최초의 과학적 공장 관리 기법이 등장하게 된다. 이를 처음 시도했던 사람이 증기 기관차를 생산하는 소호 주물 공장(Soho Engineering Foundry)을 운영하던 볼튼(M. R. Boulton, 1730~1809)과 와트 2세(J. Watt Jr., 1769~1848)였다. 그들의 원가 관리 시스템은 관리자들에게 낭비와 비효율을 탐지하는 수준의 관리 기법을 가지고 있었으며, 시장 조사·수요 예측·생산 설비의 위치 및 배치 기법·설비 운전 표준·부품의 표준화·표준 시간에 의한 장려급제·분업 등 공장 관리 기법이 상당한 수준에 이른 것으로 전해지고 있다. 다만 아쉬운 점이 있다면 그들의 관리 기법이 문헌상에는 전혀 나타나지 않고 있다는 것이다.

한편, 산업혁명을 통한 새로운 경제 질서의 도전에 불을 붙인 것이 1776년 아담 스미스(A. Smith, 1723~1790)의 『국부론』에서 주장한 분업론으로서 이는 공장 관리의 신기원을 이루는 획기적인 발상이었다. 아담 스미스는 『국부론』

에서 분업론을 주장하였고 분업에 따른 이점을 다음 세 가지로 요약하였다.

· 한 가지 작업을 반복함으로써 생산 기술이 향상된다.
· 한 작업에서 다른 작업으로 이동되어 가는 시간을 절약할 수 있다.
· 한 가지 작업으로 말미암아 전문성이 증대되어 새로운 기계 또는 기구의 발명이 가능하다.

이러한 분업에 의한 생산성 증대의 사례로 바늘제조 공장을 들고 있다.

한 사람이 혼자서 핀(pin)을 만드는 경우 하루에 1,000개밖에 만들지 못하는데, 10사람이 18개의 공정으로 세분해서 분업을 하면 48,000개를 만들 수 있었다는 것이다.

이것은 한 사람이 핀을 만들기 위해 철사를 늘려서 길게 하고, 자르고, 구멍을 뚫고, 끝을 뾰족하게 하는 등 일관 작업을 할 때보다 각자 한 부분씩 작업을 분담하면 각 작업에 손쉽게 익숙해지고 그 공정의 전문가가 되어 그것이 생산성 증대로 연결된다는 것이다. 바꾸어 말하면 전문화(specialization)의 생산성 증대 효과가 4.8배임을 보여 주는 것이다.

그 후 베비지(C. Babbage, 1792~1871)에 의하여 스미스의 분업론은 발전하여 1862년 발간된 『기계와 제조의 경제성에 대한 고찰』은 공장 관리 혁신의 이정표로서 자리잡게 되었다. 기본적으로 베비지는 스미스의 이론대로 공장 관리에서 분업만 하면 생산성이 자동적으로 향상될 것이라는 데 의심을 갖고 핀의 제조 공정을 7개의 기본 공정으로 나누어 제조 시간과 제조 원가를 비교 측정하는 조사를 했다. 그 결과 분업의 효과를 더욱 증진시킬 수 있는 '숙련 제한의 원칙(the principles of limiting skills)'을 제시하게 되었는데, 이 이론은 분업의 효과를 극대화하기 위해서는 중요한 공정과 중요도가 떨어지는 공정을 구분·차별함으로써, 바꾸어 말하면 직무급제를 도입함으로써 숙련공의 기능을 극대화할 수 있다는 것이다.

그 밖에 베비지는 공장 관리의 중요성을 인식하고 공장 관리에 조직도를 이용토록 하고, 노사 관계에 대한 경영자의 노력을 중시하였다.

분업에 의한 전문성 제고로 생산성을 혁신하겠다는 선각자들의 생각은 동서양을 통틀어 공통적인 것으로서, 우연의 일치인지는 몰라도 우리나라의 대표적 선각자인 다산 정약용(丁若鏞, 1762~1836)도 한국의 『국부론』이라 할 『목민심서』에서 분업을 주창하였다.

정약용은 성호학파의 계승자로서 박지원·박제가 등과 함께 이용후생학파의 선진적인 생산 기술 혁신론자다. 그는 스미스보다는 40년 늦게 『목민심서』에서 분업론을 주창하였다. 그는 새로운 농기계와 방직 기구를 제작하여 보급할 것을 제안하고, 광산업에 적용시킬 화도법(火淘法)을 소개하면서 흙을 파는 노동자 100명, 흙을 나르는 인부 50명, 광석에서 금의 함량을 탐색하는 인부 몇 명, 땔나무를 해 오는 화부 10여 명에 인부 15명마다 감독 1명씩을 두어 분업함으로써 채광할 것을 제안하고, 제련 공정에 연결시켜 분업할 것을 권유하고 있다. 또한 광산업 외에 조선소·건축 등 수공업에도 비슷한 유형의 분업을 통한 전문화를 권유하고 있다.

다산은 스미스와 비슷하게 사회적 분업을 통한 '국부론'을 제시하고 있다. 그 당시 천하게 여기던 사·농·공·상의 인적 자원을 개발하여 농업·수공업에 종사하는 상인·목축업자·광부·직물업자로 육성할 것을 강조하고 있다.

역사에 만일은 없지만, 우리나라 조정이 일찍이 정약용과 같은 선각자의 이러한 국부론에 귀를 기울였다면, 해가 지지 않는 대영제국과 같은 세계 제일의 대국으로 성장하지는 못했다고 하더라도 일제의 침략 아래 35년간 국권을 빼앗기는 수치만은 면했을 것이다.

아담 스미스의 일생

아담 스미스의 사상적 배경을 이해하기 위해서는 그의 일생에 대한 고찰이 필요하리라고 생각된다. 아담 스미스는 1723년 영국 스코틀랜드의 가고디라는 소도시에서 태어났다.

아버지를 일찍 여의고 홀어머니를 모시고 일생을 독신으로 살았다. 14세였던 1937년 글라스고 대학에 입학하여 수학자 심슨과 도덕철학 교수인 해치슨의 감화를 받고, 특히 종교·정치·경제의 확고한 자유사상을 확립할 수 있었다.

Adam Smith

졸업 후 17세 때에 같은 대학의 스네르 장학금을 받아 옥스포드 대학의 베리옷 칼리지에서 1746년까지 6년간 주로 독학으로 고전을 연구하였다.

1746년에 귀향하여 약 2년간 고전을 탐독하고, 1748년 겨울부터 에든버러철학회의 공개 강의 강사로 초빙되어 문학·문학 비판·경제학을 포함하여 법학을 강의하였다. 1751년 1월에 모교 글라스고 대학에서 논리학을 강의하다가 1752년 그레기 교수의 후임으로 도덕철학 교수가 되어 1763년까지 그 자리에 있었으며 1759년에는 『도덕 정조론』을 집필하여 호평을 받았다.

교직을 떠난 후 1764년부터 1766년까지 파리, 쥬네브 등을 여행하면서 케네(F. Quesnay, 1694~1774) 등과도 사귀었다. 다음 해 귀향하여 9년간 경제학에 관한 저작에 몰두하여 1776년 『국부론』을 발간하였다. 그 후 1787년 글라스고 대학 총장이 되고 다음 해 재선되었는데 1790년에 건강이 극도로 악화되어 타계하였다.

국부론과 분업론

그의 저서 『국부론』은 개인의 이기심은 정의의 법칙에 따라 제한된 범위 안에서 사회의 이익과 일치되며, 국가는 이러한 개인의 이기적인 경제 활동을 자유방임하고, 다만 국방·사법 및 어떤 공공시설의 유지에만 국가로서 소임이 있다고 하는 자유 방임론에 그 기초를 두고 있다.

바꾸어 말하면, 국가가 경제에 대해서 간섭을 하지 않고 내버려두면 인간은 스스로 이익을 추구하는 과정에서 '보이지 않는 손'에 의해서 국부를 증진하게 되어 있다는 학설이다.

『국부론』의 구성을 보면 먼저 제1편에서 노동을 질적으로 고찰하여 분업에 따른 생산력의 발전에서부터 풀기 시작하여 본업의 당연한 귀결인 교환에 대한 여러 현상, 곧 화폐·교환가치·가격과 가격의 구성 요소인 노임·이윤·

지대에 대해서 논하고 있다.

제2편은 노동의 양적 요소를 결정하는 자본에 대해서 논하고, 제3편에서 각국의 경제 정책을 역사적으로 열거하고, 경제 진보의 장애 요소를 자연적인 것과 인위적인 것으로 나누어 비판하고 있다. 제4편은 종래의 경제 정책의 2대 주제였던 중농 정책과 중상 정책을 비판하고, 제5편에서 오늘날의 재정학을 기술함으로써 명실공히 이론·정책·역사에 걸친 방대한 불후의 대작을 남김으로써 '경제학의 아버지'로 추앙받게 되었다. 『국부론』은 기존 경제 이론과 경제 정책에 대해서 모두 반기를 들고 있는데 기본적으로 국부의 개념에서부터 차이를 드러내고 있다.

중상주의 아래에서는 국부를 금과 은으로 보고 있는 반면, 스미스는 '국민이 매년 소비하는 생활필수품과 편의품'으로 정의하고 있다. 그 당시 스페인이나 포르투갈이 금·은을 가장 많이 보유하고 있지만 그 국민들은 가장 가난하다고 지적하고 국부를 증진시키는 방법을 세 가지로 설명하였다.

첫째, 생활용품을 생산하는 노동자의 수를 증가시키기 위해서 자본 축적을 해야 한다.

둘째, 이렇게 축적된 자본은 생산직 노동자를 가장 많이 고용하는 산업 부문에 투자해야 하는데 이를 위해서는 농업·제조업·상업(국내 상업 - 대외 무역)의 순서로 우선순위를 두어 투자하여야 한다.

셋째, 생산에 투입된 노동자의 생산성을 높이는 것인데 이를 위해서 분업을 더욱 확대해야 한다.

여기서 지적된 스미스의 '분업론'은 베비지가 지적한 대로 분업이 생산성 혁신을 보장하는 것은 아니라고 할 수 있으나, 공장제 공업에서 공장 관리에 대한 최초의 기록이며, 기업이 공장 관리 혁신을 위해서 가장 먼저 시도해야 할 과제라는 사실에는 변함이 없다.

공장에서 가장 쉽게 원가를 절감하는 방법은, 예를 들면 숙련 작업자가 하는 업무를 관찰하여 단순 작업과 숙련 작업으로 구분하여 숙련 작업자는 숙련 작업만을 전담하고, 단순 기능공으로 하여금 단순 작업을 분담하게 함으로써 숙련 작업자의 생산성을 높이는 방법이다.

이와 같이 처음에 공장 내의 작업상의 분업으로 시작한 분업론은 최근에는 경영 내부의 분업·사회적 분업·국가 간 분업 등으로 발전되는 추세다.

분업이란 전문화·계열화와 동의어로서, 분업을 하게 되면 업무의 한계가 세분화되고 넓이보다는 깊이가 있게 되어 전문화·계열화가 자연적으로 이루어지는 것이다. 고전적인 서구 경영 시스템은 기본적으로 모든 부서가 철저한 분업의 이론에 의해서 운영되는 시스템이다. 입사해서 처음 세무직을 맡게 되면 그 직원은 그 회사를 퇴직하지 않는 한 세무직에 종사함으로써 세무 전문가가 되고, 자재 부서에 배치되면 완벽한 자재 관리 전문가로 양성되는 것이다.

이것은 최근의 일본 경영 시스템에서 관찰할 수 있는 다능공화 또는 순환보직제와는 그 맥을 완전히 달리하는 것이다.

1923년 사장으로 취임할 당시 미국 자동차 시장에서의 점유율이 12%에 불과했던 GM을 세계 제일의 자동차 메이커로 변신시킨 슬론(A. Sloan)도, 미국에서 기업 경영 분야의 베스트셀러였던 『My Life with GM』에서 기업 내에서 단위 조직을 이끄는 일이란 전문 직업이며, 그 조직의 책임자란 의사나 변호사와 같은 전문 직업인이라며 전문화에 대한 중요성을 강조하고 있다.

여기서 우리는 한국 기업의 경영 환경 변화에 따른 생산성 혁신의 과제로서'전문화와 이에 정면 대치되는 다능공화·다변화·다각화의 과정에서 어떻게 대응할 것인가?'라는 질문에 대해서 기본적인 해답을 얻게 된다.

간단히 답하면 선(先) 전문화, 후(後) 다각화라는 것이다.

쉽게 설명하면 처음 시작하는 소기업은 처음부터 다각화를 해서는 대기업과 맞설 수 없다. 먼저 전문화·계열화로 경쟁력을 배양한 후 다각화로써 승부를 내야 한다.

마찬가지로 처음 입사한 직원은 회사에서 적어도 한 분야에서만은 그 사람이 없으면 회사가 무너진다는 확신을 심어서 자기의 위치를 확고히 한 후 외도를 하는 것이 기업 내에서 자기의 수명을 연장하는 지름길이 된다는 점에 유의해야 한다.

그러나 우리 기업을 보면 기술직이나 회계 등 몇몇 분야는 전문성을 인정하지만, 나머지 자재 관리나 인사 노무 등 대부분의 직무는 전문성을 인정하지 않고 후광 효과(halo effect)에 빠지는 경우가 많다. 후광 효과란 원래 부처의 몸 뒤로부터 내비치는 빛에 비유한 효과로서, 예를 들면 저 사람은 경영학 박사니까 실질 경영도 잘 할 것이라든지, 또는 군대에서 몇 만 명을 지휘했으니 회사에서 관리도 잘 할 것이라는 생각 등이다.

최근 기업 경영에서 가장 큰 문제가 일어나는 분야는 인사 노무·자재 관리 분야 등으로 전문성을 무시한 관리의 누수 현상에 의해 기업 손실이 발생함을 자주 본다. 어떤 의미에서 우리가 볼 때 아무나 할 수 있는 일이라고 생각되는 일일수록 더욱 더 전문성이 요구되는지도 모른다.

기업의 모든 관리자는 각자의 소임에 따라 최고의 전문가로 자라지 않으면 안된다. 그리고 전문성에 긍지를 갖고 그것을 지키기 위해서 노력하고, 그 결실이 맺어질 때 기업의 생산성은 보장되는 것이다.

진돗개도 쥐를 잘 잡는다고 한다. 그러나 진돗개와 고양이의 차이는 고양이는 쥐를 잡을 때 화분을 깨지 않는 대신에 진돗개는 화분을 깨는 데 있다.

이것이 전문가와 비전문가의 차이다. 진돗개는 집을 지키는 데 써야 하고 쥐를 잡는 데는 고양이를 써야 한다. 다시 말해 진돗개는 도둑을 막는 일에 전문적으로 양성되어야 하고, 고양이는 쥐를 잘 잡도록 양성되어야 한다는 것을 뜻한다.

연습문제

1. 아담스미스가 『국부론』에서 주장한 분업론을 요약하시오.
2. 제조공정에서 분업화에 의한 전문화가 가져오는 효율을 사례를 들어 설명하시오.
3. 정약용이 『목민심서』에서 주장한 분업론을 요약하시오.
4. 분업에 의한 전문화로 성공한 기업의 사례를 제시하시오.

5. 아담스미스가 『국부론』을 저술하게 된 사회적 배경을 기술하시오.
6. 분업과 전문화의 관계를 기술하시오.
7. 전문화의 부재로 실패한 정책의 사례를 제시하시오.
8. 전문화로 성공한 국내기업의 사례를 기술하시오.
9. 일본의 공고구미 회사의 사례로서 전문화를 논하시오.
10. 베비지가 『기계와 제조의 경제성에 대한 고찰』에서 아담 스미스의 분업론을 어떻게 발전시켰는지 논하시오.

제 3 장

휘트니의 표준화 (1798년)

표준화는 자연발생적 또는 인위적으로 이루어지는 약속이며 질서로, 질서가 있는 사회는 그만큼 생산적일 수 있다. 세계 기업들이 기업 내 제품간 또는 그룹간 제휴하에 부품의 공용화, 모듈화 등 표준화를 통해서 생산성 혁신을 추구하는 이유가 여기에 있는 것이다. 이러한 최초의 시도는 1798년 총기(銃器)의 호환성을 시도한 휘트니가 제기하였다. 이러한 호환성에 따라 휘트니는 미국 정부와 소총 1만 정 납품 계약을 체결하게 되는데, 휘트니의 표준화가 얼마나 위력적이었는가는 그 당시 스프링필드의 조병창에서도 연간생산량이 4,000정에 불과하였고, 휘트니에 비해서 소총의 전문성을 인정받았던 다른 26명의 소총업자들이 총 3만 정밖에 납품하지 못했던 사실에서도 입증된다.

Standardization

표준화는 사물의 합리적인 기준을 설정하고 다수의 사람들이 이 원칙에 따라 활동함으로써 편리와 이익을 가져오는 조직적 활동이다. 또한 표준화는 자연 발생적으로 또는 인위적으로 행해지는 약속이며 질서로서, 질서가 있는 사회는 그만큼 편하고 생산적일 수 있다. 여기에 글로벌 신경영에 박차를 가하고 있는 세계 기업들이 기업 내 제품간 또는 그룹간 제휴 하에 부품의 공용화·모듈화 등의 표준화를 통해서 생산성 혁신을 추구하는 이유가 있다.

더 나아가 최근에는 세계무역기구(WTO)의 출범으로 무한 경쟁 시대에 접어들면서 표준화는 선택의 문제가 아니라 필수이며, 기업의 생존 전략 차원의 문제가 되고 있다. 세계 경제를 주도하고 있는 미국의 경우 지난 해 말 우수 의약품이나 식품 생산 규격인 GMP를 ISO 규격과 통일시키고 국방부의 경우 ISO 인증을 받은 업체에게만 납품 자격을 주고 있으며, 최근에 출범한 유럽국가연합(EU)은 ISO 인증 자체를 수입의 필수 조건으로 하는 추세에 있기 때문이다. 2005년 12월말 기준 ISO 9000은 전 세계 161국에서 776,608개 기업이 인증을 받았으며 순위별로는 중국이 143,823건으로 1위, 이탈리아가 98,028건으로 2위, 일본이 53,771건, 스페인 47,445건 및 영국 45,612건이 그 뒤를 잇고 있다. 우리나라는 이러한 세계적 움직임에 따라 우리 업체는 14,033건으로 헝가리(15,464건)에 이어 12위에 랭크되었다. 국내에서 ISO 9000 시리즈 인증을 받은 곳은 15,000여 개 업체로 집계되고 있다.

이와 같이 표준화가 편익을 위한 선택이 아니라 생존 그 자체일 수밖에 없는 냉엄한 국제 경제 현실에서 1798년 표준화에 의한 호환성 이론으로 근대적 생산 방식의 기초를 닦은 휘트니의 업적을 살펴보면서 우리 기업이 나아가야 할 생산성 혁신의 지표를 얻는 것은 의의가 있을 것이다. 그러나 이에 앞서 표준화가 갖는 경제적·사회적 의의를 실감하기 위해 국내외에서의 실패 사례를 통해 표준화를 하지 않으면 어떤 불이익이 오는가를 먼저 살펴보기로 한다.

국내외에서의 표준화 실패 사례

➢ 과천선 사고의 교훈

1994년에 철도청장과 차장을 비롯한 33명의 철도청 직원 문책으로 끝난 과천선의 전동차 사고는 표준화의 중요성을 적나라하게 보여 준 사건이었다. 1994년 4월 1일 개통되어 10여 일 동안 22건의 사고가 발생하여 과천선을 이용한 승객뿐 아니라 전 국민을 분노하게 했던 과천선의 사고 원인에 대해서 철도청은, 전동차에 공급되는 전류와 직류를 상호 변환시켜 주는 주변환 장치와 전동 출입문 냉방 장치에 전원을 공급하는 보조 전원 장치의 이상 등 차체 결함 때문이라고 지적하고 있다. 그러나 더 근본적인 원인은 표준화에 대한 고려없이 수도권 전동차 운행을 철도청과 지하철공사로 이원화시켜 운영한 데 있다.

철도청이 원인으로 지적하는 직류와 교류 변환 장치는 철도청과 지하철공사의 동력원이 표준화되었다면 근본적으로 필요하지 않은 것이었다. 지하철공사 관할 구역에서는 직류 1,500볼트를 사용하고 철도청 구간에서는 교류 25,000볼트를 사용하기 때문에 전동차에 직교류 교환 장치가 필요하고, 이 장치비용으로 전동차 대당 1억 5,000만 원, 전체적으로는 1,500억 원의 추가 비용이 소요되었을 뿐만 아니라, 이로 인해서 교류와 직류가 바뀌는 남태령 선바위 구간에서는 무동력 상태로 66m를 운행해야 하는 죽은 구간이 생기게 된 것이다. 이 죽은 구간은 안전 사각 지대로서 1호선의 서울역과 남영역 사이도 이와 같은 구간으로 이 구간의 전동차 사고가 1990년과 1991년에 ㎞당 13.1건으로 일반 구간의 ㎞당 사고 0.72건에 비해서 20배나 높은 수준이다.

비표준화의 문제는 동력원의 직교류뿐만 아니라 통행 방향에도 있다. 서울 지하철은 지상 교통처럼 우측 통행 방식이어서 서울에서 보면 오른쪽 노선이 과천으로 나가고 왼쪽 노선이 서울로 들어오고 있다. 반면 철도청 전철은 좌측 통행 방식이어서 그대로 둘 경우 서로 맞부딪치게 되어 있다. 그래서 철도청 구간과 지하철 구간이 만나는 남태령 밑에서 85m의 간격을 두고 X자로 서로 엇갈리게 건설했다. 이러한 난공사 때문에 완공 시기도 6개월이 연장되었을 뿐 아니라 공사비도 사당~인덕원 구간 10㎞에 2,556억 원으로 일반 구간 공사비에 비해서 30% 이상 예산을 낭비한 셈이다.

여기에 더욱 가관인 것은 철도청과 서울지하철공사가 첨단 전동차 구입시 표준화 없이 구입하고 있다는 것이다. 이번 과천선에 투입된 직교류 겸용 전동차는 철도청 138대, 지하철공사 128대 등 266대인데 두 운영 주체의 전동차 표준화가 전혀 되어있지 않다는 것이다. 철도청이 운행하는 전동차의 경우 현대정공(28대), 대우중공업(86대), 한진중공업(24대) 등이 제작·납품했는데, 중요 부품인 집전 장치(팬터 그래프)가 편성 차량 6량인 열차에는 두 개, 편성 차량 10량에는 세 개가 설치되어 있다. 이에 비해서 현대정공에서 전량 도입한 지하철공사 차량에는 6량에 세 개, 10량에는 다섯 개로 철도청 차량보다 집전 장치가 많다. 또한 과천 사고의 핵심 부분으로 주회로 차단기(MCB)의 작동 이상을 초래한 주변환 장치의 주요 부품이 제작업체마다 달랐다. 현대정공이 철도청에 납품한 차량의 경우 주변환 장치인 컨버터 및 인버터는 일본 미쓰비시 제품으로, 보조 전원 장치(SIV)를 현대중전기 제품으로 구성한 반면, 지하철공사에 인도된 전동차는 주변환 장치와 부변환 장치를 모두 미쓰비시 제품으로 했다. 이에 비해서 대우와 한진은 컨버터와 인버터의 경우 일본 도시바 제품을 쓰고 보조 전원 장치의 경우 국내의 청계기전이 생산하는 제품을 사용하고 있다. 이에 따라 고장률도 천차만별로 4월 10일까지 발생한 22건의 사고 중 한진중공업이 20.4%(24대 중 5회)로 가장 높고 대우중공업이 20.8%(86대 중 12회), 현대정공이 3.2%(156대 중 5회)로 나타나고 있다. 또한 부품의 비표준화는 보전용 저장품을 과다 보유하게 하며 보전 작업을 가중시키는 것이다.

비표준화의 문제는 여기서 끝나지 않는다. 철도청과 지하철공사의 발주 주기에 따라서 신호 체계도 표준화되어 있지 않아서 사고의 위험이 있다. 4호선 당고개~금정 구간은 기관사가 전동차 안에서 자동적으로 신호를 볼 수 있는 ATC 방식이나 이후 안산까지는 기관사가 선로변 신호등을 육안으로 확인해야 하는 ATS 방식이다.

이상에서 살펴본 바와 같이 과천선의 사고는 단순한 전동차의 차체 결함인 것으로 보고되고 있으나 더욱 근원적으로는 비표준화된 설비가 갖는 예산 낭비·납기 지연·품질 불량, 그리고 사고 위험성 등 복합적 가능성을 총망라해서 나타난 인재였던 것이다. 이것은 바꾸어 생각하면, 생산성 혁신에서 표준화를 최우선적으로 실시하여야 하는 이유를 적나라하게 보여준 사건이었다.

➢ 볼티모어의 대화재와 소방 호스

1907년 2월 7일 미국의 메릴랜드 주 볼티모어 시에서 화재가 발생한 적이 있었다. 이 시는 미국 동부 교통의 요충지라서 인근의 워싱턴, 필라델피아 등에서 소방차가 달려오는 데는 시간이 얼마 소요되지 않았음에도 불구하고 달려온 소방차들의 소방 호스 이음관에 호환성이 없어서 불을 끄지 못하고 큰 손실을 초래했다. 이러한 사고는 보스턴에서도 1800년대에 발생되었는데 앞선 사고에서의 교훈이 개선되지 않고 각 주마다 소방 호스가 표준화되지 않음으로 해서 사고가 재발하였다.

➢ 유로터널의 개통과 안전 사고

도버 해협을 관통해서 영국과 프랑스를 연결하는 유로터널이 개통하게 되자 한편에서는 영국과 프랑스의 교통사고 위험을 경고하는 소리가 높아졌다고 한다. 지금까지도 영국 사람과 프랑스 사람들은 카페리를 이용해서 자가용차를 타고 양국을 여행하는데, 영국 사람은 프랑스에서, 프랑스 사람들은 영국에서 교통사고가 특히 많다고 한다. 왜냐하면 프랑스에서는 차가 오른쪽, 사람이 왼쪽인 데 반해서, 영국에서는 차가 왼쪽, 사람이 오른쪽이기 때문에 한적한 길에서는 착각을 일으켜서 반대편 차선으로 주행하는 일이 비일비재했기 때문이다. 그런데 유로터널까지 뚫리게 되면 양국 간 자가용을 이용하는 사람이 급증할 것이고 그러면 이러한 교통사고는 급증할 것이기 때문이다.

➢ 첨단 기술의 실패

표준을 지배하는 나라가 세계를 지배한다고 한다. 또한 표준은 첨단 기술을 초월한다고도 한다. 이 말을 가장 실감나게 한 예로 일본의 소니 사의 베타맥스 방식과 마쓰시다의 VHS 방식의 싸움에서 마쓰시다의 승리를 들 수 있다. 우리도 알고 있는 바와 같이 기술적으로는 우세한 소니 사가 마쓰시다 사에게 굴복했다는 것은 표준화의 위력 앞에 굴복한 것이었다. 초기 VTR이 개발될 당시에, 기술력을 바탕으로 소니는 세계 시장을 석권할 것처럼 보였다. 그러나 후발 업체인 마쓰시다는 기술의 열세를 호환성으로 맞서겠다는 각오로 전 세계의 모든 국가에 기술을 제공함으로써 호환성을 높이고, 영화 제작자들로 하여금 자사 방식에 의한 테이프를 공급하게 함으로써 기술적 열세를 딛고 승리하게 된 것이었다.

전혀 다른 상황의 예이지만 고밀도 TV 분야에서 일본은 수년 전부터 아날로그 방식으로 개발을 완료한 상태였으나 미국이 이를 표준으로 인정하지 않음으로써 보급이 완전히 무산된 일 등 수많은 첨단 기술이 세계 표준으로 인준을 받지 못함으로써 사장되고 있다. 한국에서도 S전자가 8㎜ VTR을 세계 최초로 개발하고도 세계 표준 인준을 받지 못해서 사장된 예가 있다.

휘트니의 소총 생산의 표준화

표준화를 누가 먼저 시작했느냐에 대해서 여러 이론이 있다. 왜냐하면 표준화란 어느 날 갑자기 시작되었다기보다는 자연 발생적인 경우가 많기 때문이다. 고대인들도 취락을 형성하여 사회 생활을 영위하면서 환경에 맞는 생존의 기본 개념을 규정하고, 이러한 조건을 생활의 표준으로 정하고 이를 토대로 생활의 질서를 찾았다. 조직적 행위는 아니었지만 장인들은 전문 영역에서 가장 우수한 방법이나 도구를 경험의 축적으로 정형화하여 도제에게 전승하는 과정에서 표준화 활동을 하였다.

최초로 호환성에 착안하여 물건을 제작한 사람으로 미국'독립의 아버지'라 일컫는 조지 워싱턴(G. Washington, 1732~1799)을 들 수 있다. 그는 버논산에 있던 그의 농장에서 농기구 개선에 심취한 나머지 영국 쟁기 제조자에게 자기가 설계한 쟁기를 주문하면서 쟁기에 붙은 기구가 마모되면 다시 교체할 수 있게 했다. 지금으로 말하면 주물 금형을 주문한 것이다. 그러나 표준화에 대한 더욱 근본적인 요구는 산업혁명으로 가내 공업이 공장제 생산 방식으로 전환을 모색하고 있던 영국을 중심으로 고조되었다. 영국의 브라마(J. Brahmah, 1784~1814)와 모즐레이(H. Maudslay, 1771~1831)는 선반의 슬라이드식 절삭구를 개발하여 공작구를 확보대에 고정시켜 작업함으로써 옛날에는 불가능했던 나사를 표준화하였던 것이다.

그러나 표준화가 본격적으로 시도된 문헌상의 최초의 기록은 미국의 휘트니(E. Whitney, 1765~1825)가 소총 생산에 호환성 이론을 도입한 일이다. 당시 미국은 영국과 독립전쟁(1755~1783년, 13개 주 독립선언은 1776년)을 치르면서 유럽으로부터 소총을 수입해서 쓰고 있었다. 그래서 독립 직후 미국 국방장관의 최대 관심은 소총의 국내 산업 육성이었다. 그러나 미국의 국내 사정은 숙련공의 부족과 설비 부족으로 곤경에 빠져 있었다. 그 당시 휘트니는 목화에서 실을 뽑는 방적 공장을 운영하고 있었는데 이러한 방적기 생산 경험을 토대로 표준화에 의한 호환성 이론을 이용하면 대량 생산이 가능하다는 자신감을 갖고 국방성을 방문하였다. 국방성을 방문한 휘트니는 자기가 가지고 간 열 자루의 총을 완전히 분해해서 흩뜨려 놓고 그것을 국방성 관계자가 보는 앞에서 순식간에 조립해보였다.

이러한 묘기 시범은 호환성이 없었던 당시의 소총 세계에서는 놀라움 그 자체였으며 당시의 완고한 국방부 관계자들을 감동시켜 1798년 미국 정부와 소총 1만 정 납품 계약을 체결하고, 여러 가지 어려움을 극복하여 1809년에 이를 완납함으로써 표준화에 의한 생산성 혁신에 이정표를 세우게 되었다. 그 당시 대규모로 소총 생산에 임하고 있던 스프링필드의 조병창에서도 연간 생산량이 4,000정에 지나지 않았고 휘트니에 비해서 소총의 전문성을 인정받았던 다른 26명의 소총업자들이 모두 합하여 3만 정밖에 납품하지 못했던 사실에서도 휘트니의 표준화를 통한 생산성 혁신의 위력을 알 수 있다. 소총

이 납품되자 당시의 대통령 제퍼슨(T. Jefferson, 1743~1826)은 휘트니가 만든 소총을 직접 분해·조립해 보고 부품의 훌륭한 호환성에 감탄했다고 한다.

이 호환성 생산 시스템은 근대적 생산 방식의 기초를 구축하였으며 경제적으로 합리적인 공차 한계 설정의 원점이 되었다고 한다. 이러한 공로로 미국에서는 휘트니를 '표준화의 아버지'라고 부른다.

이러한 공적에도 불구하고 휘트니의 표준화 개념이 미국 산업에 곧바로 이용되지는 못하였으며, 1850년 이후에야 적극 활용되었는데 특히 당시 공업이 발달된 북부에서 활용되었을 뿐 농업에 의존하던 남부에서는 이용되지 않았다. 그러던 중 남북전쟁(1861~1865)이 발발하였고 이 전쟁에서 북군은 호환성이 있는 휘트니의 총으로 싸운 반면, 남군은 호환성이 없는 총으로 싸운 결과, 북군의 승리로 돌아가게 되었다. 남군의 총은 호환성이 없어서 한 총은 방아틀 뭉치가 고장나고 다른 총은 노리쇠 뭉치가 고장날 경우 두 개의 총을 다 못 쓰는 형편이었던 데 반해서, 호환성이 있었던 북군의 총은 방아틀 뭉치를 다른 총에 바꿔 끼움으로써 다른 총 하나라도 쓸 수 있었던 것이다.

여기에 아이러니가 존재하는데 어떻게 보면 휘트니는 남북전쟁을 도발한 장본인이면서 북군의 승리에 결정적으로 공헌한 당사자이기도 한 것이다. 북군의 입장에서 보면 '병 주고 약 준' 형상이었다. 실제로 휘트니가 직접적인 전쟁 도발 당사자는 아니었어도 간접적인 역할은 담당하였던 것이다. 즉 휘트니는 이미 언급한 바와 같이 목화에서 실을 뽑는 방적기를 개발함으로써 공업 지역인 북부 지방에서 노예의 필요성을 감소시키는 데 공헌을 하였다. 그러므로 북부에서의 노예 해방을 주창하는 데 기여하였던 반면, 목화를 재배하는 데 그 때까지도 노예가 필요하였던 남부 지방의 도전에 직면하게 된 것이다.

여기서 우리는 휘트니가 미국의 남북 전쟁 발발에 어떤 영향을 미쳤는가는 논외로 하고 전쟁의 승리에 소총의 호환성, 즉 표준화가 어떤 공헌을 하였는가에 주목할 필요가 있으며 이로부터 또한 최근의 경제 전쟁에서 표준화가 갖는 전략적 가치를 인식하여야 하겠다.

공업 표준화의 전개

➢ 국가 표준화의 전개

산업혁명으로 공장제 산업이 발달하게 됨에 따라 공업 분야에서의 표준화 발전은 기업 내 표준화에서 자연스럽게 단체 표준화로, 단체 표준화는 국가적 표준화로 전개되었으며 외국과 무역이 전개되면서 국제 표준화로 진행되었다.

국가 표준화의 시초는 산업혁명으로 공업화가 가장 빨랐던 영국으로서 1901년 영국토목학회의 제청으로 공업규격위원회가 설립되어 철강 분야의 국가적 수준의 표준을 제정하였다. 이는 다시 1918년 영국공업규격협회로 이어졌고 1929년 왕실공인협회를 거쳐 1931년 오늘날의 BSI로 발전하였다. 영국의 뒤를 이어 1917년 독일규격협회(DIN)의 전신인 일반기계공업규격협회가 독일에서 창립되었고, 1918년에는 프랑스규격협회(AFNOR)의 전신인 상설 표준화 위원회 및 미국규격협회(ANSI)의 전신인 미국공업규격협회가, 1921년에는 일본표준조사회(JISC)의 전신인 공업품규격 동일조사회(JEC)가, 1923년에는 소비에트연방 각료회의 국가표준위원회(GOST)의 전신인 소비에트연방 중앙 표준국이 발족하여 활동하였다.

➢ 국제 표준화의 전개

국제 표준화의 첫 시도는 프랑스를 중심으로 한 유럽 각국의 계량 단위의 표준화이다. 1875년 18개국의 동의로 미터 조약이 체결되어 파리에 국제 도량형국이 설립되고 미터법 단위의 국제적 보급이 시작되었다. 1904년 미국 세인트루이스에서 개최된 국제전기회의에서 전기 기기에 관한 표준화 결의가 있었고 이를 기초로 1908년 국제전기표준회의(IEC)가 창립되어 전기 및 전자 분야의 국제 표준화 운동을 관장하고 있다.

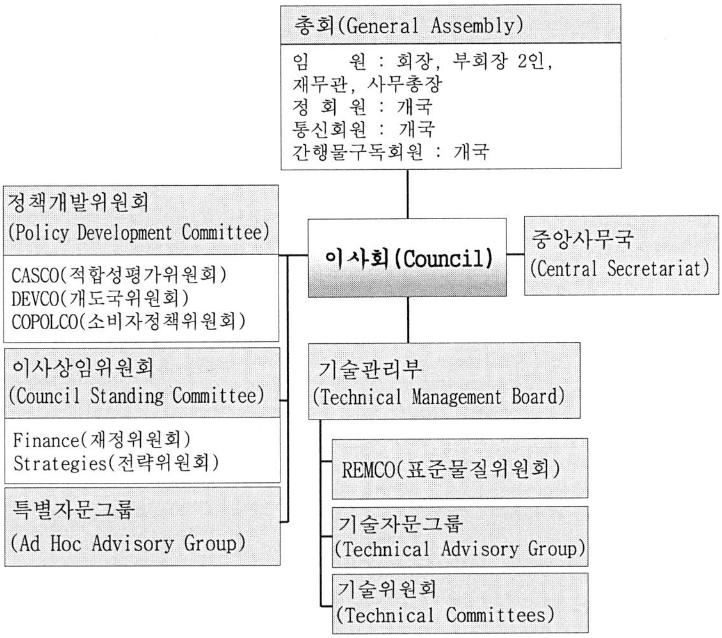

1926년 만국규격통일협회(ISA)가 설립되어 전기·전자 이외의 분야에 대한 국제 회의가 시작되고 주로 기계 분야에 대한 표준화 활동을 수행하다가 2차세계대전 중인 1942년에 공식적 활동을 중지하였다. 그 후 1944년 연합국 18개국의 국가 표준화 단체가 구성한 국제연합규격조정위원회(UNSCC)가 ISA의 업무를 대신하다가 1947년 국제 표준화기구를 발족하게 된 것이다. 우리나라는 1962년 한국 표준규격협회가 설립되어 그 이듬해인 1963년 IEC와 ISO에 가입하여 오늘에 이르고 있다.

ISO는 기술의 유엔으로서 스위스 제네바에 사무국을 두고 있고, 100여 개 회원국에 500여 국제기구가 회원으로 가입하고 있으며, ISO 9000의 품질인증과 ISO 14000의 환경인증 등을 통해서 국제화와 개방화를 표방하는 강대

국들의 이해가 날카롭게 충돌하는 전쟁터가 되고 있다.

이제 표준화는 품질 관리 차원이 아니라 기술 패권 시대에 국제 경쟁력을 좌우하는 기본 척도로서 국제 표준을 얼마나 자국에 유리하게 유도할 수 있느냐가 그 국가 경제의 생존과 직결되는 생존 전략 차원의 필수 과제가 되고 있다.

한 예로서 1993년 5월 ISO는 국제 문자 코드인 ISO 10646을 발표하였다. 일명 유니 코드라고 불리는 이 표준은 한글을 비롯한 다양한 문자를 소프트웨어상에서 완벽하게 처리하는 통일 문자 코드로서 발표된 것이었다. 이를 만들게 된 배경을 보면 언어 장벽에 막혀 세계 시장 공략에 어려움을 느낀 미국의 컴퓨터 업계의 로비로 시작된 것으로, 비영어권 국가의 소프트업계에 핵폭탄의 위력을 발휘하는 치명적인 것이다.

➢ 한국의 표준화 역사

우리나라의 표준화에 대한 문헌적 실증은 없으나 찬란하던 고대 중국이 지배하는 동양 문화권에 속하는 관계로 중국의 영향을 받은 척관법 등의 존재로 보아 상당한 수준이었을 것으로 짐작된다. 1974년 봄, 중국 서안시(진시황제 시대의 수도로 장안) 교외에서는 시황제 능에서 2㎞ 떨어진 곳에서 능을 지키는 병마용군이 발견되었는데, 여기서 발견된 8,000여 점의 장군, 병사, 군마의 형태가 모두 실물 크기였고 용모는 각각 다르지만 그들이 가진 무기는 호환성 설계가 된 것으로 밝혀졌다. 활을 보면 중앙부에 화살의 가이드가 있고 당김쇠에 의해서 화살을 사출시키도록 되어 있는데, 신기하게도 청동제 당김쇠의 스핀들은 다른 활과 호환성을 갖고 만들어졌다는 것이다. 약 2,200여 년 전 중국을 통일한 진시황의 위용이 이 호환성에 연유되어 있지 않나 하는 생각에 다시 한번 표준화의 위력을 실감하게 된다.

조금 다른 예이지만 해인사의 팔만대장경은 우리나라의 표준화의 수준을 짐작케 한다. 팔만대장경은 고려 고종 때인 1236년부터 1251년까지 16년에 걸쳐 81,340 대장경을 새겨 만든 목판본으로 한 면당 640여 자로, 경당 1,280자 총 5,200여만 자로서 약 1,000여 명의 연인원을 동원해서 각인한 것

으로 되어 있다. 그런데 그 많은 글씨가 단 한 자의 오자·탈자도 없이 구양순체로 통일되어 마치 한 사람이 쓴 것과 같이 각인되었다는 점에서 하나의 불가사의로 꼽히고 있다. 여기서 고려 시대의 표준화 수준을 가늠해볼 수 있다. 또한 이 때에는 결부제라고 해서 토지의 면적을 나타내는 표준을 정해서 쓰고 있었으며, 1결은 100부, 1부는 10속, 1속은 10파, 1파는 1악 등 10진법의 개념을 도입하는 등 상당한 수준에 있었던 것으로 짐작된다.

표준화에 대한 문헌상의 주장은 전문화에서와 마찬가지로 실학자 정약용이 그의 저서 『기예론』에서 음율과 도량형을 통일하는 것은 왕정의 큰 몫이라고 주장하고, 『대전통편』에는 이에 대한 규정이 있으면서도 시행하지 않고 있음을 지적하고 있다.

➢ 공업 표준화의 본격 전개

우리나라 공업 표준화가 본격적으로 전개된 것은 해방 후 미국의 대외 원조에 의한 현대식 공장이 가동된 이후이다. 1955년 ICA 자금에 의해서 최초로 세워진 충주비료공장 건설에 참여한 한국 기술자들이 외국 기술자들에게서 품질 관리에 대한 지식을 얻어들으면서 표준화에 대한 인식이 생긴 것이 시발이라고 할 수 있다. 또한 1958년 대한양회공장이 경북 문경에 건설되면서 과학적 관리법으로서의 표준화에 대한 지식이 전달된 것이다. 그 후 1961년 연세대학교 교환 교수로 부임한 워시 박사는 상공회의소가 최초로 주최한 품질 관리 기법 강습회에서 표준화를 강의하였다.

➢ 공업 표준화법 제정

1961년 9월 30일 법률 제732호로 공업 표준화법이 제정·공포되고, 같은 해 11월 11일 상공부 내에 표준국이 신설되어, 초대 표준국장으로 최한석 씨가 부임하였다. 그 이듬해 2월 1일 공업 표준심의 회의가 발족되고 초대 위원장에 김동일 박사가 취임하였으며, 2월 20일 공업 표준화법 시행령이 제정·공포되고, 이에 따라 한국표준규격협회가 설립, 4월 24일 한국공업규격 43종이 상공부 고시 제 401~442호로 고시되었다.

1963년 5월 23일 제 28차 IEC 총회 참석을 계기로 5월 31일 IEC에, 6월 25일 ISO에 가입하였고, 7월 1일 KS 표시 제도를 도입·시행하고 백열 전구 메이커인 마포산업주식회사를 KS 표시 공장 1호로 허가하였다. 1962년 설립된 한국표준규격협회는 1966년에 명칭을 한국규격협회로 바꾼 후 1978년 한국공업표준협회로 개칭하였고, 1993년 한국표준협회로 다시 변경하여 오늘에 이르고 있다.

➢ 공업진흥청 설립

한국의 국가 표준화 사업이 본궤도에 진입한 것은 1973년 1월 16일 공업 표준화법 개정에 의해서 공업진흥청이 설립되고 초대 청장으로 최종완 박사가 부임한 이후이다.

공업진흥청의 노력에도 불구하고 우리나라의 표준화는 후진국 수준에 머물고 있는 실정으로 국제 경쟁력 강화에 짐이 되고 있다. 표준화의 기초인 도량형의 표기에서 아직도 척관법이 통용되고 있으며, 그마저 통일되어 있지 않아서 한 근이란 개념마저 정착되고 있지 못한 실정이다. 고기나 고추는 한 근이 600g인데 반해서 과일은 375g이고, 어느 것은 또 계산상 400g으로 하고 있다. 식당에서 통용되는 고기 1인분은 200g에서부터 100g까지 다양하다.

이러한 비표준화의 비능률로는 국제화·개방화로 표현되는 세계 경제의 도도한 흐름 속에서 우리 기업이 생존하기 어렵다. 표준화야말로 지금 우리 기업이 최우선적으로 실행할 과제이다.

연습문제

1. 기업이 표준화를 통해서 생산성 혁신을 추구하는 중요성에 대해서 논하시오.
2. 표준화에 의한 호환성 이론으로 근대적 생산 방식의 기초를 닦은 휘트니의 업적에 대해서 논하시오.
3. 비표준화로 인한 기업(정책)의 실패사례를 제시하시오.
4. 우리나라의 국가표준화 전개 과정을 기술하시오.
5. 국제표준화의 전개과정을 기술하시오.
6. 진시황이 중국을 통일하기 위해 실시한 표준화의 사례를 기술하시오.
7. 맥도날드의 표준화 방식을 기술하시오.
8. 남북통일에 대비하기 위한 산업표준화에 대해서 논하시오.
9. 테제베로 유럽을 통일한 알스톰 사의 원원표준화 전략에 대해서 논하시오.

제 4 장

미드베일 사의 과학화 (1911년)

테일러는 과학적 관리법을 통해서
낭비와 주먹구구식 경영으로 일관하던
공장 관리에 일대 혁신을 일으켜 충격을
안겨 주었으며, 생산성을 획기적으로 증대시키는
효과를 거두었다. 그러나 '인간은 금전적 유인에
의해서 행동한다'는 가정 아래 추진된 과업 관리로
말리암아 노동 조합과 대립하게 되고 마침내는 1912년
'공장 관리의 테일러 시스템 및 기타 시스템에 관한
미국 하원의 특별 조사 위원회'에서 증언까지 해야 했다.

Scientific Management

한국 축구의 약점을 지적할 때 흔히 우리는 링커가 약하다고 한다. 링커는 적의 공격을 일차적으로 차단하여 수비수들로 하여금 여유를 갖게 하며, 자기편 수비수로부터 넘어온 공을 공격수에게 적절히 배분함으로써 공격과 방어를 연결하는 가장 중요한 역할을 담당하고 있다. 그래서 축구의 승패는 이러한 미드필드를 누가 장악하느냐에 따라 결정난다고 한다.

이와 마찬가지로 우리 기업의 최대 약점을 든다면 중간 관리층의 부재, 곧 링커의 부재를 든다. 최고 경영자에게 설득시키는 보텀업(하의 상달)의 중간 관리자층 부재가 한국 기업의 국제 경쟁력을 약화시키는 중요한 이유라는 것이다. 이러한 중간 관리층 부재의 원인을 보면, 관리를 고유 기술과 동등한 전문 영역으로 인정하지 않고 철저한 교육이나 훈련을 게을리 한 결과이다.

따라서, 관리 부문도 전문 영역으로서 고유 영역을 갖기 위해서는 관리 기술의 과학화가 선결 과제이다.

이 같은 맥락에서 산업 공학의 아버지 또는 공장 혁신의 아버지로서 관리의 과학화를 최초로 시도했던 테일러(F. W. Tayler, 1856~1915)의 성공과 실패 사례를 살펴보는 것은 의의있는 일이라 생각한다.

테일러의 일생

테일러는 1856년 미국의 필라델피아의 독일 타운에서 부유층의 자녀로 태어났다. 그 당시 최고의 명문으로 꼽히는 필립스엑스터 아카데미에 입학하여 변호사인 아버지의 뒤를 이어 법률 공부를 할 목적으로 하버드 법대 입시를 준비하였다.

그는 하버드 법과 대학에 입학이 허락되었을 뿐 아니라 그것도 장학생으로 선발될 정도로 우수한 학생이었다. 하지만 너무 공부에 열중한 나머지 이에 환멸을 느끼고 뜻한 바가 있어 하버드대학의 입학을 포기하고 필라델피아의 조그만 기계 공장의 기능공으로 그의 인생을 다시 시작했다.

Frederick Winslow Taylor

이때 그의 나이가 18세였다. 이곳에서 4년여 간 견습공으로서 선반 작업과 금형 기술을 익힌 후 22세가 되었을 때 인근의 미드베일 제철소에 취직하게 되었다.

그는 말단 작업자로 미드베일에 입사하였지만, 하버드대학에 장학생으로 입학이 허가될 정도의 뛰어난 재능을 그곳에서도 인정받아 시간 계측사, 선반 작업자로 승진되었다. 곧이어 조장, 직장으로 승진하게 되었으며, 31세에 이르러 미드베일의 최고 기술자인 기사장에 임명되었다.

그의 금속 절삭 연구와 고속도강의 발명은 여기서 이루어진 것이며, 후일 과학적 관리법으로까지 발전한 그의 사상의 기초, 곧 작업의 과학적 연구에 의한 생산량의 증가와 공정한 거래량의 확정 등에 대한 착안도 이 시절에 이루어진 것들이다.

미드베일 사에 근무하던 중 학업에 대한 열망이 다시 샘솟아 야간 대학에 입학하여 27세가 되던 1883년에 스티븐대학의 기계 공학사 자격을 받게 되었다.

그가 미드베일에 근무하던 당시는 미국 경제의 불경기가 매우 심각한 시기로서 테일러는 항상 원가 절감의 문제를 골똘히 생각하면서 어떻게 하면 생산성을 높일 수 있을까, 어떻게 작업을 하는 것이 좋은 방법일까, 하루 일과를 어떻게 구성하는 것이 가장 경제적일까 등을 생각하고 있었다.

그러던 중 1886년 5월 미국기계학회(ASME) 대회에서 타운(H. R. Towne, 1884~1924)의 논문 발표를 듣고 난 후 과학적 관리법의 기초를 닦게 된다. 타운은 그 대회에서 '경제가로서의 기술자(The Engineer as an Economist)'라는 논제로 발표했는데, 관리를 생산의 여러 기술로부터 새로운 기술로 분리해야 한다며 관리 기술의 중요성을 강조하였다.

여기에 감명 받은 테일러는 1878년부터 미드베일 사에서 12년간의 작업자 및 현장 관리자로서 얻은 경험과 베들레헴제철소에서의 관리 개선 연구(1898~1901) 등을 토대로 하여 관리 기술에 관한 논문을 발표하였는데, 중요한 것을 열거하면 다음과 같다.

· 벨트의 사용법(notes on belting, 1893)
· 능률급제(a piece rate system, being a step toward partial solution of labor problem, 1895)
· 공장관리론(shop management, 1903)
· 금속절삭법(on the art of cutting metals, 1906)
· 과학적 관리법의 원리(the principles of scientific management, 1911)

베들레헴의 개선 연구는 테일러가 1889년 미드베일 사를 떠나 산업 컨설턴트로서 많은 회사의 공장 혁신에 공헌하던 중 이룩한 업적이다.

이 개선 연구는 1898년부터 3년에 걸쳐 베들레헴의 두 개의 기계 공장과 주물 공장을 개선한 연구, 즉 무쇠 운반과 쇼벨 작업의 연구가 이루어진 것이다.

45세에 베들레헴에서 은퇴한 후 저술과 강연 및 지도에 여생을 보냈는데, 과학적 관리법의 모범 공장인 데버 회사와 링크벨트 공장을 지도하고 바스 등의 제자에게 관리법의 개선을 실시한 것도 이 때다.

테일러는 이른바 과학적 관리법을 통해서 낭비와 주먹구구식 경영으로 일관하던 공장 관리에 일대 혁신을 일으켜 충격을 안겨 주었으며, 과학적 방법으로 생산성을 획기적으로 증대시키는 효과를 거두었다.

그러나 '인간은 금전적 유인에 의해서 행동한다'는 가정 아래 추진된 과업 관리로 말미암아 노동조합과 대립하게 되고 마침내는 1912년 '공장 관리의 테일러 시스템 및 기타 시스템에 관한 미국 하원의 특별 조사 위원회'에서 증언해야 했다.

과학적 관리는 단순히 능률 증진의 방법만은 아니며, 또한 시간 연구·성과급제·직장 제도만도 아니다. 이 제도들은 과학적 관리법의 유용한 부속 도구에 불과하다. 과학적 관리 본질의 첫째는 근로자 및 경영자 쌍방이 과학적 지식과 조사를 토대로 사실을 판단하고 실행하는 것이다.

이 말은 테일러 시스템 및 그 밖의 관리 제도를 조사하는 1912년 하원 특별 청문회에서 테일러가 과학적 관리법의 본질에 대해서 언급한 말이다. 과학적 관리를 하면 경영자와 근로자 간의 분쟁이 일어날 염려가 없으며, 이들은 조화 속에서 작업을 할 수 있다고 주장하였다.

그러나 같은 해 노동조합의 압력에 굴복한 미국 하원은 테일러의 시간 연구 금지법을 통과시키기에 이르렀다. 이러한 테일러의 과학적 관리법의 실패는 관리란 단지 과학적이기만 하다고 해서 되는 것이 아니라 더욱 근본적으로는 인간관계의 문제라는 생각을 불러 일으켜 1924년 호손 실험을 계기로 인간 관계론으로 발전하는 계기를 만들었다.

<시간연구에 사용된 초시계와 기록판>

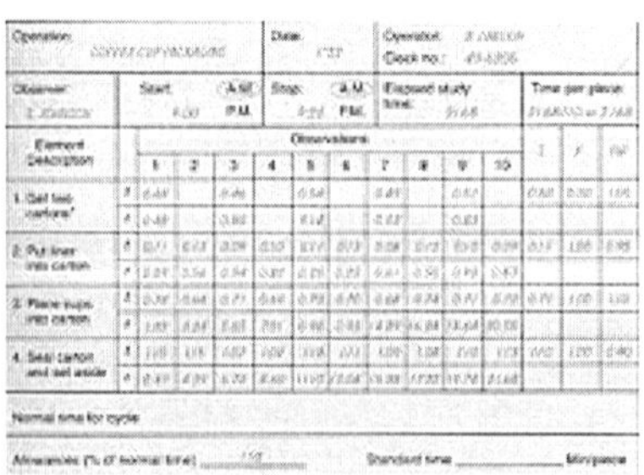

<시간연구에 사용되는 관측치의 기록용지>

쇼벨 작업의 개선 연구

과학적 관리법의 대표적 사례는 1889년 테일러가 베들레헴제철소에서 행한 쇼벨 연구 결과이다. 그는 그 곳에서 50~60명이 한 조가 되어 400~600명의 작업자가 광석과 분탄을 용광로 속에 채우는 작업을 하고 있는 것을 목격하였다. 그런데 분탄과 같이 가벼운 것을 운반하는 삽의 크기와 철광석과 같이 무거운 것을 작업하는 삽의 크기가 같다는 것을 발견하게 되었다.

그런 결과로 분탄을 작업할 때는 한 삽의 무게가 3.5파운드밖에 되지 않아 너무 가벼워 작업 능률이 오르지 않고, 철광석 작업을 할 때는 한 삽의 무게가 38파운드로 너무 무거워서 작업에 어려움을 겪고 있는 것이었다.

그는 여기에 착안해서 숙련 작업자의 경우 한 삽의 무게를 몇 파운드로 하면 1일 생산량이 가장 증가하는가를 연구하기 시작했다.

두 사람의 숙련 작업자가 선발되어 각자에게 작업이 주어지고 스톱워치 관측원이 관측을 실시하였다. 처음에 커다란 삽이 주어지고 점차 앞부분을 잘라내 1회 운반량을 줄이면서 실시하였다.

이 실험을 통해서 한 번에 21.5파운드씩 뜰 때 하루의 생산량이 가장 많아지는 것을 발견하였다. 따라서 삽의 크기를 21.5파운드씩 뜰 수 있도록 각각 크기를 달리하여 광석을 뜨는 삽은 작게, 분탄을 뜨는 삽은 크게 만들어 사용하도록 하였다.

이를 기초로 삽의 크기를 8종으로 표준화하고 작업물의 비중에 따라 한 삽의 무게가 21.5파운드가 되도록 삽의 크기를 조절하여 사용하도록 표준화하였다.

또한 작업 계획 부문을 만들어 매일 아침 직장과 작업자에게 작업의 내용과 지정 도구, 작업 장소를 지정한 명령서를 발행하도록 했으며, 각자의 생산량을 매일 측정해서 일정량의 작업을 수행한 작업자에게는 가산금을 지불하도록 했다. 가산금을 받지 못하는 작업자들은 지도 사원을 통해 작업 방법을 교육받음으로써 가산금을 받도록 했다.

그 결과 1인이 1일 16톤을 처리하던 작업의 생산성이 3년 반 후에는 놀랍게도 59톤으로 증가함으로써 400~600명이 작업하던 것을 140명으로 감축할 수 있었으며, 1인의 인건비를 하루에 1.1달러에서 1.88달러로 60% 인상하고도 기업의 입장에서는 1톤당 인건비를 7.2센트에서 3.3센트로 절감할 수 있었다.

결과적으로 작업 계획 비용, 생산량 측정과 가산금 계산의 노력, 도구실의 비용을 빼고도 78,000달러를 절감하게 된 것이다. 이것이 테일러가 말하는 '고임금 아래 저노무비'를 실현한 것이었다.

과학적 관리

테일러가 창안한 생산성 혁신의 방법을 통틀어 테일러 시스템이라고 하는 바, 이는 시간 연구에 기초를 둔 과업 관리와 직능식 직장 제도, 차별식 능률급제, 그리고 과학적 관리법의 원리인 것이다.

이 중에서도 테일러 시스템의 본질을 이루는 것은 과업 관리로서 1878년 미드베일제철소에 입사 당시 성과급제에 따른 기업주의 임률 절하로 말미암아 일어난 미드베일 근로자의 조직적 태업 문제 해결의 방책으로 제시한 것이 작업자의 표준 작업량(과업)을 결정하게 된 직접적 동기다.

이미 언급한 바와 같이 삽 작업의 연구를 통해서 공정한 작업량을 과학적으로 결정함으로써 임률 설정을 합리화하고 임률 인하나 조직적 태업을 근본적으로 방지하도록 연구한 것이었다.

이러한 결과를 요약하여 1903년 『공장 관리론』을 발표하게 되는데 거기에서는 다음과 같은 과업 관리의 원칙을 제시하고 있다.

· 공정한 일일 과업량을 결정하고,
· 이를 결정하기 위한 작업 및 작업 조건을 표준화하며,
· 성공한 작업자는 그에 따라 우대하며,
· 실패한 작업자는 그 실패에 대한 손실을 각오하도록 한다.

곧, 차별적 성과급제를 도입한다는 것이었다.

이러한 과업 관리의 원칙이 발전되어 1911년 과학적 관리법의 원칙이 발

표되는데, 이는 기업의 생산성이 특수인보다는 조직적 관리를 중시하고 있으며, 최선의 관리는 기본적인 법칙과 기준 및 원리에 입각한 참된 과학에 있음을 입증하려 하였다.

그가 과학적 관리의 대원칙으로 제시한 4가지의 원리를 요약하면 다음과 같다.

· 참된 과학적 관리법을 개발해서 지금까지의 주먹구구식 방법을 대체한다.
· 각각의 작업에 대해서 최적의 숙련자를 선택하고 그 숙련자를 모델로 해서 작업자를 과학적으로 선발하여 훈련·교육·개발시킨다.
· 개발된 과학적 원칙에 따라서 활동을 수행할 때, 관리자와 작업자 사이에 친밀감과 협력 정신이 창출된다.
· 경영자와 작업자는 업무 분담을 적절히 함으로써 각 부문에 업무가 적절히 배분되도록 한다.

이에 추가해서 테일러는 다음과 같이 말하고 있다.

"과학적 관리를 실시하는 데는 작업자 쪽도 관리자 쪽도 완전한 정신 혁명을 필요로 한다. 양쪽 모두 과학적인 관찰과 지식이 지금까지의 개인적인 판단과 의견을 바꿔야 함을 인식해야 한다. 인간을 다루어야 하는 관리는 절대적으로 과학일 수 없다."

이 논리로 테일러 시스템을 혹독하게 비난하는 자들도 인정하는 바와 같이 테일러 시스템은 종래의 인습적 관리를 배제하고 과학적 사고를 공장 관리에 접목시켰다는 데에 의미가 있다.

우리도 테일러 시스템의 역기능을 강조하기보다는 일 속에서 과학을 발견하는 테일러의 과학적 관리법을 다시 한번 음미하여야 하겠다.

연습문제

1. 테일러 시스템의 등장 배경은 무엇인가?
2. 테일러 시스템의 근본정신과 기본 이념은 무엇인가?
3. 과업관리(task management)의 원칙을 기술하시오.
4. 합리적 과업관리의 핵심은 무엇이며, 이를 위한 전제조건은 무엇인가?
5. 기능적 조직(functional management)의 성공요인과 실패요인을 설명하시오.
6. 테일러의 쇼벨 연구에 관해 설명하시오.
7. 테일러의 업적을 평가하시오.
8. 테일러의 과학적 관리의 대원칙 4가지를 기술하시오.
9. 과학적 관리법은 어떠한 측면에서 비판을 받았는가?
10. 테일러 시스템이 현대 생산 시스템에 기여한 바를 논하시오.

제 5 장

포드 사의 컨베이어 시스템 (1913년)

우리는 시대에 따라서 생산 표준화가
포드를 세계 제일의 회사로 만들다가도
이것 때문에 실패하는 것을 보면서
생산성 혁신의 교훈을 발견하게 된다.
즉 생산성 혁신의 왕도는 없으며
시대에 따라서 기업 환경에 맞춰 생산성 혁신의
방법론은 끊임없이 변화시켜야 한다는 것이다.
다시 한 번 강조하지만 경영은
절대적으로 불변의 과학이 아니며 환경의 변화에
맞춰 변신하는 카멜레온과 같은 것이어야 한다.
따라서 생산성 혁신의 신토불이, 곧 우리 실정에 맞는
생산성 혁신의 방법론을 개발할 필요성이 있는 것이다.

Ford
System

최저 임금 하루 5달러, 이익 분배금 1,000만 달러, 8시간 노동제 실시.

1914년 1월 5일 포드가 발표한 폭탄 같은 선언은 비난과 찬사로 미국 경제계를 들뜨게 했다. 그 당시 다른 공장의 평균 일당 1달러에 비해서 5배를 지불하겠다는 약속을 믿고 1월 12일 포드자동차 공장의 일자리를 구하기 위하여 몰려든 근로자 12,000여 명이 경찰과 충돌해서 부상자까지 생길 정도로 근로자와 노동계는 찬사를 보내는가하면, 자본가, 은행가와 동업자들과 몇백 명의 공산주의자들은 디트로이트에서 대회를 열어 포드를 비난하고 비웃었다. "포드는 돈으로 직공의 생명과 영혼을 샀다.", "포드는 한낱 기술자에 지나지 않는다. 그러므로 1년 안에 망하고 말 것이다.", "포드는 인기만 노리는 변덕쟁이다."

노동 시간을 줄이고 임금을 올려 준 지 얼마 안 되어 모터는 약 30%, 라디에이터는 약 80%, 흙받이는 약 30%, 가솔린 탱크는 80% 이상으로 생산성이 늘어났다. 전체적으로 20~80%의 증가였다.

1913년 550달러였던 포드차가 1916년에는 360달러로 값이 떨어졌고, 1920년에는 255달러로 인하되었다. 이렇게 자동차의 가격은 떨어졌는데 포드의 순이익금은 1914년 9개월 동안에 2,500만 달러, 1916년에는 갑절이 넘는 5,700만 달러, 1921년에는 약 세 배인 7,500만 달러가 되었다. 자동차의 수도 1914년 28만 대에서 1921년 100만 대, 즉 하루에 2,800대나 만들게 된 것이다.

이것은 노동자에게는 충분한 휴식과 임금을 지불하면서 소비자에게는 싸고 튼튼한 차를 공급한다는 포디즘의 실현이며 컨베이어 시스템으로 대변되는 포드 시스템의 걸작품이라 할 수 있다.

포드의 일생

1863년 7월 30일 미시간 주에서, 포드는 아일랜드로부터 이주한 농민의 아들로 태어났다. 증기의 힘이 얼마나 센지를 실험하기 위해서 주전자의 뚜껑을 실로 묶고 불을 땔 정도로 어려서부터 호기심이 많았던 포드는 1871년 1월, 8세의 나이로 초등학교에 입학했다. 그러나 학과 공부보다는 기계에 흥미가 있었으며, 10세에는 뛰어난 과학 기계의 힘을 실제 생활에 응용해야 한다고 생각했다.

유달리 기계를 좋아한 포드는 학교를 마친 뒤 16세 되던 1879년 12월, 디트로이트의 미시간 차량 회사에서 일하게 되었다. 그 당시 미시간 차량 회사는 1,900명이나 되는 작업원이 기계 공장, 목공장, 조립 공장 등 많은 건물에 나뉘어져 일하고 있었고 일관 작업으로 하루에 10대가 넘는 기차를 만들고 있었다. 포드는 그 당시 1달러 10센트의 견습공으로 근무하고 있었는데 직장(職長)이 못 고친 기계를 한번에 고쳐낸 데 대한 괘씸죄로 6일만에 해고를 당했다. 단 6일간의 경험이었지만 여기서 익힌 일관 작업 개념이 포드의 컨베이어 시스템을 구축하는 원동력이 되었다.

미시간 차량 회사에서의 경험으로 비추어 보아 너무 큰 회사에서는 전체의 일을 알 수 없다는 판단 아래, 이번에는 조그마한 제임즈 플라워 회사에 1주일에 2달러 50센트의 견습공으로 취업하게 되었다. 그런데 이러한 봉급으로는 주당 3달러 50센트의 하숙비도 충당할 수 없었으므로 저녁에는 하루에 50센트를 받고 시계 수리점에서 일했다.

제임즈 플라워 회사에서 9개월이 지난 후 임금은 3달러로 올랐으나 규모가 너무 작은 회사라서 배울 것이 별로 없었기에 이번에는 디트로이트에서 제일 큰 드라이 독 엔진 회사에 취직하였다. 이 회사는 증기 기관차를 만들어 배에 장치하는 회사였는데, 임금은 2달러 50센트였다. 회사 분위기가 좋은데다가 배울 것이 산더미같이 있었으므로 포드는 여기서 2년을 근무한다. 급료도 주당 5달러로 오르게 되었다. 미시간 차량회사, 제임즈 플라워 공장, 드라이 독 엔진 회사를 마치 공부하기 위해 학교를 가듯이 다녔던 포드는 어느 날 다음과 같은 정중한 초청을 받는다. "꼭 우리 회사에 와 주었으면

합니다." 증기 기관차를 만들어 농민들에게 파는 웨스팅하우스 엔진 회사로부터의 초청이었다. 포드는 벌써 디트로이트에서 유명한 일류 기사로 성장한 것이었다.

그는 웨스팅하우스에서 A/S 기사로 근무하던 중 부모님의 병환 소식을 듣고 고향에 돌아와 농사를 짓는 틈틈이 농기계를 발명해서 오늘날의 트랙터의 기초를 만들게 된다. 1888년 4월, 25세에 클래어 브라이언과 결혼을 한다. 농촌에서 농사를 짓는 것보다는 기계 발명, 특히 가솔린 엔진에 관심이 많았던 포드는 1891년 9월 드디어 브라이언과 함께 디트로이트의 아파트로 거처를 옮겨 에디슨 전동회사의 발전소에서 일하던 중 얼마 지나지 않아 그의 실력을 인정받게 되어 기사장에 오른다. 기사장이 된 포드는 회사에 따로 연구실을 갖게 되었고 본격적으로 가솔린 엔진에 관한 연구를 시작하였다. 그는 연구를 연장하기 위해서 자기집 헛간에 연구실을 차리고 회사에 근무할 때뿐 아니라 집에 와서도 가솔린 엔진 연구를 계속하였다. 주위의 비웃음 속에서도 연구를 계속하던 포드는 발명왕인 에디슨을 만나 격려를 받고 나서 자동차에 자기 일생을 바치기로 결심한다. 기사장의 봉급은 125달러나 되었으므로 다른 집 같으면 여유가 있었겠지만 엔진에 쏟는 연구로 포드 부부는 어려운 살림을 할 수밖에 없었다. 그러던 중 1893년 12월, 디트로이트로 옮겨 온 지 6년째 되던 날 속력은 30km밖에 안 되지만 드디어 자동차 개발에 성공한다. 이 1호차는 3년 동안에 1,600km를 달리며 계속해서 손질하여 많이 개량되었다.

이즈음 자동차 개발을 중단하는 조건으로 발전소 총지배인으로 승진시켜 주겠다는 에디슨 회사 고위 간부의 유혹을 물리치고 회사에 사직서를 쓴 후, 1899년 8월 자동차 연구를 계속할 수 있는 디트로이트 자동차 회사의 주임 기사를 선택하게 된다.

1902년 12월 1일, 포드에게는 일생일대의 행운이 찾아왔다. 포드가 개발한 자동차가 미국 선수권을 가지고 있던 윈튼과의 자동차 경주에서 72㎞의 신기록을 세우고 이긴 것이다.

그 후 쿠퍼라는 선수의 부탁으로 999호 애로우호라는 20마력 경주용 차를 개발하였고 글로스 포인트 경주 대회에서 올드필드라는 선수를 기용하여 우승을 하는데, 이를 계기로 부자 맬컴슨의 제의를 받아들여 포드 자동차 회사가 발족되었다.

이때 포드의 나이 40세, 1903년 6월 17일 기계광의 꿈이 이루어진 것이다. 자본금은 10만 달러, 불입 자본금 2만 8천 달러, 주식은 모두 1,000주인데, 그 가운데 맬컴슨이 250주를 맡아 7,000달러를 내고 사장이 되었다. 포드는 현물 출자 대신 기술료로 255주를 받고 부사장겸, 감독 직장으로 200달러의 월급을 받게 되었으며, 또한 25주를 받고 경리 주임이 되었다.

처음 A형 자동차를 한 대 만들어 시중에 내놓았는데 850달러에 바로 판매되었다. 포드 자동차는 튼튼하고 간단하며, 운전성이 좋고 값도 싸서 창립 후 3개월만에 150대를 팔았고 매출액이 13만 2,500달러에 이르게 되었다.

창립 후 1년 동안 생산한 자동차는 모두 760대로 원가 550달러에 이익금 200달러를 붙여 750달러에 팔 예정이었으나, 실제로는 그 갑절이 넘는 가격에도 불구하고 물량 공급이 턱없이 모자랄 지경이었다.

다음 해인 1904년의 매출 대수는 1,695대, 매출액은 193만 달러에 이르게 되었다.

그러나 3년째 되던 해에는 갑자기 판매가 한계에 부딪치게 되는데, 포드는 미시간 차량 회사에서 경험했던 일관 생산 방식에 의한 대량 생산으로 가격을 낮추고 소비층을 확대함으로써 소비자에게 봉사하고 난국을 돌파할 생각을 하게 되었다.

그런데 여기서 맬컴슨 사장과 의견이 맞지 않아 결별하게 된다. 맬컴슨 사

장은 일류 사업가로서 박리다매보다는 소량이지만 고가격 고이윤을 추구하는 형이었다. 여기서 포드는 맬컴슨 사장의 제안을 받아들여 맬컴슨이 갖고 있던 250주의 주식을 175,000달러(초기 투자 7,000달러의 25배)에 달하는 거금을 주고 인수함으로써 포드자동차회사의 사장이 된다.

포드는 사장에 취임하자마자 600달러의 싼 값으로 자동차를 팔기 시작했다. 전년도에는 1,600대도 팔리지 않던 것이 갑자기 5배에 달하는 8,423대가 판매되었고, 사장 취임 3년째 되던 해에는 하루 생산 대수가 100대에 이를 정도로 증설을 거듭하게 되었다.

그즈음 포드는 부속품을 일정하게 하는 일, 곧 표준화를 함으로써 싸고 쓰기 편한 자동차를 만들려고 생각하였다. 그리하여 1908년 10월 1일, 드디어 유명한 'T형 자동차'를 세상에 내놓았다. 그 뒤 이 T형 자동차는 1928년까지, 즉 19년 동안 계속 판매되었다.

인류를 위해서 자동차를 만든다는 포드의 꿈은 T카로서 절정을 이루게 된다. 회사를 세운 첫해의 매출 대수 1,500대에서 10년 뒤에는 170배인 265,000대로 늘었고, 매출액도 첫해의 13만 달러에서 8,900만 달러로 680배가 되었다. 또한 첫해의 24만 달러였던 순이익금도 그 100배에 달하는 2,100

만 달러에 이르렀다.

1947년 4월 7일 세상을 떠날 때까지 값싸고 좋은 차를 인류에게 제공하겠다는 원대한 꿈을 실현하기 위해서 노력했던 포드의 좌우명은 다음과 같았다. “스스로 장작을 패라. 그러면 갑절로 따뜻해질 것이다.” 그는 직공들처럼 작은 집에서 살고 손수 장작을 패면서도 종업원들에게는 다른 회사의 일당 1달러보다 5배의 임금을 지불하였다. 바로 이것이 1903년부터 1953년까지 3,600만 대의 자동차를 세계 곳곳에 퍼지게 한 포드의 사람됨이며 그의 이상, 즉 포디즘이었던 것이다.

포드의 컨베이어 시스템

1913년, 포드는 8시간 근무에 일당 5달러의 약속을 지키면서 1,000만 달러의 배당을 실시해야 하는 약속을 지키기 위해서 직공들의 능률을 과학적으로 재는 방법을 골몰히 생각했다. 그는 공장의 모든 일을 과학적으로 분류하고 그 일에 필요한 표준 시간을 책정하였으며 표준 시간에 따라 능률급제를 도입하고 실시하였다. 그러나 생산성에는 한계에 부딪쳤다. 생산성 저하 요인을 살펴 본 결과 작업자가 물류 작업에 너무 많은 시간을 쓰고 있었다. 포드는 자기 발전기의 조립 작업 중 작업자가 재료나 공구를 필요로 할 때 왔다 갔다 하며 막대한 시간을 낭비하는 것을 보고 다음과 같은 작업 원칙을 제시하였다.

첫째, 작업자는 가능한 한 한 발이라도 움직이지 말아야 한다.
둘째, 작업자는 허리를 굽힐 필요가 없다.

이러한 작업 준칙에 따라 자기 발전기의 조립 라인을 8인치 높이자 작업 능률은 2.5배 증대되었으며, 1914년 초에 채용한 차대 조립 작업 라인의 높이를 작업자의 키에 맞춘 결과 작업 능률이 향상되어 대당 조립 시간이 5시간 50분에서 1시간 33분으로 단축되었다.

포드는 이러한 작업 원칙을 공장에서 실현하기 위해 작업자들을 작업 순서에 따라 일렬로 배열하여 공구를 고정 배치하고 작업물을 컨베이어 시스템에 실어서 운반하게 함으로써 작업자의 물류 시간을 절대적으로 줄이도록 한다. 이른바 지금까지 텔레비전, 냉장고 등 전자 조립품의 생산에서 절대적 우위를 자랑하는 포드 시스템, 즉 컨베이어 시스템을 창안한 것이다.

이러한 조립 라인의 효율을 위해서 조립 작업 원칙을 발표했는데 그 내용은 다음과 같다.

- 작업 공정 순서에 따라 작업자를 배열하고 각 작업 단위의 시간(생산 주기 시간 또는 사이클 타임)을 균등히 한다(라인 밸런싱).
- 각 작업자 사이를 컨베이어 내지 운반 장치로 연결하여 작업물을 운반하게 한다.
- 컨베이어를 시간적 규칙성에 따라 운전하여 작업 흐름을 원활히 한다.

이러한 원칙으로 포드의 컨베이어 시스템은 생산의 표준화로서 대량 생산을 가능하게 하였고, 작업자들의 작업 속도를 컨베이어 이동 속도에 맞추어 종합적인 생산성 향상을 실현한 공장 혁신의 걸작품이었다.

포드 시스템의 실패

포드 시스템의 근간은 오늘날 대량 생산의 일반 원칙으로 승화된 생산 표준화의 3S였다.

1. 단순화(simplification) : 제품, 작업
2. 표준화(standardization) : 부품, 작업
3. 전문화(specialization) : 기계, 공구

이러한 대량 생산의 원동력이 되었던 생산 표준화의 3S가 포드 시스템 실패의 결정적 요인이 되기도 하였다는 것은 아이러니라 할 수 있을 것이다.

제품 단순화에 의한 저가주의로 포드자동차의 신화를 이룩했던 포드의 T

카는 다양화를 추구하는 시장의 구조 변화에 능동적으로 대처하지 못하고 GM의 제품 차별화 전략에 의해서 완전히 실패하였다.

1923년 당시 GM에는 제품 개념이 불명확한 7차종 10품종의 잡다한 다품종 생산을 하고 있었는데 GM의 사장에 취임한 슬론은 일련의 제품을 다음과 같이 정리하여 차별화했다.

450~600달러, 600~900달러, 900~1,200달러,
1,200~1,700달러, 1,700~2,500달러, 2,500~3,500달러.

또한 전 차종을 포드차보다 고급 사양으로 하여 "당신이 인생에서 성공했다고 생각한다면 GM차를, 실패했다면 포드차를 사시오."라는 캐치프레이즈로 상류층 고객을 끌어들일 수 있었다. 이 시대만 해도 벌써 고객은 단순한 실용성보다는 진보·쾌적·편리성·마력·스타일 등을 요구하고 있었으며 GM사의 전략은 이러한 소비자의 행동 이론에 적중했던 것이다. 반면 포드 사는 이를 외면하고 T카만을 주장하다가 소비자의 외면을 자초했던 것이다.

이에 [표 5-1]에서 보는 바와 같이 1921년 55.7%에 달했던 포드 사의 시장 점유율이 1927년에는 9.3%로 급격히 떨어졌으며 1921년 12.7%에 불과하던 GM의 시장 점유율이 1927년에는 43.5%로 증대하였다.

[표 5-1] 포드 사의 GM 시장 점유율

연도	1919	1921	1923	1925	1927	1929	1931
포드(%)	40.1	55.7	46.1	40.0	9.3	31.3	24.9
GM(%)	20.8	12.7	20.2	20.0	43.5	32.3	43.9
전국 판매량 (천 대)	1,658	1,518	3,625	3,735	2,937	4,547	4,973

출처 : A. D. Chandler Giant Enterprise ; Ford. GM and The Automobile Industry, 1964.

또 하나 포드 시스템의 결함은 컨베이어 속도에 의해서 작업을 강요함으로써 작업자의 인간성 상실에 의한 비인간화와 종업원의 사기 저하를 불러왔고, 마침내 경제 불황에 이은 노사 분규에 휘말리게 되었던 것이다. 또한 컨베이어 시스템은 일관 작업으로서 한 공정의 정지가 전체 공정의 정지로 연결되는 만큼 종업원의 사보타지에 치명적이며, 조업도가 낮을 경우 막대한 초기 투자비의 회수가 어려운 단점이 있었다.

우리는 시대에 따라서 생산 표준화가 포드를 세계 제일의 회사로 만들다가도 이것 때문에 실패하는 것을 보면서 생산 혁신의 교훈을 발견하게 되는데, 결론은 생산 혁신에는 왕도가 없다는 것이다.

시대에 따라서 기업 환경에 맞춰 생산성 혁신 방법은 끊임없이 변하여야 하는 것이다.

다시 한번 강조하지만 경영은 절대적인 불변의 과학이 아니며 환경 변화에 맞춰 변신해야 하는 카멜레온과 같은 것이어야 한다. 그러므로 생산성 혁신의 신토불이, 즉 우리 실정에 맞는 생산성 혁신의 방법론을 개발할 필요성이 있는 것이다.

연습문제

1. 포드 시스템의 등장 배경을 설명하시오.
2. 포드가 작업자의 막대한 시간 낭비를 보고 제시한 원칙은 무엇인가?
3. 포드 시스템의 근간으로 오늘날 대량 생산의 일반 원칙으로 승화된 생산 표준화의 3S는 무엇인가?
4. 테일러 시스템과 포드 시스템을 비교·분석하시오.
5. 포드가 조립 라인의 효율을 위해 발표한 원칙은 무엇인가?
6. 포드의 업적을 평가하시오.
7. 포드 시스템의 실패 원인은 무엇인가?
8. 포드 시스템과 JIT시스템을 비교·분석하시오.
9. 포드 시스템이 현대 생산시스템에 기여한 바를 논하시오.
10. 포드 시스템이 적용되는 대표적인 사례를 들어보시오.

제 6 장

웨스턴 일렉트릭 사의 호손 실험 (1924년)

포드 2세가 "컨베이어 시스템이 생산 코스트를 떨어뜨리는 합리적 시스템이라는 것에 대해서는 의심의 여지가 없지만 그 동안 그러한 컨베이어 시스템에는 인간 및 인간적 요소에는 복잡하고 곤란한 문제가 존재하고 있다는 데 대한 충분한 연구가 없었다. 대량 생산은 기계만으로 이루어지는 것이 아니라 사람과 기계가 협력함으로써 달성될 수 있는 것이다."라고 기술한 바와 같이 기계와 인간, 작업과 인간, 조직과 인간, 시스템과 인간의 융합·조화를 어떻게 해결할 것인가 가 동서고금을 막론하고 기업이 당면하고 있는 과제이다. 이러한 문제, 즉 인간 관계론에 대한 최초의 연구가 메이요의 호손 실험인 것이다.

Hawthorn Experiment

만성 적자에 시달리던 기업이, 4년여 동안의 무분규를 실현한 결과 2,000억 원이 넘는 흑자를 실현한 D조선의 노사 화합이 갖는 생산성의 위력을 보면서 인간 관계론의 중요성을 실감한다.

산업혁명 이전에는 기업의 경쟁력을 그 기업이 갖고 있는 자원으로 평가한 적이 있었다. 산업혁명으로 기계화가 이루어지고 난 다음에는 기업의 경쟁력을 생산의 주체가 되는 생산 설비(또는 그를 구입할 수 있는 자본)의 우열로 평가하였다. 그러나 현대에는 과학 기술의 발달에 의해서 생산성의 주체가 과학 기술과 경영 지식을 갖춘 인간 요소에 의해서 결정됨에 따라 기업의 경쟁력을 평가하는 척도는 그 기업이 갖고 있는 인간관계에 바탕을 둔 기업 문화로 평가하는 추세에 있다.

기업 문화가 정착되지 못할 때 즉, 기업에서 생산의 3요소인 자원, 설비, 인간의 균형이 이루어지지 못할 때 분규가 발생하게 되는데 메이요(G. E. Mayo) 교수는 일찍이 이를 "기술적 기능과 사회적 기능의 불균형적인 발달이 사회에 미친 결과는 비참한 것이었다."라고 지적하였다. 설비는 고도화·첨단화되면서 인간의 부하는 단순해지고 경감되지만 이를 기뻐해야 할 인간은 창조성과 주체성에 제약을 받음으로 인해서 소외감과 무력감을 실감하게 되는 것이다.

포드 2세가 "컨베이어 시스템이 생산 코스트를 떨어뜨리는 합리적 시스템이라는 것에 대해서는 의심의 여지가 없지만 여기에는 인간 및 인간적 요소에 대해서 복잡하고 곤란한 문제가 존재한다는 데 대한 충분한 연구가 지금까지 없었다. 기계만으로는 대량 생산이 불가능하고 대량 생산은 기계와 사람이 협력되어질 때 이루어지는 것이다."라고 기술하고 있는 바와 같이 기계와 인간, 작업과 인간, 조직과 인간, 시스템과 인간과의 조화를 어떻게 해결할 것인가는 동서고금을 막론하고 기업이 당면하고 있는 과제이다. 이러한 인간 관계론에 대한 최초의 연구가 메이요의 호손 실험(the Hawthorne experiment)인 것이다.

1차 호손 실험

1924년 미국 일리노이 주에 있는 웨스턴 일렉트릭의 호손 공장에서 조명이 생산성에 미치는 영향을 연구하기 위해서 실험을 실시하였다. 그런데 그 실험 결과가 테일러(F. W. Taylor)의 과학적 관리법을 부정하고 인간 관계론의 중요성을 부각시킨 계기가 되었다.

당시 이 공장은 복지 시설이나 급여에는 큰 문제가 없었으나 30,000여 명에 이르는 종업원의 작업 능률이 나빠 개선할 필요성이 있었다. 그래서 테일러의 과학적 관리법을 동원하여 조사 연구를 시도하였다.

학술조사심의회에 협력을 요청하여 메이요, 뢰슬리스버거(F. J. Roethisberger) 등을 리더로 하는 연구 그룹이 조직되어 작업자가 그 능력을 최대한으로 발휘하여 생산성을 높일 수 있는 물리적 조건, 노동 시간, 작업 방법 등의 편성을 알려고 시도했던 것이다.

첫 번째 연구는 조명이 작업에 미치는 영향을 조사하여 최선의 조명도를 찾는 일이었다. 작업자를 실험군(test group)과 통제군(control group)으로 나누어 실험군에 대해서는 조명도를 여러 가지로 변화시켜서 그 능률을 조사하여 조명도를 원래대로 해 놓은 통제군과 비교한다는 계획이 세워졌다.

실험군의 조명을 24, 46, 76촉광으로 차례로 높인 다음 능률을 조사한 결과 예상한 대로 생산성이 높아졌다. 그런데 이상하게도 조명을 바꾸지 않았던 통제군도 생산량이 거의 같이 상승하였다.

다음에는 실험군의 조명을 10촉광으로 낮췄음에도 불구하고 예상과는 반대로 생산성은 더욱 증가하였다. 이 결과에 놀란 조사원들은 다시 3촉광으로 조명도를 낮췄다. 그래도 역시 생산성은 증대했다. 그리고 통제군의 생산성도 약속이나 한 듯이 상승하였다. 물론 여기서 통제군의 조명은 실험 초기와

동일하게 유지한 것이었다.

조명이 어두워지는데도 생산성이 증가하는 놀라운 이 현상을 설명할 수 있는 사람이 아무도 없었다. 그래서 조명을 다시 낮추었는데도 생산성 향상은 계속되어 급기야는 0.06촉광이라는 달빛과 비슷한 조도로 낮추었을 때 비로소 생산량 상승은 멈추었다.

이 결과 작업장의 조명도보다도 더 큰 요인이 작업 능률을 지배하고 있다는 사실이 판명되었고, 이에 조명이 생산성에 미치는 영향을 연구하려던 본래의 연구를 중단하고 무엇이 조명이 어두어지는데도 생산성을 높이게 했는가에 대한 원인을 규명하는 방향으로 전환되어 2차 실험을 계획하게 되었다.

2차 호손 실험

1927년, 2차 호손 실험이 계획되었다. 먼저 여자 종업원 두 사람이 선발되고 그 다음에 그들이 좋아하는 네 명의 동료가 뽑혔다. 이렇게 해서 여섯 명으로 구성된 연구 그룹은 그 후 5년간에 걸쳐서 실험 대상이 되었다. 이 여섯 명은 현장에서 떨어진 다른 작업실에서 전화 계전기를 조립했고 그들의 작업 조건, 작업 태도, 작업 능률 등이 관찰되었다. 조사원은 항상 그들과 접촉하여 그들의 충고를 받고 불평에 귀를 기울였던 것이다.

1년 반 이상의 실험을 통해서 메이요 학파의 연구자들은 계획적인 휴식 시간의 삽입, 회사에 의한 급식, 노동 시간의 단축 등 작업 조건의 개혁을 시도하였다. 그러던 중에 연구자로서는 예상하지 않았던 결과가 나온 것이다. 그래서 연구자들은 급기야 이제까지의 작업 조건을 백지로 돌리고 애초의 실험 조건으로 환원시켜 보기로 하였다. 이와 같은 급격한 변화는 당연히 종업원들에게 마이너스 심리로 작용하여 사기 저하와 함께 생산량의 감소를 가져올 것이라고 생각하였다. 그런데 실제 그들의 생산량은 오히려 높아졌으며 그것은 그들이 자기가 작업자들 중에서 뽑혔다는 일종의 선민의식에서 어

느 정도의 불편은 감수해야 한다는 마음가짐을 갖고 있었던 결과였다.

과학적 관리법에서는 상상을 초월하는 결과였다. 이 의문에 대한 해답은 작업자는 인간이기 때문에 기계와 같이 과학적 수치 계산에 의해서 해답이 나오는 것이 아니라 인간관계로 풀어야 한다는 것으로 생산성 혁신사에서 하나의 큰 전환점인 인간 관계론이 발전하게 된 계기가 되었다.

인간 관계론

종래의 과학적 관리가 작업자의 기능면에 주력한 데 반해서, 인간 관계론은 대인 관계의 조절 기술을 가지고 시스템의 모순을 완화하거나 해결을 꾀하고자 하는 것으로 임금이나 이익 분배 등의 인센티브가 아니라 작업 집단 내의 인간 상호간의 인간관계에 의해서 문제 해결에 접근하고자 한 것이다.

메이요 교수는 작업 조직으로서 기업에서 설정한 공식 조직보다는 사적인 비공식 조직을 통해서 작업자의 사기가 진작된다는 사실을 간파하고 소집단 연구에 관심을 기울였다.

이것은 오늘날 우리나라 기업에서도 기업 내의 커뮤니케이션 원활화를 위

해서 도입하고 있는 모든 대책, 예를 들면 제안 제도, 사내보, 자기 신고 제도, 카운슬링 등의 효시가 되었으며 효성중공업의 청년 이사회, 삼성그룹의 청년 중역제, 럭키그룹의 프레시 보드, 대우그룹의 모의 임원회의 등도 이와 같은 맥락에서 출발한 것이다. 변형적인 것이기는 하지만 선경 직원들의 애로 및 건의 사항을 접수하여 바로 조치하는 '헬프 데스크', 효성물산의 '한마음 전화', 삼성물산의 '일 빨리빨리 센터', 대우의 '인사 상담 센터', 럭키금성의 '텔미', 진로그룹의 '회장 직보·직소 제도' 등의 사내 신문고 제도도 커뮤니케이션의 중요성에서 출발한 것이다.

인간 관계론의 입장에서 출발한 한국 기업의 구체적 사례를 보면 다음과 같다.

- 기아자동차 : 명예의 전당, 메모 제안제
- 삼성그룹 : 스포츠 12개 종목의 '삼성컵 리그'
- 삼성물산 : 이른 퇴근 시간 이후 문제 해결을 위한 주 1회 술좌석을 여는 '어우러진 마당'
- 선경그룹, 전경련 : 직위를 떠난 상하 자유 토론의 캔 미팅
- 현대정공 : 임직원들의 '한 형제 모임', 직원과 임원 간의 만남은 '정공 광장', 부서 간의 만남은 '신나는 한마당' 등 만남에 비용을 지원하는 제도
- 유유산업 : 총무부장 대행 순환 근무제

인간 관계론적 작업 설계

테일러의 과학적 관리법과 아담 스미스(A. Smith)의 분업론에 의한 전문화와 과학화를 추구하는 과학적 작업 설계만으로 작업의 능률을 올리기란 어렵다.

언급한 바와 같이 작업의 능률은 환경보다도 작업자의 마음가짐과 심리적 상황과 함수 관계를 이룬다. 작은 동기에서 출발한 호손 실험은 그 이후 허

즈버그(F. Herzberg), 아지리스(C. Argyris) 등의 인간 관계론 학자들에 의해서 검증되고 입증된 생산성 혁신 연구로 결실을 맺게 된다.

작업 성과를 높이려면 작업자의 작업에 대한 만족 요인 또는 동기 요인이 충족되어야 한다고 허즈버그는 말한다. 허즈버그는 2요인 이론에서 종업원의 참여·목표 지향·자율성·집단 관리에 주안점을 두고 인간 관계론의 입장에선 작업 확대(job enlargement) 개념을 연장한 것으로 작업 충실화(job enrichment)를 주창하고 있다.

작업 확대는 코넨트(E. H. Conant)와 로울러(E. E. Lawler)가 주장한 것으로 전문화, 단순화, 표준화에서 오는 심리적 허탈감을 치유할 목적으로 작업 내용의 다양성·작업의 연결성·작업 능력의 활용·작업 수행의 자율성에 주안점을 둔 인간 관계론적 입장에서 전개한 작업 설계 이론이다. 이것은 우리 기업에서도 도입하여 성과를 얻고 있는 작업자의 다기능화 운동과 유사한 개념이다.

또한 단순 반복 작업에서 오는 지루함을 달랠 목적으로 시행되는 순환 작업제(job rotation), 근무시간을 일정 범위 내에서 자유로이 정할 수 있는 플렉시블 타임제도 인간 관계론적인 작업 설계의 산물이다.

이와 같이 메이요의 호손 실험을 계기로 갖게 된 인간 관계론은 테일러 이후의 기존 과학적 관리법으로 풀 수 없었던 노사 분규 문제에 대한 해답을 제시한 것이었다. 이런 의미에서 노사 분규로 시달리는 우리 기업들에게 메이요의 호손 실험은 시사하는 바가 클 것이다. 또한 우리 기업들이 추구하는 신바람 운동도 옆집에서 한다니까 나도 한다는 식에서 벗어나 인간 관계론적 이론의 바탕 위에서 실시하는 것이 더욱 효과적일 것이다. 무조건 신바람을 내자고 할 것이 아니라 어떻게 해야 신바람이 나는지를 인간 관계론적으로 연구해서 이를 실천하는 노력이 필요하다 하겠다.

연습문제

1. 호손 효과란 무엇인지 설명하시오.
2. 호손 실험의 배경에 대해 설명하시오.
3. 인간 관계이론의 성립배경에 대해 논하시오.
4. 인간 관계이론 입장에서 인간 관계를 개선하기 위한 제도에 대해 논하시오.
5. 인간 관계론의 공헌과 비판에 대해 논하시오.
6. 테일러(Taylor)의 과학적 관리법에 대해 이야기하시오.
7. 과학적 관리법과 인간 관계론의 차이점에 대해 논하시오.
8. 허즈버그(F. Herzberg)의 2요인 이론에 대해 이야기하시오.
9. 인간 관계론과 관련된 국내외 기업의 구체적인 사례를 찾아 연구·분석하시오.
10. 호손 실험이 주는 의의에 대해 토론하여 보시오.

제 7 장

벨연구소의 통계적 품질 관리 (1924년)

생산 관리에서
오늘과 같은 상태로
공정이 계속 진행되더라도
앞으로 괜찮을 것인지 궁금할
경우가 참 많으며 그것을 어떻게
예측해야 할 것인지는 공정 관리를
담당하는 많은 사람들의 관심사였다.
여기에 대한 정확한 해답을 제시한
것이 1924년 벨전화연구소의 슈하르트
(Walter A. Shewhart, 1891~1968) 박사의
관리도 기법을 통한 통계적 품질 관리이다.
슈하르트 박사는 통계적 기법을 이용해서
얻어진 정확한 계량 데이터에 의해 공정의
장래를 예측하고 적절한 조치를 취함으로써
종래의 주먹구구식 관리 체제에서 탈피하여
새로운 생산 관리 혁신의 이정표를 제공한 것이다.
현대의 기업 경영은 심증이 아니라 물증으로
말해야 하며 '많다, 적다'의 언어 데이터가 아니라
정확한 통계에 의한 계량 데이터로서 현황을 파악하고
이를 토대로 미래에 대한 예지를 발휘함으로써
한 치의 오차도 없는 계량 경영을 실현하는 것이다.

Statistical Quality Control

일본의 게이요(慶應) 대학의 경영능력평가그룹은 지난 25년간에 걸친 경영자의 능력과 성과와의 상관 관계에 대한 연구 결과를 발표했는데, 경영자 능력의 공헌도가 전자 업종과 같은 첨단 업종에서는 야심과 결단을 요구하는 반면에 식품업과 같은 저성장 업종에서는 계수 감각이 중요함을 보여 주고 있다.

기업의 경영 환경을 계수적으로 정확히 파악해서 적절한 대응책을 강구하는 것은 불황기 경영자의 최고의 덕목이라 할 수 있을 것이다. 이와 마찬가지로 생산 관리에서도 주먹구구식이 아니라 정확한 통계적 자료에 의한 계수치로서 관리의 과학화를 기하는 것은 매우 중요하다. 왜냐하면 통계적 과정을 통해서 어떤 공정의 과거와 현재를 명확히 파악함으로써 미래에 대한 예측을 하고 이를 토대로 환경 변화에 적절히 적응할 수 있기 때문이다.

계수 감각이란 일차적으로 사물의 활동을 데이터로 표현할 것을 요구한다. 그리고 그가 쓰고 있는 데이터의 종류에 의해서 후진성과 선진화가 가늠된다. 우리가 처음 가는 시골길을 걸을 때면 자기가 가고자 하는 목적지까지 얼마나 남았는가를 알아야 적절한 대응을 할텐데 그렇지 못해서 답답할 때가 있다. 그래서 지나가던 할머니에게 목적지까지 얼마나 남았는가를 물었을 때, '굉장히 멀다'든지 또는 '아직 멀었다'는 언어 데이터 때문에 사태 해결에 별로 도움이 되지 않았던 기억이 있다. 또한 어떤 할아버지에게 물었을 때, 간단히 5㎞라고 하면 될 것을 '가까운 10리', '먼 10리' 등의 정확하지 않은 척도의 계수 데이터 때문에 혼란이 생기기도 한다.

이와 마찬가지로 공정 관리에서도 오늘의 이런 상태로 공정이 계속 진행된다면 앞으로 괜찮을 것인지 늘 궁금했고 그것을 어떻게 예측할 것인지는 공정 관리를 담당하던 많은 사람들의 관심사였다. 여기에 대한 정확한 해답을 제시한 것이 1924년 벨전화연구소의 슈하르트(Walter. A. Shewhart, 1891~ 1968) 박사의 관리도 기법을 통한 통계적 품질 관리(SQC : Statistical Quality Control)이다. 슈하르트는 통계적 기법을 이용해서 얻어진 정확한 계량 데이터에 의해 공정의 장래를 예측하고 적절한 조처를 취함으로써 종래의 주먹구구식 관리 체제에서 벗어나 새로운 공장 관리 혁신의 이정표를 제공하였다. 현대의 기업 경영은 심증이 아니라 물증으로 말해야 하며 '많다, 적다'의 언어 데이터가 아니라 정확한 통계에 의한 계량 데이터로서 현황을 파악하고 이를 토대로 미래에 대한 예지를 발휘함으로써 한 치의 오차도 없는 계량 경영을 실현하는 것이다.

슈하르트는 '지난날의 경험을 이용해서 어떤 현상이 어떻게 변화할 것인가를 예측할 수 있는 상태일 때를 관리 상태(controlled state)에 있다'고 정의하고 있는데 현대와 같이 불확실성의 생존 전략 시대에는 기업이 통계적 관리 기법을 통해서 기업을 관리 상태 아래에 유지해야 하는 것이다.

SQC의 탄생 과정

통계학(statistics)은 국가산술학(state arithmatics)의 약어로 국가 통치를 위한 산술학에서 유래된 것이다. 이집트의 피라미드에서도 통계적 개념의 상형 문자가 발견되고 있으나, 본격적인 연구는 17세기 독일, 영국, 프랑스에서의 통계적 분석이 계기가 되어 시작되었다.

독일에서의 통계학은 코닝(Corning, 1606~1681)에 의해서 창시된 국상학파에 의해 국가의 현상을 파악하기 위해서 사용되었다. 대표적 학자로는 국상학을 발전시킨 괴팅겐대학의 아헨발(Achenwall, 1719~1772)로 그는 최초로 통계학이란 말을 사용했기 때문에 '통계학의 아버지'로 추앙받고 있다.

영국에서는 독일의 국상학파와 같은 시기에 정치 산술학으로 통계학이 발전하였는데, 영국의 상인이었던 그란트(J. Graunt, 1620~1674)가 '사망표에 관한 자연적 그리고 정치적 관찰'이라는 논문에서 30년간의 런던시의 사망통계를 망라한 사망표를 작성했다. 그 뒤 친구였던 페티(W. Petty, 1623~1687)는 『정치 산술』이란 저서를 통해서 그란트의 방법을 경제학에 적용하였다. 정치 산술학으로서 통계학은 영국에서 정치적·사회적 현상을 숫자로 나타냄으로써 문제 해결에 접근한 것이다. 세계적인 보험회사인 로이드보험회사가 영국에 있다는 사실이 이러한 정치 산술학의 발달과 무관하지 않을 것이다.

프랑스에서의 통계학의 발달은 고전적 확률론에 근거하고 있다. 확률에 대한 논의는 이탈리아의 도박사들의 요구에 의해서 당대의 대수학자였던 갈릴레이(G. Galilei, 1564~1642)가 처음, 그 후 수학자인 파스칼(B. Pascal, 1623~1662)이 다시 한번 제기하였는데 그의 친구인 페르마의 요구로 카드놀이에 대한 수리적 문제를 정리해 준 것이 현대 확률론의 기원이 되었다.

이렇게 3국에서 제각기 발달한 통계학은 고전적 기술 통계학의 시조로 불려지는 카틀레(L. Quetelet, 1796~1874)의 『사회 물리학』에서 교육학, 사회학, 생물학에 접목된다. 그 후 갈튼(F. Galton, 1822 ~1911)과 피어슨(K. Pearson, 1857~1936)에 의해 우생학의 기초로서 근대 기술 통계학이 발전하면서 회귀와 상관 개념이 도입되었다.

20세기 초에 들어와 기술 통계학은 추측 통계학으로 발전하는데, 이에 가장 공헌한 사람이 고셋(W. S. Gosset, 1876~1937)이다. 그는 소규모 표본으로부터 추출한 자료로 모집단을 추론하는 방법으로 오늘날의 소표본 이론을 정립하였다. 이러한 고셋의 추출 방법은 후에 피셔(R. A. Fisher, 1890~1962)에 의해 실험계획법의 기초 이론과 과학적 조사 기법으로 개발되었다. 이것은 오늘날의 귀무가설이라는 개념을 최초로 도입한 것으로 분산분석에 의한 통계적 기술을 개발하는 등 추측통계학의 기초가 성립되었으며 이것이 슈하르트에 의한 통계적 품질 관리의 시발점이 된 것이다.

슈하르트의 빨간 구슬 실험

어느 통 속에 적당한 크기의 1,000개의 구슬을 집어넣고자 하는데 그 중에 전체 구슬의 1/10에 해당하는 100개의 구슬은 빨간 색으로 하고, 다음과 같은 실험을 50회 반복하였다.

첫째, 구슬이 들어 있는 통 속을 잘 섞어 가면서 20개의 구슬을 꺼내어 그 속에 들어 있는 빨간 구슬의 수를 센다.

둘째, 꺼낸 구슬은 다시 통 속에 넣고 잘 섞은 다음 다시 20개의 구슬을 꺼내 빨간 구슬의 수를 센다.

셋째, 같은 작업을 되풀이 하면서 꺼낸 빨간 구슬의 수를 [표 7-1]과 같이 기록한다.

[표 7-1] 빨간 구슬이 나온 횟수

꺼낸 횟수	1	2	3	4	5	6	7	8	9	10
빨간 구슬 수	2	2	1	3	4	2	1	3	3	3
꺼낸 횟수	11	12	13	14	15	16	17	18	19	20
빨간 구슬 수	0	0	3	5	0	0	2	2	1	2
꺼낸 횟수	21	22	23	24	25	26	27	28	29	30
빨간 구슬 수	2	5	1	3	0	1	2	1	1	5
꺼낸 횟수	31	32	33	34	35	36	37	38	39	40
빨간 구슬 수	2	3	2	3	2	1	4	1	1	2
꺼낸 횟수	41	42	43	44	45	46	47	48	49	50
빨간 구슬 수	3	1	2	2	1	2	2	2	3	1

넷째, [그림 7-1]과 같이 구슬을 꺼낸 횟수를 X축으로 하고 그 때 나온 빨간 구슬의 수를 Y축으로 하여 타점한다.

[그림 7-1] 빨간 구슬이 출현하는 개수

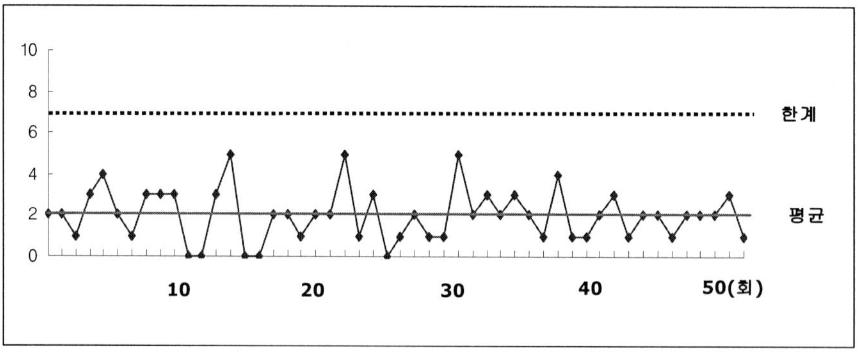

이러한 실험으로부터 재미있는 몇 가지 사실을 발견하게 되었다. 첫째, 50회의 실험을 통해서 매 실험마다 나타나는 빨간 구슬의 수는 7개를 한계로 해서 그 이상의 개수가 나타나는 일은 아주 드물다는 사실이었다. 둘째, 일반적으로 나타나는 빨간 구슬의 수는 평균값이 두 개로, 통 속의 빨간 구슬의 비율 10%에 대체적으로 일치한다는 사실이다. 이로 미루어 만일 우리가 통 속의 빨간 구슬의 수를 모른다면 이러한 실험 결과를 토대로 해서 빨간 구슬의 비율은 10%라는 추측이 가능할 것이라는 사실이었다.

이러한 사실로부터 슈하르트는 지금 실험한 통 속과 같이 일정한 상태가 유지되는, 그가 말하는 가장 이상적인 관리 상태의 모델에서 나오는 실험의 결과는 각 회마다 산포가 있지만 그것은 어떤 한계를 벗어나지 않을 것이라고 생각하였다. 이 실험에서 본 바와 같이 7개 이상의 구슬을 꺼내는 일은 거의 없을 것으로 예측할 수 있다. 바꾸어 말하면 7개 이상의 공이 나온다면 이것은 슈하르트가 말하는 공정이 관리 상태에 있지 못하다는 것을 뜻하며, 무엇인가 새로운 조처가 필요하다는 것을 의미한다.

관리도 기법의 출현

이 실험 결과에서 보는 바와 같이 어떤 공정에서 얻어진 데이터는 정상적인 상태인데도 늘 똑같지 않고 변동이 있는데 이를 슈하르트는 무작위 변동(random variation)이라고 정의하였다. 그리고 무작위 변동의 원인을 우연한 변동이라고 하는데 이는 원인을 규명해 보아도 그 이유를 알 수 없는 불가피한 원인에서 연유되는 것이다. 이와 반대로 공정 상태가 기술적인 변화에 의해서 나타나는 데이터의 산포를 가피 원인(assignable cause)에 의한 변동이라고 정의하고 이 때는 기술적인 변화를 찾아서 원인 규명을 하고 이에 상응하는 조처를 취할 것을 권고하고 있다.

공정을 관찰하거나 측정했을 때, 여러 조건이 본질적으로 변하지 않았다면 측정값의 분포는 확실히 안정된 특성을 갖으며, 측정값의 수가 증가함에 따라 더욱 안정성을 보인다. 따라서 여러 조건이 일정하면 측정값의 분포는 통계적으로 극한인 분포 함수, 즉 어떤 법칙에 가까워지는 경향이 있다는 것이다. 그러므로 공정에 이상이 없다면 어떤 공정으로부터 일련의 관찰이나 측정의 결과를 얻었을 때, 그들의 측정 결과는 늘 변동하여 산포를 나타낼 수 있지만, 그럼에도 불구하고 공정에 지장이 생기지 않는 한 흩어짐을 갖는 측정값은 수학적으로 산정되는 범위 안에 머무르며, 측정값의 수가 많을수록 확실한 분포를 나타낸다는 것이다. 이러한 개념을 슈하르트는 다음과 같이 요약하여 설명하고 있다.

· 모든 측정값은 변동한다.
· 하나하나의 점의 변동을 예측할 수는 없다.
· 그러나 일정의 공정으로부터 얻어진 측정값의 집합은 일정의 법칙에 따라 어떤 경향을 갖고 있다. 곧 예측할 수 있다.

그러므로 측정값의 변동을 [그림 7-2]에서와 같이 관리 한계선을 그어 불가피 요인이 존재하는 영역과 가피 요인이 존재하는 영역으로 나누어 공정의 측정값이 불가피 요인 영역에 들어 있을 때는 공정이 안정된 것으로 생각하고 측정값이 관리 한계선을 벗어나는 가피 요인에 의한 변동이 발생할 때는 공정에 이상이 발생한 것으로 추정하여 공정을 정정하도록 한다는 것이다.

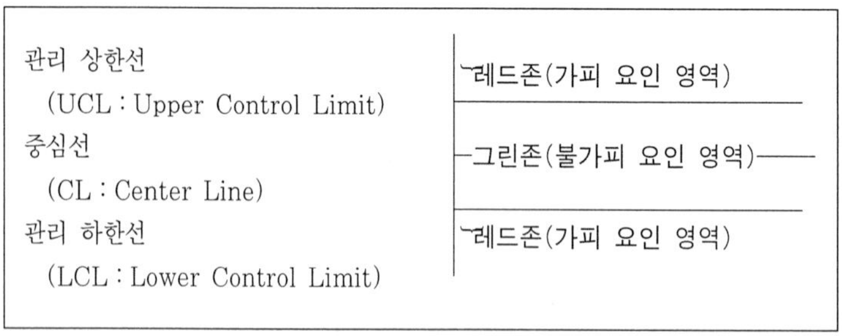

[그림 7-2] 슈하르트의 관리도

이러한 연구 결과를 토대로 벨전화연구소에서 강의 교재를 만들고 이를 스티븐스 기술원(Stevens Institute of Technology)을 통해서 외부에 전파하기 시작했다. 이 강의 자료가 1931년 『제조물의 경제적인 품질 관리(Economics

Control of Quality of Manufactured Product, Von Nostrand Co., Inc. 출판사 발행)』로 출간된다. 그 후 슈하르트의 관리도는 2차대전을 맞아 대량 생산되는 전쟁 물자에 대한 품질 관리 요구의 증대로 확산되기 시작해서 품질 향상과 생산성 향상에 공헌하게 되나 관리 한계선의 계산과 관리도 작도상의 어려움으로 한계에 부딪쳤다. 이에 대한 해답이 1950년대 전후로 제시되었는데 그 대표적인 것이 예방 관리도 개념이다. 1953년 Rath & Strong 회사의 한 팀과 보스턴 컨설팅 회사의 컨설턴트가 스프링필드의 Jones & Lamson 기계 회사와의 연구 계약으로 오늘날의 예방 관리 차트를 작성함으로써 관리도의 한계선을 계산하는 어려움에 대한 해답을 제시하게 된 것이다.

예방 관리도는 슈하르트 관리도와는 달리 관리 한계선을 규격 상·하한치로 하고 그 한계선을 양분하는 예방 관리선을 그어, 기존 관리도가 레드와 그린으로만 구성된 것에 반해서 경고 사인으로 옐로존을 하나 더 만들어 공정 관리를 행하는 것이다. 이를테면 작업자는 정기적으로 두 점을 측정해서 이들이 모두 옐로존에 들어가거나 한 점이라도 규격값을 벗어나면 공정의 이상이 발생된 것으로 추정해서 공정 상태를 정정토록 하는 것이다. [그림 7-3]의 아래 부분은 예방 관리도의 알파 오류를 나타내고 있다. 이 때의 가정은 규격 상·하한값이 3시그마 관리 한계선과 일치하는 것으로 가정하고 예방 관리선은 그 절반인 1.5시그마로 가정했을 때, 한 점이 옐로존에 나타날 확률을 7%, 1/14로 가정한 결과이다. 알파 오류란 공정의 이상이 없는데 작업자가 공정의 이상으로 착각하고 공정 상태를 정정하는 오류이다.

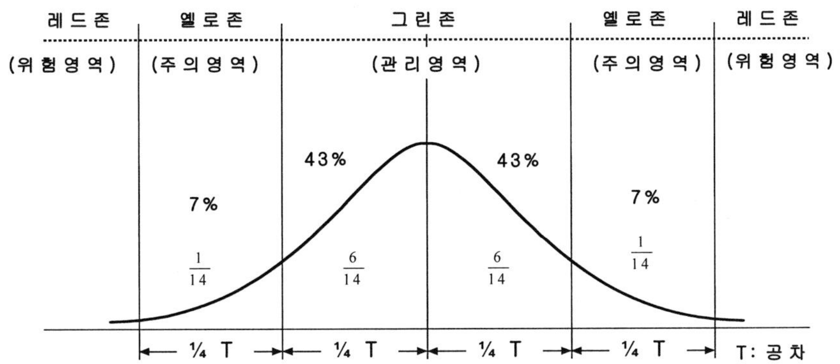

[그림 7-3] 예방 관리도의 관리선(양쪽 규격이 주어진 경우)

이러한 알파 오류를 감소시키려면 관리 한계선을 넓게 잡으면 되는데, 이때는 가피 요인이 발생했는데도 찾지 못하는 베타 오류가 커지게 된다. 이러한 알파와 베타 오류를 적절히 조화해서 슈하르트는 관리 한계선을 정하여 3시그마 관리도(중심선으로부터 관리 한계선의 넓이를 측정값 표준편차의 3배로 하는 관리도)를 제안하였는데 이는 오늘날에도 가장 널리 받아들여지고 있다. 이때의 알파 오류는 정규 분포를 측정값의 통계량의 분포로 가정할 때, 0.27%에 해당된다. 이를 쉽게 설명하면 관리도상의 한계를 측정값이 넘어가서 작업자가 공정 상태를 점검할 경우 공정이 안정 상태에 있을 확률이 1,000번에 2.7번 발생한다는 뜻이다. 유럽에서는 알파 오류를 양쪽에 0.1%씩 0.2%로 하는 관리도가 보편화되어 있는데 이때 관리 한계선과 중심선의 차이는 3.09시그마가 된다.

현장의 공정은 슈하르트가 실험한 것과 같이 단순한 것이 아니라 재료가 수시로 바뀌고 작업자가 바뀌며, 기계의 성능도 변하는 것이며 이러한 요인들이 겹쳐서 품질 특성값은 산포를 갖게 될 것이다. 이러한 상황에서 우리의 공정이 지금 안정 상태에 있는가를 확인하고 미래에 안정 상태에서 양품을 생산할 것인가를 점치는 일의 중요성에 대해서는 아무리 강조한다 해도 지나침이 없을 것이다. 슈하르트 관리도는 이러한 문제에 대한 해답을 제공함으

로써 기존 사후약방문 식의 최종 검사에 의한 완성품의 합부 판정에서 원인계를 안정시켜 기업의 품질 관리 활동을 원류 관리에 의한 예방 관리 활동으로 한 차원 승화시킨 원동력이 되었던 것이다. 미국의 아마나 사의 경우 품질 검사관을 절반으로 줄이고 관리도에 의한 통계적 공정 관리(SPC : Statistical Process Control)를 한 결과 불량률이 절반으로 감소한 것으로 보고되고 있으며, 레이더 제작사인 위스트러 사는 SPC를 통해서 25%의 품질 검사 불합격률, 40%의 재작업률과 1/2의 작업자 감소를 실현하고 있음을 보여 주고 있다.

품질 관리를 담당하는 사람이 명심해야 할 것은 최종 검사를 통해서 합부 판정을 내리고 부적합품을 처리하는 장의사 역할이 아니라 공정의 장래를 예측하는 관리도를 통해서 품질 이상을 예측하고 이에 상응하는 조처를 강구함으로써 불량을 사전에 예방하는 예방 보전의 역할을 담당해야 한다는 점이다.

연습 문제

1. 품질 관리란 무엇인가?
2. 품질 관리의 변천과정에 대해 설명하시오.
3. 품질의 변동요인을 2가지로 분류하여 각각에 대해 설명하시오.
4. QC 7가지 도구와 신 QC 7가지 도구에 대해 설명하시오.
5. 품질비용에 대해 설명하시오.
6. 관리도를 사용하는 목적을 설명하시오.
7. 관리도의 종류를 나열하고 간단히 설명하시오.
8. α오류, β오류에 대해 설명하시오.
9. 3시그마 관리도와 6시그마 관리도의 차이점을 논하시오.
10. 슈하르트의 빨간 구슬 실험을 참고하여 각자 실험을 하여 [표 7-1]과 [그림 7-1]과 같이 작성한 후, 그 결과를 논하시오.

제 8 장

랜드 사의 시스템 분석론 (1946년)

기본적으로 시스템 이론은 아리스토텔레스에서 시작하여 르네상스를 거쳐 2차세계대전 중 꽃을 피운 OR(Operations Research : 작전 연구)과 밀접한 관계를 맺으면서 발전한 것으로 파악된다. 원래 OR은 군사적 목적에 의해서 발전되었으나 최근에 이르러 랜드(RAND)연구소를 중심으로 경영 시스템에 공학적인 접근을 하면서 생산성 혁신에도 계량적 접근 방법을 도입하게 된 것이다. 이러한 의미에서 우리나라에서는 경영 과학으로 부르고 있다. 제일 먼저 시스템 공학(SE : System Engineering)이란 단어를 사용한 곳은 벨 전화연구소였다고 하나 경영 관리에 접목시키는 연구가 본격적으로 이루어진 것은 랜드연구소에 의해서이다.

Systems Analysis

레싱(L. Lessing)은 2차대전 이후 가장 위대한 발명 중의 하나가 경영에 시스템 이론을 도입한 것이라고 주장한다. 그에 의하면 미국의 혁신적이고 발전하는 기업들은 시스템 공학적 접근을 하고 있다는 것이다.

스키너와 아버나시 등 국제 생산성 비교 연구가들의 결론에 의하면 일본 기업이 미국 기업보다 생산성에서 우위를 보이는 이유는, 우리가 일반적으로 알고 있는 종신고용제 등 노무관리 부문의 우위로 인한 부문(노무관리 : 8.3%, 임금과 후생 복지)도 무시할 수는 없으나 더 근본적인 이유는 도요타 생산 시스템(JIT)을 비롯한 생산 관리 시스템의 우위(63.4%)를 들고 있다. 물론 여기에서 기술적 우위에 의한 기여 부문은 3.3%로 아주 미미한 것으로 지적하고 있다.

이것은 또한 우리나라가 일본보다 비교 열위에 있는 이유이기도 하다. 우리는 흔히 1 : 1로는 한국 사람이 이기지만, 10 : 10이면 일본 사람이 승리한다고 말한다. 이것은 일본 사람들이 우리나라 사람보다 시스템 지향적 성향을 갖고 있음을 뜻하는 것이다.

시스템 공학

시스템이란 무엇인가? 시스템을 이루는 sys는 '더불어'라는 뜻이고, stem은 '둔다'라는 뜻으로 '더불어 둔다', '하나로 한다', '더불어 산다' 등의 뜻이다. 즉 많은 객체가 질서 있는 상호 작용을 하면서 전체로서의 공동 목적을 달성하려는 결합체라고 정의할 수 있으며 시스템 사고, 시스템 경영 등은 이러한 시스템 지향 사고 또는 집단 사고 등을 뜻한다. 그러면 객체를 독립적으로 파악하는 것보다 전체의 일원으로서의 역할 분담을 파악하는 것이 왜 기업의 생산성을 높일 수 있는가? 성당을 짓고 있는 벽돌공에게 지금 무엇을 하고 있느냐고 물었을 때, "벽돌을 쌓고 있다."고 대답하는 사람과 "건물을 짓고 있다."고 하는 사람과 "하느님께 바치는 성전을 짓고 있다."는 사람과는 그 사고 방식에 따라 작업 자세에 천양지차가 있을 것이기 때문이다. 100명의 천재보다는 1명의 천재와 99명의 바보가 모인 집단이 더욱 생산성 있다는 이론이 탄생하는 배경도 시스템 이론에서 연유한다. 기업 경영의 책임을 모두의 것으로 공유하는 충실한 역할 분담자를 영웅이나 귀재보다도 이 시대가 진정으로 요구하는 것인지도 모른다.

필요는 발명의 어머니이고 전쟁은 언제나 절박한 창조를 필요로 한다. 그러기에 전쟁 중에 획기적인 발명품이 나오는데 시스템 공학도 2차대전이 탄생시킨 걸작품 중의 하나이다. 그러나 이러한 시스템의 기본적 개념은 서양에서는 기원전 6세기경 그리스의 델파이광장에서 웅변으로 군중의 의사를 집약하던 시대부터 있었고, 동양에서는 기원전 10세기 주나라, 기원전 5세기 춘추전국시대에도 있었다.

기본적으로 시스템 이론은 아리스토텔레스에서 시작하여 르네상스를 거쳐 2차대전 중 꽃을 피운 OR(Operations Research : 작전 연구)과 밀접한 관계를 맺으면서 발전된 것으로 파악된다.

OR은 군사 목적에 의해 발전되었으나 최근에 이르러 랜드연구소를 중심으로 경영 시스템에서 공학적인 접근을 하면서 생산성 혁신에 계량적 접근 방법을 도입하게 된 것이다. 이러한 뜻에서 우리나라에서는 경영 과학으로 부르고 있다. 시스템 공학(SE : System Engineering)이란 단어를 먼저 사용한 것은 벨전화연구소였다고 하나 경영 관리에 접목시키는 연구가 본격적으로 이루어진 것은 랜드연구소에 의해서이다.

영국에서의 작전 연구

2차대전이 시작된 1940년, 영국은 독일군 비행기의 극심한 폭격에 시달리고 있었다. 그래서 영국에서는 학자들을 동원해서 당시 개발 중인 화형(花形) 레이더를 대공 경계 태세에 어떻게 도입하는 것이 경제적으로 좋은지 수학적 접근을 시도하기 시작했다. 이에 이론 물리학의 대가인 블라케트(P. M. S. Blackett) 교수를 비롯하여 세 명의 심리학자, 두 명의 수리물리학자, 한 명의 천체물리학자, 한 명의 장교, 두 명의 수학자, 한 명의 측량사, 그리고 한 명의 일반물리학자로 이루어진 작전 연구팀을 구성해서 조기 경보 체계, 대공포 문제, 대잠수함 등 군사 문제 등을 다루기 시작했다. 이러한 작전 연구팀은 군인들만으로는 해결하기 어려운 작전 연구를 성공적으로 해결하여 적기의 공습으로부터 아군의 피해를 1/10 이하로 줄일 수가 있었다.

1941년과 1942년 사이 독일의 잠수함 U보트는 영국으로 항해하는 수송 선단을 격침시켜 군사 작전에 큰 차질을 일으켰다. U보트는 프랑스 동쪽 비스케만의 항구로부터 출격하여 대서양 항로의 길목을 노리는 것이 보통이었다. 이때 영국의 해안 경비 사령부는 항공기를 출격시켜 잠수함에 폭뢰를 투하하여 격침하도록 하였다. 그러나 잠수함은 영국군 항공기가 레이더 전파 반향을 받기 전에 숨어 버리거나, 설사 잠수함을 발견해서 폭뢰를 투하한다 해도 좀처럼 명중시킬 수 없는 어려운 문제가 있었다. 이에 OR팀이 원인을 조사해 보니, 당시 영국군은 폭뢰를 투하할 때 폭뢰의 폭파시 물리적 효과가 가

장 큰 수심을 100피트로 설정하여 100피트 수중에서 폭파하도록 미리 세팅을 해 놓고 있었다.

너무 얕은 곳에서 폭발하면 그 에너지 일부가 물을 위로 튀기는 데 이용되어 효과가 없고 너무 깊게 되면 강한 수압으로 효과가 줄어들게 된다는 것이다.

상식적으로 생각하면 격침률을 높이기 위해서는 항공기의 수를 증가시키든지 아니면 더욱 강력한 폭뢰를 개발해야 했을 것이지만 OR팀은 지금까지의 접근 방법에서 시스템 어프로치를 생각하게 되었다. 아군의 폭뢰만을 생각한다면 100피트에서 폭발해야 효과가 크겠지만 U보트의 위치가 어디냐에 따라서 폭발 수심을 꼭 100피트로 고집할 필요가 없다고 생각한 것이다. 그래서 폭뢰의 폭발 심도를 여러 가지로 바꿔 보기로 하였다.

군 당국은 처음에는 이러한 실험에 반대했다. 그러나 집요한 설득 끝에 처음은 폭뢰 심도를 35피트로, 다시 25피트로 수정하여 실험한 결과, 불과 몇 시간만에 U보트를 1척 격침하고 1척은 나포하는 전과를 올리게 되었다. 이것이 2차세계대전 중 영국군이 U보트를 격침한 최초의 전과였으며, 이를 바탕으로 영국은 월간 20여 척의 U보트를 격침할 수 있었다. 나중에 밝혀진 사실이지만 U보트는 영국군의 폭뢰가 100피트에서 폭발한다는 것을 알고 바다 속 깊이 숨지 않고 50피트 이내에 있었다고 한다. 폭뢰가 혼자서 폭발한다면 100피트가 최적이겠지만 전쟁이란 상대가 있는 것이고 상대의 대응에 따라서 작전은 달라져야 한다는 것을 배운 최초의 시스템 어프로치의 개가였다. 이러한 전과는 독일로 하여금 "영국군이 최근에 강력한 폭뢰를 개발했다"고 착각하게 만들었다. 그러나 영국은 신무기의 개발보다도 더 값진 시스템 어프로치를 발견하게 되었고 이로써 영국은 잃어버린 독일 잠수함의 재탐지 법도 통계 확률의 기법으로 개발하여 시험 3주간에 67회 발견과 6척을 격침시키는 작전 효과를 올릴 수 있었다.

미국에서의 작전 연구

미국에서는 1942년에 최초로 제3폭격사령부에 미공군 지도 하의 작전 분석반(operations analysis team)을 두었다. 여기에서 재미있는 문제 해결이 있었는데 대표적인 것이 B-29 폭격기 프로젝트이다. B-29기는 기존 B-17기를 장거리 폭격기로 개발한 것으로 출격 중 일본이 자랑하는 가미가제 특공대의 공격을 받곤 하므로 이를 방어하기 위해서 어떻게 방어 장비를 갖출 것인가를 연구하였다. 회전 반경이 클 수밖에 없는 B-29기로서는 일본의 전투기인 Z-3기와의 접전을 위해서 방어용 무기를 어떻게 배치하는 것이 좋은가를 연구한 것이다. 상식적으로는 방어용 무기의 수를 늘여서 고슴도치와 같이 사면 팔방으로 배치하면 문제 해결에 접근하는 것으로 생각되나 작전 연구팀이 내린 결론은 무장을 해제하는 것이었다. 무장을 하다 보면 점점 폭격기의 무게가 늘어 폭격기의 효율이 떨어질 뿐 아니라, 그렇다 해도 폭격기가 전투기를 당할 수는 없었기 때문이었다. 그래서 내린 결론이 무장을 해제해서 무게를 줄임으로써 피신이나 빨리 하게 하되 후방에서 추격하는 비행기를 격추하기 위해서 비행기 꼬리 부분에만 한기의 총좌를 남겨 두도록 권고한 것이다. 노루가 사자를 피할 수 있는 것은 노루에게 무서운 발톱이 있어서가 아니고 잘 달리는 발이 있기 때문이라는 데서 착안한 것이었다. 노루가 사자와 대적하기 위해 발톱을 기른다고 해서 사자를 이길 수 없을 바에야 주행에 지장을 주는 발톱을 짧게 하고 빨리 도망이나 하는 것이 최선이기 때문이다. 방어를 위해서는 중무장해야 한다는 수직적 사고에서 벗어나서 무장을 해제하는 것이 최선일 수도 있다는 수평적 사고가 도출되었던 것이다. 즉, 기존 개념으로는 도저히 상상하기 어려운 시스템 개념의 도입으로 B-29 1,000대를 동원하는 일본 본토 폭격 작전이 성공적으로 실행될 수 있었다.

또한 미국에서의 시스템적 접근 방법의 대표적 성공 사례 중의 하나가 원자탄을 개발하기 위한 맨하탄 계획이었다. 원폭1호 개발에 명확한 시한이 주어졌고 월 몇 개라는 계속 생산량도 주어졌다. 필요한 전제 조건과 충분 조건을 철저히 규명하고 문제별로 서브 프로젝트 팀을 만들어 수백의 서브 프로젝트를 동시에 병행해서 추진하며 연결시키는 작업이었다. 그리하여 지시 기한에 맞춰 원자탄을 1945년 7월 16일 일본에 투하할 수 있었으며 이러한 작업은 시스템적 접근 방법이 아니면 불가능했던 대표적 사업이었다.

랜드연구소의 탄생

이러한 성공 계획에 참여했던 과학 기술자가 2차대전 후에 분산되는 것을 막기 위해서 미 공군이 1,000만 달러를 투입하여 설립한 기관이 랜드연구소이다. 랜드연구소는 전국적 규모의 정부 정책 사업을 수행하였는데 그 대표적인 예가 인공위성 개발이다. 시스템 공학 기법은 인공위성 개발에 철저히 이용되었고 경영 정보 시스템을 창안하였으며 인공위성에 의한 중개 방송의 아이디어가 창출된 곳이기도 하다. 이 연구소의 특징은 시스템을 개발만 하고 제작은 하지 않는 곳으로 실제로 인공위성을 제작한 곳은 휴즈 항공기 제작사이다.

1950년대에 이르러 랜드연구소는 군사 문제 외에 경제학, 수학 등의 분야에서 큰 성과를 거두었는데 동적 계획(DP : Dynamic Programming), 선형 계획(LP : Linear Programming) 등의 수리 계획, 시스템 분석, 프로그램 예산 방식(PPBS : Planning Programming Budget System) 등 국가 정책의 의사 결정에 관한 새로운 기법을 개발하여 시스템 공학의 체계화에 크게 이바지하였다.

1960년대에도 랜드연구소는 비군사적 연구를 통해서 도시 교통 문제, 물 공급의 경제 문제, 수자원 개발 문제, 교원 부족 문제에 대한 비용 대 효과 분석을 계량적으로 행하였다.

이러한 랜드연구소의 노력의 결과로 미국 대기업의 절반 이상이 시스템 공학을 활용하고 있다. 1953년 ORSA(미국작전연구학회 : Operations Research Society of America), 1970년에 세계OR학회연합체(IFORS : International Federation of Research Societies)가 탄생하였으며 OR이 이제는 작전 연구보다는 경영 과학으로서 발전하게 되었다.

시스템 분석/OR이 얼마나 폭넓게 산업계에 응용되고 있는지 미국에서의 공장 관리의 응용 분야를 보면 [표 8-1]과 같다. 1976년 『포춘』이 미국 500대 기업에 설문 조사해서 시스템 공학 기법을 사용하는 176개 기업의 사용 현황을 조사한 것이다.

이와 같이 랜드연구소의 출현은 경영 혁신 부문뿐 아니라 생산 관리 혁신사에서도 획을 긋는 대사건이 아닐 수 없다. 생존을 가늠할 수 없는 처절한 전쟁에서 탄생한 군사 작전 기법을 이제는 경제 전쟁이라는 또 다른 생존 투쟁의 혁신 전략에 접목시키는 작업을 훌륭히 수행하였으며 국방비로 쓰이는 예산이 전혀 낭비만은 아니라는 산 증거를 제시한 것이기도 하다. 최근 『월스트리트』의 보고에 의하면 미국 기업들 사이에서 '군대로부터 배우자'는 움직임이 서서히 일고 있는데 군대 시스템이야말로 한치 앞도 예측할 수 없는 긴박한 상황 아래에서 신속하게 의사 결정을 유도하는 데 탁월하기 때문이다. 또한 시스템이라는 단어가 특수 용어가 아니라 일상 용어가 될 수 있도록 미국의 산업계, 아니 전 세계의 산업계에 보급한 랜드연구소의 공헌을 부정할 수 없다.

[표 8-1] 생산 관리에서의 시스템 공학의 응용

구분	선형 계획	동적 계획	네트워크 모형	시뮬레이션	대기행렬 이론	제안 이론	회귀 분석	기타
생산 일정 계획	30 (41.1)	7 (9.6)	6 (8.2)	26 (35.6)	9 (12.3)	0 (0.0)	5 (6.8)	10 (13.7)
생산 계획 및 통제	19 (26.0)	3 (4.1)	7 (9.6)	18 (24.7)	4 (5.5)	0 (0.0)	3 (4.1)	3 (4.1)
프로젝트 계획 및 통제	10 (13.7)	1 (1.4)	28 (38.4)	9 (12.3)	2 (2.7)	0 (0.0)	0 (0.0)	3 (4.1)
재고 분석 및 통제	11 (15.7)	3 (4.1)	3 (4.1)	27 (37.0)	4 (5.5)	1 (1.4)	2 (16.4)	7 (9.6)
품질 관리	2 (2.7)	0 (0.0)	1 (4.1)	2 (2.7)	0 (0.0)	0 (0.0)	15 (20.5)	9 (12.3)
유지 및 보수	0 (0.0)	1 (1.4)	3 (4.1)	8 (11.0)	3 (4.1)	1 (1.4)	4 (5.5)	3 (4.1)
건설 계획	13 (17.8)	0 (0.0)	5 (6.8)	19 (26.0)	5 (6.8)	1 (1.4)	2 (2.7)	3 (4.1)
장비 구입 및 대체	4 (5.5)	0 (0.0)	1 (1.4)	11 (15.1)	1 (1.4)	0 (0.0)	0 (0.0)	7 (9.6)
제품 혼합	32 (43.8)	0 (0.0)	1 (1.4)	6 (8.2)	1 (1.4)	0 (0.0)	3 (4.1)	1 (1.4)
물자 관리	27 (37.0)	1 (1.4)	8 (11.0)	24 (32.9)	3 (4.1)	2 (2.7)	6 (8.2)	2 (2.7)
공장 단지	32 (43.8)	2 (2.7)	8 (11.0)	23 (31.5)	1 (1.4)	0 (0.0)	5 (8.2)	4 (5.5)
기타	7 (9.6)	1 (1.4)	2 (2.7)	7 (9.6)	1 (1.4)	1 (1.4)	3 (4.1)	4 (5.5)

주) 1 : (　) 속의 수치는 73개의 응답에 근거하여 산출한 것임.
2 : 다수의 응답자가 특정 분야에서 한 가지 이상의 기법을 이용한다고 기입하였기 때문에 백분율의 합은 100이 아님.

연습문제

1. 시스템 분석론이 등장하게 된 계기에 대해 설명하시오.
2. 시스템 공학이란 무엇인가?
3. 시스템의 어원에 대해 설명하시오.
4. OR(Operations Research : 작전 연구)에 대해 설명하시오.
5. 영국에서 작전연구에 적용된 시스템 분석론에 대해 설명하시오.
6. 미국의 작전연구에 적용된 시스템 분석론에 대해 설명하시오.
7. 렌드연구소에서 개발한 기법과 시스템 공학에 대한 영향에 대해 설명하시오.
8. 국내외 시스템 분석론을 적용한 성공 사례를 조사하시오.
9. 대학에 시스템 분석론을 적용한다면 어떤 부분에 적용을 할 것인지 계획을 세워보시오.
10. 시스템 분석론과 함께 사용할 수 있는 이론들에 대해 조사하시오.

제 9 장

겐리히 알트슐러의 TRIZ (1946년)

새로운 변화, 계속된 변화를
꾸준히 추구해야 하는 기업들은 지금 이를
타파해나갈 근본적인 경쟁방법을 절실히 필요로
하고 있다. 이는 그 동안 독창적이고 창의적인
아이디어는 모두가 우연히 얻어지는 것쯤으로
생각하고 있었기 때문이다. 이때, 이러한 아이디어
발상에 관해 체계적으로 정리된 이론이 있으니
이것이 바로 TRIZ(트리즈)이다. TRIZ는 '발명 문제 해결
이론'의 러시아어 머리글자를 딴 이름이다. 러시아에서
개발된 이 기법은 새로운 혁신활동도구로 주목받고 있다.

초우량기업 간의 특허분쟁

2004년 11월, LG전자와 일본 마쓰시타의 플라즈마 디스플레이 패널(PDP) 특허권 침해금지 소송이 한국의 주요 일간지 1면에 실려 화제가 되었다. 또, 2003년 소니 사는 세인트클레어 사 측이 제기한 특허권 침해소송에서 2,500만 달러 배상판결을 받았으며, 삼성전자는 2004년 11월에 세인트클레어 사로부터 휴렛패커드, 마쓰시타, 노키아, 코닥 등과 함께 디지털 카메라 관련 특허권 침해혐의로 피소되었다.

언제부터인지 최근 기업들 간의 특허분쟁은 경제신문의 1면을 차지하게 되었고 늘 있는 단골 기사가 되어버렸다. 또한, 그 타격은 대기업부터 중소기업에 이르기까지 한 기업의 생존을 좌지우지 할 정도의 커다란 규모로 이루어지고 있다. 모든 기업이 앞으로 누가 새롭고 독창적인 것을 만드느냐에 관심을 가지고 있으며, 이것이 바로 기업의 경쟁력이기 때문이다.

최근 기업들은 세계 경제의 발빠른 행보와 함께 계속된 변화를 추구하고 있다. 이는 기업이 혁신적인 기술 개발의 성패에 따라 지속적인 경쟁우위에 서던지, 아니면 영원히 도태될 수도 있는 절박한 상황임을 반증하는 것이다.

TRIZ로의 접근

새로운 변화, 계속된 변화를 꾸준히 추구해야 하는 기업들은 지금 이를 타파해나갈 근본적인 경쟁방법을 절실히 필요로 하고 있다. 이는 그 동안 독창적이고 창의적인 아이디어는 모두가 우연히 얻어지는 것쯤으로 생각하고 있었기 때문이다. 이때, 이러한 아이디어 발상에 관해 체계적으로 정리된 이론이 있으니 이것이 바로 TRIZ(트리즈)이다. TRIZ는 '발명 문제 해결이론'의 러시아어 머리글자를 딴 이름이다.

러시아에서 개발된 이 기법은 새로운 혁신활동도구로 주목받고 있다. 이는 60년 전에 구소련에서 겐리히 알트슐러(Genrich Saulovich Altshuller) 박사가 러시아의 20만 건이 넘는 특허를 분석하여 창의적 문제해결에 사용되는 공통원리를 추출, 분석해서, 창조적 문제 해결의 원리로써 정리해 놓은 것이다. 발상의 전환을 통해 획기적인 아이디어가 도출되어지고 또한, 적용해볼만한 창의의 원리들과 함께 가이드라인을 제시함으로써 세계 일류기업들의 기술혁신을 위한 방법으로 TRIZ는 해결책이 되어줄 것이다.

세계 최초로 이러한 창의적 문제해결이론을 정립한 알트슐러의 일생을 따라가 보면서 시대적 배경과 이론의 탄생 비밀을 살피는 일은 TRIZ를 올바로 알고, 올바르게 사용하는 데 매우 의미 있는 일이라 생각한다.

알트슐러의 일생

1926년 10월 15일, 알트슐러(1926~1998)는 구소련의 타쉬켄트에서 태어났다. 그는 아제르바이젠의 수도인 바쿠에서 상당기간 동안 거주하다가 1990년 이후에 카렐리아의 페트로자보드스크에서 살았다.

알트슐러는 9학년(14세) 때 수중 잠수 장치의 발명으로 그의 첫 번째 발명자 인증서(러시아의 국내 특허)를 받았고, 10학년 때에는 카바이드를 연료로 사용한 로켓 엔진을 장착한 배를 만들었다. 또, 1946년에는 고장난 잠수함에서 잠수복 없이 탈출하는 방법을 고안하였고, 이로 인해 해군 특허부에서 근무하게 된다.

알트슐러는 성공한 젊은 발명가였기에 수많은 사람들이 알트슐러의 사무실을 찾아와서 도움을 청하였다. 이곳에서 근무하면서 알트슐러는 발명이란 어떠한 원리의 도움으로 기술적 모순을 제거하는 것에 불과하다는 것을 깨닫게 되었다. 발명가가 이 원리들에 대한 지식을 갖고 있다면 발명하는 것은 확실하다고 생각하고 그의 동료 샤피로와 함께 연구하였다. 1946년, 최초의 TRIZ에 관한 연구가 시작된 것이다.

1948년 12월에 그는 스탈린에게 편지를 썼다. 그 편지의 내용은 소비에트 연방의 혁신과 발명에 대한 잘못된 방법을 비판하는 내용으로, 이는 후에 알트슐러의 인생을 180도 전환시키는 계기가 된다.

알트슐러는 더욱 새로운 방법들을 탐색했고, 따라서 기존의 모든 특허들을 연구했으며, 발명대회에도 참가했다. 특히, 방염복의 발명은 국가발명상의 영예를 얻게 해주었다.

1950년, 알트슐러는 한 통의 편지를 받게 된다. 조지아에 있는 트빌리시 마을에 오라는 내용이었다. 조지아에 도착하자마자 그는 체포되었다. 이틀 뒤부터 심문이 시작되었고 알트슐러는 '발명가의 와해 공작'이라는 죄목으로 당시 보통 그랬던 것처럼 25년의 형을 선고 받는다.

1956년, 석방된 알트슐러는 그의 동료 샤피로와 함께 'Problem of Psychology'라는 저널에 '발명 창조성의 심리학(Psychology of Inventive Creativity)'이라는 논문을 발표했고 발명은 우연한 영감(아이디어의 반짝스런 번뜩임)에서 만들어진다던 기존의 기정사실에 신선한 충격을 주었다.

알트슐러는 전 세계의 축적된 특허를 분석한 후에, 인간의 발명 활동의 결과를 바탕으로 한 독특한 발명방법을 제안했고, 발명은 모순을 밝혀내는 문제분석으로부터 나온다고 주장했다.

20만 건의 특허를 분석한 후에, 알트슐러는 이 논문에서 기본적인 발명 원리들을 적용하여 비교적 쉽게 해결할 수 있는 약 1,500가지의 기술적 모순이 존재한다고 결론지었다.

"당신은 수백 년 동안 영감을 기다릴 수도 있고, 아니면 이 발명의 원리를 이용하여 15분 만에 문제를 해결할 수도 있다."

1961년에 알트슐러는 그의 첫 번째 책인 『발명을 배우는 방법(How to

Learn Invent)』을 썼으며, 이 책에서 그는 발명가는 타고나야 한다는 만연된 견해를 비웃고, 발견을 위해서 사용되는 시행착오법을 비난했다. 알트슐러는 이 책을 통해 TRIZ의 초기 20가지 발명방법을 선보였다.

1959년부터 그의 이론을 인정받고자 알트슐러는 구소련의 최상위 특허 기구(VOIR - All Union Society of Inventors and Innovators)에 편지를 쓰기 시작했다. 이론을 증명할 기회를 얻기 위해서였다. 그리고 수백 통의 편지를 쓴지 9년 만에 마침내 답장을 받았다. 그가 요청한 발명 방법론에 관한 세미나는 1968년 12월, 조지아의 드신테리에서 열리게 되었다.

그것은 TRIZ에 관한 사상 최초의 세미나였다. 알트슐러는 세미나를 통해 여러 사람들을 만나게 되었다. 특히, 페트로사보드스크에서 온 셀오우트스키, 레닌그라드에서 온 미트로파노프, 리가에서 온 부크맨 등은 후에 그들의 도시로 돌아가 TRIZ 학교를 열고 TRIZ 발전에 많은 기여를 하게 된다. 알트슐러는 이후 소련의 여러 도시에서 세미나를 열었다.

1969년에 알트슐러는 『Algorism of Inventing』이라는 새로운 책을 출판한다. 이 책에서는 40가지 발명원리를 제공한다.

[표 9-1] 알트슐러의 TRIZ 연구발표 제목

발표년도	제 목	주 요 내 용
1956	발명 창조성의 심리학 (Psychology of Inventive Creativity)	발명은 모순의 극복
1961	발명을 배우는 방법 (How to Learn Invent)	초기 20가지 발명방법
1969	발명알고리즘 (Algorism of Inventing)	40가지 발명원리

1989년, 겐리히 알트슐러를 회장으로 러시아트리즈협회가 설립되었다. 그 후, 1998년 8월에 알트슐러는 그동안 양성된 60여 명의 제자들에게 자신이 직접 서명한 트리즈마스터 자격을 부여하였다. 그 후 1998년 9월 24일에 알트슐러는 생을 마감했다.

1999년부터 미국에서 TRIZCON이라는 트리즈학회가 매년 개최되고 있으며, 2001년에는 ETRIA라는 유럽학회도 시작되었다.

TRIZ의 발단

1946년 카스피해의 해군에 입대한지 얼마 안 된 겐리히 알트슐러는 선박의 용접 부서에서 특허와 관련된 기술적 문제를 해결해 달라는 의뢰를 맡게 된다. 당시 발명에 총명했던 알트슐러는 뛰어난 지혜로 문제를 해결해 주었다. 그런데 3달 후, 잠수정과 관련한 고질적인 문제가 재발하였고 이에 알트슐러가 관여하게 되었다. 그는 우연히도 그 문제가 바로 3개월 전 선박의 용접부서에서 해결했던 문제와 해결법이 일치한다는 것을 알게 되었다. 그래서 단번에 그 문제를 해결했고 알트슐러는 군에서 유명해지기 시작하였다.

우연의 일치였을까? 또다시 2개월이 지나서 구축함의 함포에 관한 기술적 문제들에 관여하게 되었는데 겉으로는 이제까지의 기술적 문제들과 전혀 다른 문제인 것 같았지만, 근본적으로 지난 두 번의 문제 해결책들과 그 원리가 같음을 알았고 곧바로 문제를 해결하였다. 알트슐러는 문제해결에 대한 계속되는 기여로 표창까지 받았다. 이에, 알트슐러는 "창의적 문제해결에 어떤 공통된 원리가 있지 않을까?"하고 고민하였다.

알트슐러는 아주 적극적이고 실천적인 사람이었다. 어린 나이에 특허를 취득할 정도로 영특하기도 하였지만, 적극적이고 실천적인 마음자세가 없었다면 이 모든 것이 불가능했을 것이다. 그렇기 때문에 1946년부터 1963년까지 알트슐러는 러시아 특허 20만 건을 읽고 분석할 수 있었다.

1946년 알트슐러는 이렇게 해군으로 복무하면서 TRIZ의 기초를 세웠다.

투옥생활에서의 TRIZ 연구

1950년에 체포된 알트슐러는 많은 고초를 겪게 된다. 그때그때마다 살아남기 위해 그는 자신의 유일한 방어 수단으로 TRIZ 개념을 활용하고 연구했다. 다음 예화는 알트슐러가 모스크바 감옥에 있을 때 있었던 일이다.

체포된 알트슐러는 자백서에 서명하는 것을 거부했다. 그래서 밤에는 내내

심문을 받았고, 낮동안에는 잠을 못 자게 해서 한동안 잠을 잘 수가 없었다. 알트슐러는 이러한 상황에서는 살아남을 수 없을 것이라는 것을 깨닫고, 고민했다. '어떻게 하면 자는 것과 자지 않는 것을 동시에 할 수 있을까?' 이 문제는 풀 수 없을 것만 같았다. 문제를 해결하기 위해 알트슐러는 자신에게 허락된 최소한의 휴식이 눈을 뜬 채로 앉아있는 것뿐임을 자각했다. 이것은 그가 자기 위해서는 동시에 눈을 뜨고, 감아야 한다는 것을 의미했다. 그는 담배 케이스의 종이를 찢어 2개의 종이 조각을 만든 다음, 숱이 된 성냥으로 종이조각에 눈동자를 그렸고, 알트슐러는 룸메이트의 도움으로 종이 조각을 감긴 눈에 붙였다. 이 방법으로 인해 그는 낮에 잠을 잘 수 있었고, 그를 심문하던 사람들은 어째서 매일밤 알트슐러가 피곤한 내색을 보이지 않는지 궁금해 했다고 한다.

후에 알트슐러는 다른 캠프로 옮겨졌는데, 그곳에는 늙은 지식 계급(과학자, 법률가, 건축가)들이 활력을 잃고 죽어가고 있었다. 그는 이러한 절망적인 사람들에게 기운을 북돋워주기 위해서 '단일 학생 대학(One Student University)'을 개설했다. 그는 매일 12~14시간씩의 수업을 통해 생기를 되찾는 교수들이 제공하는 수업과 세미나에 참석했다. 이 방법을 통해 알트슐러는 다양한 지식(대학교육)을 습득하게 되었다.

알트슐러는 다른 수용소인 바르쿠타 광산으로 옮겨지게 되고 그는 광산에서 일어나는 긴급한 기술적 상황들을 끊임없이 해결하면서 그의 TRIZ 이론을 개발하는데 매일 8~10시간의 연구를 하였다. 이 젊은 발명가가 광산에서는 처음으로 일하고 있다는 것을 어느 누구도 믿을 수 없을 만큼 모든 사람들에게 알트슐러의 활약은 대단했다. 그럼에도 불구하고, 수석 엔지니어는 알트슐러가 연구중인 TRIZ 방법론을 들으려 하지 않았다.

그러던 어느 날 밤, 스탈린이 사망했다는 소식을 듣고, 그로부터 1년 반 후에 알트슐러는 석방되었다.

이러한 투옥생활은 열악하고 어려운 환경이었지만, 알트슐러의 적극적이고 실천적인 노력으로 TRIZ 이론의 세밀한 부분까지 어느 정도 완성되어졌다.

특허의 5가지 분류

알트슐러는 20만 건의 특허를 수집한 후, 이를 분석하기 위해 특허들을 [표 9-2]와 같이 5가지의 수준으로 분류하였다.

[표 9-2] 발명의 창조성 수준

수준	발명의 내용	필요한 지식
1	해당분야 전문가들의 익숙한 방법을 이용한 해결책	개인적 지식
2	현재의 시스템에 기능을 추가	동일 산업 내 지식
3	현재 시스템의 획기적인 개선	다른 산업 내 지식
4	신개념의 시스템 창조	기술이 아닌 과학
5	획기적인 신개념의 선구자적 발견	새로운 과학

수준1과 수준2는 특별히 우수하지 않은 아이디어들이 특허로 등록된 것으로 약간의 개선으로 결과를 도출한 것이고, 수준5는 발명이 아닌 발견의 개념으로 억세게 운이 좋거나 혹은 미쳤거나, 그것도 아니면 지극정성의 결과물들인 경우이다. 그 밖에 수준3과 수준4는 대략 전체의 20% 정도의 것으로 누구나 창의적이라고 평가할만한 아이디어들로 분류하였다.

알트슐러는 이 수준3과 수준4로 분류한 특허를 연구대상으로 삼았다.

모순의 발견

러시아 특허 20만 건에서 수준3과 수준4의 특허 4만 건을 분석한 결과 하나의 공통된 개념을 발견한다. 이것은 4만 건의 창의적 문제해결의 사례들이 모두 '3모순의 극복'이라는 것이다.

이를 발견한 후, 알트슐러는 1946년부터 1963년까지 모순에 대한 집중적인 연구를 하게 된다. 모순의 극복을 통한 발명원리들을 하나하나 발견해가면서, 마침내 [표 9-3]에서 보는 바와 같이 40가지 발명원리를 개발하게 된다.

[표 9-3] TRIZ의 40가지 발명원리

(1) 분할	(21) 건너뛰기
(2) 분리	(22) 유해물 이용
(3) 국소품질	(23) 피드백
(4) 비대칭	(24) 중간매개물
(5) 병합(시간, 공간)	(25) 셀프서비스
(6) 범용성	(26) 대체수단
(7) 포개기	(27) 일회용품
(8) 평형추	(28) 기계식 시스템의 대체
(9) 사전 예방조치	(29) 공압 및 수압
(10) 사전 준비조치	(30) 연한 껍질이나 얇은 막
(11) 사전 보호조치	(31) 다공성 소재
(12) 높이 유지	(32) 색상변화
(13) 반전	(33) 동질성
(14) 타원체	(34) 폐기 또는 복구
(15) 유연성	(35) 모수변화
(16) 조치 과부족	(36) 상태전이
(17) 다른 차원	(37) 열팽창
(18) 기계적 진동	(38) 강한 산화제의 이용
(19) 주기적 조치	(39) 불활성 환경
(20) 유용한 조치의 지속	(40) 복합재료

TRIZ의 적용사례

1994년 9월, 한 여객선이 989명의 승객과 선원을 태우고 에스토니아에서 스웨덴으로 항해하고 있었는데 무슨 영문인지 갑작스럽게 여객선이 전복되면서 757명이 실종되고 95명이 사망, 137명만이 구조된 사건이 발생하였다.

조사해 본 결과 원인은 극심한 폭풍우와 높은 파도로 인해 바닷물이 배 안으로 순식간에 밀려들어와 배가 전복된 것이었다.

당시 선박회사는 이 사고에 대해 어느 정도 예상하고 있었고 이를 해결하기 위한 노력이 한창이었다. 무려 4년 동안의 문제해결을 위한 연구개발단계에서 위와 같은 대형 참사를 당하게 된 것이다.

사고가 발생한 1994년, 선박회사의 사장은 TRIZ 전문가를 초청하여 TRIZ에 대한 소개를 듣고 그를 검증해보고자 문제를 내어놓게 된다. TRIZ 전문가는 선박회사가 지난 4년간 해오던 연구개발의 아이디어를 무려 20분 만에 제안하게 된다. 선박회사의 사장은 깜짝 놀랐고 어떻게 그렇게 빠르게 아이디어를 얻을 수 있는지 궁금해 했다. 그러나, TRIZ 전문가는 TRIZ는 단순한 아이디어의 발상이 목표가 아닌 이상해결책이 목표임을 강조했다고 한다.

이틀째 되던 날, TRIZ 전문가는 마침내 이상적인 해결책을 찾아냈다고 사장에게 알렸다. TRIZ의 22번 원리(유해물 이용)를 통해 자동차가 선적되는 갑판에 구멍을 뚫어 폭풍우가 몰아칠 때 배 안으로 들어온 물을 배의 밑바닥으로 유도하면 배의 무게 중심이 더욱 밑으로 쏠려 마치 오뚝이처럼 풍랑에 잘 견딜 수 있게 된다는 것이다.

이 사건은 시간적으로 몇 년간 연구개발단계에 머물던 문제를 이틀 만에 해결한 경이적인 사건이었고, 비용면에서도 거의 비용이 들지 않는 최적의 이상해결책으로 TRIZ학회에 기록되었다.

TRIZ를 이용한 창의적 문제해결

그 동안 TRIZ는 모순 개념과 여러 가지 방법들을 알게 되는 동시에 이에 대한 강한 매력을 느끼게 했다. 그러나 현실적인 문제를 풀려고 할 때는 답답한 느낌을 가지게 되어 적용의 어려움을 겪게 된다.

이는 TRIZ의 역사적, 방법론적 사실들이 TRIZ의 전부가 아님을 대변하는 것이다. TRIZ는 알트슐러를 거쳐 수많은 TRIZ 연구자들을 통해서 그동안 모순의 발견, 초기 20가지 발명방법, 40가지 발명원리, 76가지 표준해, ARIZ(창의적 문제해결 알고리즘), 기술진화의 법칙, 모델링과 추상화 등으로 진화되었고, 진화된 TRIZ는 하나하나의 원리가 깊이있게 다루어졌을 때, 다양한 발명의 상황 속에서 응용되어 모순을 극복하는 발명이 되어진다고 정의한다.

알트슐러는 이처럼 적용의 어려움을 잘 알고 있었고, 이를 해결해 보고자 모순표를 작성하였다. 하지만, 현재 모순표의 활용을 통한 TRIZ 적용사례는 좀처럼 나타나지 않는다. 그렇다고 쉽게 낙담하라는 것이 아니다. 하나하나의 원리들을 적용해봄으로 TRIZ의 비밀을 조금씩 알아갈 때 TRIZ는 더욱더 강력하게 적용되어질 것이다.

TRIZ는 그동안 구소련의 개방 및 개혁정책과 맞물려 1980년대 후반 이후 서방세계에 알려지기 시작하였고 미국이나 유럽, 그리고 일본 등지에서 활발히 도입, 연구되고 있다. 현재 많은 기술개발 과제에 적용되고 있으며 1996년부터는 국내에서도 대기업체들을 중심으로 기술개발 및 제품개발 프로젝트에 시험적으로 적용되어 성공적인 결과가 다수 제시되고 있다. 또한, TRIZ는 다방면의 기술과제에 응용할 수 있는 신뢰성 있는 문제해결방법론으로 계속 발전하고 있으므로 기술적 한계상황에 대한 창조적 돌파구를 제공하는 역할을 수행할 것이다.

연습문제

1. TRIZ란 무엇인가?
2. TRIZ의 40가지 발명원리(Inventive Principles)를 나열하시오.
3. 전 세계의 특허조사를 통한 4가지 발견에 관하여 기술하시오.
4. 알트슐러의 특허에 대한 5가지 수준에 대해 기술하시오.
5. TRIZ의 모순행렬에 대해 설명하시오.
6. TRIZ의 76가지 표준해란 무엇인지 간략히 기술하시오.
7. TRIZ의 국내외 실제응용사례를 들어 기술하시오.
8. TRIZ에 관한 본인의 느낌 및 활용방안을 기술하시오.
9. 국내에서 TRIZ 교육을 수행하는 기관을 나열하시오.
10. TRIZ국제협회에 의해 공인된 TRIZ 전문가 양성제도의 수준별 과정에 대해 알아보시오.

참고문헌

겐리히 알트슐러(1998), 「트리즈」, 현실과 미래.

김영일(1999),「기술혁신을 위한 표준해법 : TRIZ」, 한국산업기술진흥협회.

겐리히 알트슐러(2002),「이노베이션 알고리즘」, 현실과 미래.

김효준, 정진하, 권정휘(2004),「생각의 창의성」, 도서출판 지혜.

야마다 이쿠오(2004),「TRIZ로 배우는 창의적 설계」, 도서출판 인터비젼.

제 10 장

GE 사 마일즈의 가치 공학 (1947년)

1947년 당시 마일즈(Lawrence D. Miles)는 미국 최대의 전기 메이커인 제너럴 일렉트릭(GE) 사의 구매부장이었다. 구매부장으로서 마일즈는 더할 수 없는 교훈을 얻게 되었다. 즉, 사달라고 해서 무조건 사줄 것이 아니라 어디에 쓸 것인지 알아봐서 값은 싸면서 더 좋은 물건이 있는지 확인한 후 구매하는, 다시 말하면 종속적 구매 관리에서 창조적 구매 관리의 개념이 탄생된 것이다. 초기 GE 사에서 구매 부문의 가치 분석으로 시발된 가치 공학은 미국 국방성이 이를 채택함으로써 VE로 발전되어 설계 부서, 생산 부서뿐 아니라 서비스 부문에 이르기까지 눈부신 발전을 보게 되었고 미국의 산업계에서도 1950년대 후반에 전자공업협회(EIA)가 VE의 효과를 인정하고 산업계와 관계에서 멤버를 모아 위원회를 설립한 후 VE를 적극적으로 추진하게 되었다.

신세계백화점에서 프라이스 클럽을 개장한 이후 우리나라의 유통 업계에도 가격 파괴의 한파가 세차게 몰아쳤다. 이러한 한파는 우리나라뿐 아니라 1달러 100엔대인 엔고의 고통 속에서 생존을 향해 몸부림치는 일본의 산업계에도 거세게 몰아쳤었다. 이에 도요타 자동차 회사는 이러한 어려움을 타개할 목적으로, 원가 절감 목표를 30%로 하는 1백만 대의 자동차를 1998년에 출시하겠다고 공언하며, 이는 1달러당 80엔 시대의 생존 전략이라고 선언하였다. 이는 크라이슬러 자동차의 네온으로 대변되는 미국의 저가 자동차를 겨냥한 저원가 전략으로서 목표를 이루기 위해서는 VRP(Variety Reduction Program)를 비롯한 가치 공학 기법을 사용하여 경쟁 극복의 최선책을 강구해야 하는 것이었다.

가치 공학(VE : Value Engineering)의 창시자인 마일즈(L. D. Miles)도 이 기법의 엄청난 성공에 놀랐으며, 세계적으로 활용되어 선진국이라면 모든 나라가 VE를 도입하게 되었다.

가치 분석의 탄생

1947년, 마일즈는 미국 최대의 전기 메이커인 제너럴 일렉트릭(GE) 사의 구매 부장이었다. GE 사의 냉장고 도장 공장에서는 작업 중 공장의 마루 바닥에 시너(thinner)가 떨어져서 불이 날 염려가 있었기 때문에 불연성의 마루 커버로 아스베스토스(석면)를 쓰고 있었다. 지금은 발암물질이라 해서 석면을 건축 자재로 전혀 못 쓰게 하지만, 그 당시는 불연성 건축 자재로 가장 많이 쓰였는데 그 때는 2차대전 후의 물자부족 시대였기 때문에 석면을 구해 달라는 현장의 요구에 즉각 부응할 수가 없었다. 마일즈는 납품업자들에게 꼭 좀 구해 줄 것을 간청하던 중, 한 업자로부터 무엇 때문에 석면이 필요한가를 질문받게 되었다.

그 당시의 구매 부장이였던 마일즈에게는 뜻밖의 질문이었다. 구매 담당자는 그저 생산 부서나 필요 부서에서 구매 의뢰가 오면 요구대로 사주는 것이 관행이었던 것이다. 이에 마일즈는 현장에 왜 그것이 필요한가를 알아 보고 나서 납품업자에게 설명을 했고 납품업자는 석면은 없으나 그보다 값은 싸면서 더 좋은 불연재가 있다는 정보를 알려 주었다. 이같은 정보를 접하게 된 마일즈는 새로운 재료를 현장 실험한 결과 값은 싸면서 성능은 훨씬 훌륭하다는 것을 확인하였다.

그런데 문제는 그 당시 미국의 소방법에 불연성의 마루 커버로 아스베스토스를 사용할 것을 명시하고 있어 모처럼 발견한 새로운 자재를 사용할 수 없다는 것이었다. 이에 소방법 개정 투쟁을 전개하여 새로운 재료를 쓸 수 있게 되었다. 이러한 과정에서 마일즈는 교훈을 얻게 된다. 작업 현장에서 자재를 사달라고 하면 무조건 사 줄 것이 아니라 어디에 쓸 것인지를 알아봐서 값은 싸면서 더 좋은 물건이 있는지를 확인한 후 구매하는, 다시 말하면 종속적 구매 관리에서 창조적 구매 관리의 개념이 탄생된 것이다.

그의 직속 상관인 에를리헤르(Erlicher)와 스레덴세크(Sredenscheck)는 이에 감명을 받고 그들의 기술 담당 부사장인 비네(Winne)에게 마일즈의 창조적 구매 관리에 대한 아이디어를 소개하였다. 이에 비네는 설명을 듣고 나서 "이것이 경쟁적인 가격을 얻고 품질을 얻는 데 내가 경험한 것 중에서 가장 좋은 방법이다."는 극찬과 함께 "적절한 가격에서 적절한 품질을 얻는 것은 가치(Value) 있는 일이다. 당신은 왜 그것을 가치 분석(VA : Value Analysis)이라고 부르지 않는가?"라고 조언까지 해줌으로써 가치 분석이 탄생하게 된다. 그리고 GE 사는 이 새로운 기법을 도입하여 필요한 자재를 싸게 조달하는 성과를 거두었다.

가치 공학부의 등장

이러한 GE 사의 성공에 주목한 것이 미국의 국방부였다. 2차대전이 끝난 후 예산 규모가 축소되어 어려움을 겪던 국방부는 GE 사의 VA 기법을 연구한 결과 예산 편성에 유용한 기법이라는 데 동의하고 이를 1954년에 도입하게 되었다.

이 기법에 처음 관심을 가진 곳은 미 해군의 선박국으로 1954년에 마일즈를 초청하여 연설하도록 하였으며 여기서 선박국장인 레젯 제독은 선박국에 VA 기법을 도입하도록 하였다. 선박국이 VA 기법을 도입한 것은 선박의 제조 원가를 낮추기 위한 것이었는데 여기서 나온 탁월한 효과로 인해 다른 국방 기관에서도 이 기법이 점차 사용되어 국방부의 지출이 삭감되고 시설이나 설비의 코스트를 절감하는 데 유용하다는 것이 입증되었다. 이에 미 국방부는 이를 공식적으로 도입하면서 이 기법은 구매 부서에서만 할 것이 아니라, 근본적으로는 연구 개발 부서에서 개발 설계 때부터 해야 되는 것이라는 데 착안하여 VA보다는 VE라 하도록 하였다. [그림 10-1]에서와 같이 연구 개발에서 설계 단계의 VE를 1차적 가치 공학, 구매·생산·판매 단계의 가치 분석을 2차적 가치 공학으로 나누는 이유도 여기에 있다.

제품 수명 단계	
1. 착상, 개발단계 2. 설비 단계 3. 생산 준비 단계	MOVA(Marketing Oriented VA) VR(Value Research)
4. 조달 단계 5. 제조 단계 6. 판매 단계 7. 사용 단계	Purchasing engineering PPA(Par-prod Purchasing Analysis)

[그림 10-1] 가치 공학의 동의어

그 후 맥나마라 국방장관은 "VE는 존슨 대통령이 강조하는 원가 절감을 추진하는 핵심이다. 성능 납기 코스트의 적절한 조화를 꾀하기 위한 최선의 도구 중의 하나가 VE이다."라고 말하여 VE의 필요성을 강조하고 다음과 같은 코스트 절감 방침을 제시하였다.

· 필요한 것 이외에는 구입하지 않는다.
· 최저의 건전한 가격으로 구입한다.
· 사용 코스트를 절감한다.

이 방침은 1963년 군사 조달 규정(ASPR) 중에서 VE 계약 조항으로 구체화되어 국방부에 납품하는 계약자를 중심으로 VE는 급속하게 보급되었다. 이와 같이 VE의 성과가 인정됨에 따라 국방부에서는 VE 적용 영역을 확대해 나갔다. 1965년 육군 건설국과 해군 건설국에 VE 프로그램이 설정되는 동시에 건설 계약에 관해서도 인센티브 조항이 적용되었다.

미 국방부에서 VE를 도입해서 성공한 대표적인 사례가 육군공병단(USICE)이다. 공병단은 14개 사단과 39개 지역단이 있으며, 각 지역단에 VE 관리관이 임명되어 있었다. 공병단에 처음 VE가 도입된 것은 1964년 10월로 그 해 VE 절감액은 230만 달러에 이르렀으며, 그 후 설계와 원가 절감에서 꾸준한 발전을 이루어 1982년부터 1985년까지 해마다 1.3억 달러를 넘어섰다.

이러한 성공은 1970년대에는 연방조달청(GSA) 중의 공공 건설국(PBS)이 VE 프로그램을 설정하고 환경보호청(EPA)에서도 건설 프로젝트에 VE를 적용함으로써 미국의 건설업계에도 VE가 확산되는 계기가 되었다. 1974년 연방조달청은 모든 행정 기관의 병기·건물·설비·장치·소모품·사무 시스템·절차 규정 등을 대상으로 VE를 사용하도록 지시하였다.

GE 사에서 구매 부문의 가치 분석으로 시발된 VA는 미 국방부가 이를 채택함으로써 VE로 발전되어 설계와 생산 부서뿐 아니라 서비스 부문에 이르기까지 눈부신 발전을 하게 되었다. 미국 산업계에서도 1950년대 후반 전자공업협회(EIA)가 VE의 효과를 인정하고 산업계와 함께 위원회를 설립하여 VE를 적극적으로 추진하였으며 1959년에 이러한 전문가들의 모임으로 미국의 VE협회(SAVE : Society of America Value Engineers)가 탄생하였다.

이러한 성공은 1993년 미국 정부가 정부 투자 또는 관련 69개 기관에 납품과 공사 계약을 체결하려는 기업은 VE를 의무적으로 도입하도록 하는 VE

의무화 입법 과정에 이르렀다.

마일즈의 활동

현재 거의 모든 선진국에서는 VE 기법을 도입하고 있다. 우리나라를 비롯한 일본·노르웨이·스웨덴·독일·영국·캐나다·이탈리아·오스트리아·오스트레일리아·남아프리카·브라질·대만·말레이시아·중국·프랑스·사우디아라비아·벨기에·네덜란드·멕시코·그리스와 몇몇 발칸 제국 등 동구권을 제외한 모든 나라에서 이를 도입·사용하고 있다.

이는 가치 공학 자체의 탁월한 성능 때문이기도 하지만 1964년에 GE 사를 은퇴한 후 이를 줄곧 세계적으로 보급한 마일즈의 공로도 무시할 수 없다.

그는 1950년 GE가 초대 회장을 기념하기 위하여 자사에 가장 공로가 큰 사람에게 주는 코핀(Coffin)상을 받았고, 1957년 VE 훈련에 대한 공로로 미 해군으로부터 공복상을 받았으며, 1964년 네브래스카 주의 웨슬리안대학으로부터 명예동창 훈장을 받았다. 1975년 미국가치공학협회가 마일즈상을 창설하였고, 우리나라에서는 한국표준협회가 1986년 마일즈상을 창설하였다.

또한 남아프리카VE경영학회(1979년)와 일본VE학회(1990년)로부터 표창을 받았으며, 브라질재료관리협회(1983년), 독일기술자협회(1981년)로부터 명예 훈장을 받았다.

일본에서는 1983년 VE학회가 창립되었고, 1987년에는 1985년 8월 1일 사망한 마일즈에게 천황의 3등 보국훈장을 줄 정도로 그의 VE의 업적을 인정하고 있다.

가치 공학의 의미

고객이 구매하는 것은 물건 그 자체만이 아니라 그것을 소유함으로써 얻어지는 기능(제 구실을 하는 것)과 만족(제 기능을 함으로써 얻어지는 유·무형의 만족감)이다. 그런데 이러한 만족감을 얻는 데에는 비용이 든다. 이러한 의미에서 싸고 좋은 기능을 얻고자 하는 것은 인류의 태초부터의 꿈이며 이러한 가치

와 비용, 기능 간에는 다음과 같은 관계식이 성립한다.

$$V\ (\text{Value}:\text{가치}) = \frac{F\ (\text{Function}:\text{기능})}{C\ (\text{Cost}:\text{비용})}$$

위의 관계식으로부터 가치 공학은 고객 만족을 위해서 최소의 비용으로 혁신적 기능을 창조하기 위해서 행하는 조직적 활동으로 정의할 수 있겠다.

앞에서 본 바와 같이 VE는 구매 분야에서 출발했기 때문에 구매 분석(PA)·구매 공학(PE) 등으로 불리고 원가 절감의 측면에서 원가 예방(CP)으로 불리는 등 명칭이 여러 가지로 최근에는 혁신적 경영의 의미에서 가치 혁신(VI : Value Innovation)으로 불리기도 한다.

1970년에는 다품종 소량 생산 시스템의 경제를 추구하는 VRP(Variety Reduction Program)가 일본능률협회를 중심으로 개발되어 개발 설계의 VE 활동을 원활하게 하고 있다. 일본의 호세이 대학의 마쓰우라 교수에 의해 품종 감소의 이익을 계산하는 수단으로 다음과 같은 실험 곡선이 제시되었다.

$$Y_1 = X^{-25} \qquad Y_2 = X^{-5}$$

(단, Y는 제품의 단위 원가를 백분율로 표시한 것, X는 생산된 단위의 수)

즉, 품종 수를 줄여서 생산 단위의 수를 늘리면 원가는 반감된다는 것을 뜻한다. 이러한 개념은 미국인 라이트에 의한 학습 곡선(learning curve)에서 출발된 것으로 마쓰우라는 고객의 다양화 요구를 달성하면서 규모의 경제를 추구해야 하는 현대 기업의 문제를 VR 개념(개혁의 방안)으로 설정한 것이다. 이러한 개념은 다음과 같이 5가지로 요약할 수 있다.

① 고정 부분과 변동의 구분 : 제품에서 고정 부분과 변동 부분을 구분, 고객 요구에 대응한 변동 부분만 늘린다.
② 모듈화 : 부품을 서브 조립한 모듈을 설정함으로써 다양한 제품을 모듈의 조합으로 생산한다.
③ 다기능화 : ECRS(Eliminate, Combine, Rearrange, Simplify)를 적극 활용해서 부품을 결합·조합하여 다기능 부품으로 한다.
④ 범위 : 제품·부품의 수치 단위를 경제적인 수계열로 하여 설정범위 내의 변동을 커버하도록 한다.
⑤ 계열화 : 제품이나 부품에 요구되는 성능이나 기능에 일정 법칙을 부여하여 배열함으로써 규칙적인 작업이 가능하도록 한다.

우리나라의 가치 공학 활동 사례

우리나라에 언제 VE가 도입되었는가에 대한 정설은 없다. 다만 1967년 한국능률협회가 주최했던'제1회 VE 양성 코스의 개설'이 최초가 아닌가 생각된다.

그 당시만 해도 VE에 대한 인식이 없었던 관계로 VE 세미나가 실패로 끝났다. 그 후, 1982년 한국공업표준협회(현 한국표준협회)가 VE 기법 세미나, 1983년 한국능률협회의 제1회 VE 기술 코스 개최로 시발되어 1985년 한국표준협회가 가치혁신상을 제정하여 1회 수상 회사로 삼성전자와 금성 사가 결정됨으로써 본격적인 가치 공학 도입의 계기가 되었다.

1967년 세미나 실패 이후 15년이나 침묵을 지키던 VE가 갑자기 1980년대 초 붐을 조성한 이면에는 이러한 일화가 전해진다.

연말을 항상 일본 도쿄에서 보내면서 연간 사업을 구상하기로 유명한 삼성그룹의 고 이병철 회장이 그 당시 일본 마쓰시다전기의 마쓰시다 고노스케를 만나서 사업 구상을 듣던 중 마쓰시다전기에서는 VE를 도입해서 연간 원가 절감을 6%씩 실현한다는 것을 듣고 삼성그룹의 연초 사장단 회의에서 삼성그룹에 VE를 도입할 것을 지시한 것이 계기가 되어 전 그룹사뿐 아니라 경쟁사에까지 보급되었다는 것이다.

삼성그룹 계열 중에서도 가장 VE 활동이 두드러진 회사는 삼성전자로 1979년 설계 부문에 VE를 도입한 것을 시발로 1983년부터 원가 절감의 실천적 기법으로서 VE를 본격적으로 실천하여 매년 원가 절감 6%를 실현하고 있다.

1986년 원가 절감 실적을 보면 매출액 대비 6%로 890억 원의 원가 절감을 기하고 있다.

가전 제품의 경우 구체적 사례를 보면 냉장고 13.8%, 카세트 15.7%, 세탁기 15.5%, 컬러 텔레비전 5%, VTR 8.9%, 컴퓨터 19%, 단말기 15.7%, 전자레인지 12.8% 등 획기적인 원가 절감이 설계의 변경, 소재의 대체, 구조의 개선, 국산화 등으로 실현되었다.

이러한 노력은 계속되어 1989년부터 전사적 가치 혁신(GVE) 운동으로 발전, 1990년 이후 1992년까지 3년 연속 가치 공학상을 받는 영광을 누렸다.

원가 절감 실적을 보면 가전 부문에서만 1987년 290억 원, 1988년 367억 원, 1990년 437억 원, 1991년 733억 원(매출액 대비 2.3%)을 절감한 것으로 보고되고 있다.

또한 이러한 성과는 1985년 현장 관리자로부터 경영자에 이르는 1만 2천여 명의 사원을 대상으로 VE 기초 교육 및 전문 교육을 실시, VE 생활화에 성공함으로 나타난 것이다.

이러한 교육이 결실을 맺어 미국 생산기술부 산하 미국VE협회가 부여하는 국제 공인 가치혁신사(CVS)를 5명이나 배출하였다.

현대자동차는 1987년부터 VE로 GT-10프로젝트를 도입, 울산 11개 공장이 VE를 추진한 결과 1993년 34건의 문제 해결과 550억 원의 원가 절감을 실현하였으며, 1994년에는 50여 건의 문제 해결과 900억 원의 목표를 세웠다.

대우조선은 1989년부터 VE 운동의 하나로 '희망 90 S운동'을 전개, 3년간 꾸준히 실천한 결과 1993년 326건, 1994년에는 658건의 테마 해결로 450억 원의 원가를 절감하는 등 성과를 거두고 있다.

이밖에 대우전자(1986년 수상), 삼성전기(1987년 수상), 기아자동차(1989년 수상), 삼성종합건설(1991년 수상) 등 가치혁신상을 받은 유수의 기업이 많은 성공 사례를 제공하고 있다.

연습문제

1. VA의 뜻은 무엇이며 언제, 누구에 의해 시작되었는가?
2. VE의 뜻은 무엇이며 언제, 누구에 의해 시작되었는가?
3. 맥나마라 국방장관이 말한 VE의 필요성 중 코스트 절감 방침 3가지는 무엇인가?
4. VE의 발전 단계를 쓰시오.
5. 가치공학이란 무엇인가?
6. 가치공학의 궁극적인 목적은 무엇인가?
7. 자신의 입장에서 추구할 수 있는 가치공학은 무엇이 있는가?
8. 가치공학과 함께 사용할 수 있는 관리기법을 찾아보시오.
9. 가치혁신에 대해 쓰시오.
10. 국내외 기업 중 가치공학을 성공적으로 추진하거나 달성한 사례를 찾아보시오.

제 11 장

듀폰 사의 CPM (1957년)

듀폰 사는 나일론이나 테플론 등 자사의 상품명을 세계적인 제품명으로 만들 정도로 영향력이 큰 미국의 화학 회사로서 화학공장은 연중 무휴로 가동되어야 하는데 일 년 중 30여 일은 전 공장을 세우고 연차보전을 하지 않으면 안 되는 문제가 있었다. 이러한 문제에 대한 해답을 구하기 위해서 1957년 3월 듀폰 사의 엔지니어링 서비스부의 워커(M. R. Walker)는 레밍톤 랜드(Remington Rand) 사의 켈리(J. E. Kelly)의 협조를 얻어 CPS(Critical Path Scheduling) 기법을 개발하게 되었다. 이에 따라 기술자 6명을 선발하여 40시간의 교육을 통해서 CPS 기법을 완전히 습득하게 한 후 이를 예방 정비에 적용한 결과 그 동안 평균 예방 정비에 125시간이 소요되던 것을 93시간으로, 최종적으로는 78시간으로 단축함으로써 종래의 156건의 납기 문제를 7건으로 감소시키는 쾌거를 이루었으며 듀폰 사에서는 이 기법을 최초로 도입한 첫 해에 100만 달러에 달하는 원가를 절감하게 되었다.

Critical Path Method

신제품 개발 기간 단축이 경쟁력이다

최근에 소개되고 있는 리엔지니어링이나 다운사이징 등과 같은 기업 혁신 기법의 공통된 특징은 누가 남보다 빨리 개발하고 생산해서 소비자에게 신속히 전달할 수 있느냐 하는 신속성이 기업의 가장 중요한 전략적 요소로서 이것을 차별화하는 개념이라는 것이다. 이것은 시테크, 초관리 운동 등과 같은 '시간은 돈'이라고 하는 비용 요소로서 시간에 대한 초기적 관심 요소에서 한 걸음 더 나아가 '강한 자는 약한 자를 제압하지 못하지만 빠른 자는 느린 자를 제압한다.'는 시간의 전략적 요소를 중시하는 데에서 출발한다.

하버드대학의 클라크(K. Clark) 교수는 1988년 일본 승용차의 비교 우위에 대한 보고서에서 미국 자동차는 신차를 개발하는 데 평균 5년에 40억 달러의 개발비가 소요되는 데 반해서, 일본자동차는 3년에, 개발비도 그 절반인 20억 달러에 불과하다는 것을 지적하였다. 이러한 차이를 절감한 미국의 자동차 업계가 야심작으로 발표한 차량의 대명사가 크라이슬러의 네온이다.

네온은 개발 기간을 경이적인 39개월로 단축하고 개발비를 13억 달러로 낮춤으로써 대당 가격이 평소 12,000~15,000달러에 달하던 자동차를 8,975달러의 놀라운 가격에 시판할 수 있게 되어 크라이슬러 사의 재기에 결정적인 역할을 담당하였다.

이러한 성공에 영향을 받아 일본에도 개발 기간 단축을 최우선 과제로 제시하는 기업이 많다. 그 대표적인 기업이 시계 메이커인 핫도리세이코 사이다. 이 회사는 1994년 7월 'LET s'라는 이름의 공동 프로젝트 팀을 발족, 개발 기간 단축을 경영 전략의 최우선 과제로 채택하고 있는데, 'LET s'는 Lead Time Shortening의 머리글자로서 손목시계의 기획 개발에서 판매까지의 기간을 종래의 절반 수준인 3개월로 단축할 것을 목표로 하였다.

이렇게 개발의 신속성을 경쟁 우위의 차별화 전략으로 활용하는 방법은 연구 개발과는 거리가 먼 화학 공장의 연차 보전 기간을 단축하기 위해서 개발된 1957년 듀폰 사의 최장경로법에서 연유한다.

듀폰 사의 최장경로법

듀폰 사는 나일론이나 테플론 등 자사의 상품명을 세계적인 제품명으로 만들 정도로 영향력이 큰 미국 화학 회사로서, 공장을 연중 무휴로 가동해야 하기 때문에 일 년 중 30여 일은 전 공장의 가동을 중지하고 연차 보전을 하지 않으면 안 되는 문제가 있었다.

이러한 문제에 대한 해답을 구하기 위해서 1957년 3월 듀폰 사의 엔지니어링 서비스부의 워커(M. R. Walker)는 레밍톤 랜드(Remington Rand) 사의 켈리(J. E. Kelly)의 협조를 얻어 CPS(Critical Path Scheduling) 기법을 개발하였다. 기술자 6명을 선발하여 40시간 교육(12~15시간이면 충분하나 초기 실수를 예방하기 위해서 충분히 실시한 것임)을 통해서 기법을 완전히 습득하게 한 후 이를 예방 정비에 적용한 결과 예방 정비에 소요되는 평균 125시간을 93시간으로, 최종적으로는 73시간으로 단축시키고 종래의 156건의 납기 문제를 7건으로 감소시키는 쾌거를 이룩하였다. 듀폰 사는 이 기법을 도입한 첫 해에 100만 달러에 달하는 원가를 절감하게 되었고 이러한 성공에 힘입어 기법을 예방 정비 계획에 그치지 않고 건설 회사의 건설 프로젝트에도 이용하게 하였으며, 기법의 이름도 자연스럽게 CPS에서 오늘날의 이름인 CPM으로 바꾸었다.

PERT 기법의 발전

CPM과 유사한 기법으로 PERT(Program Evaluation Review Technique) 기법이

있는데 CPM이 민간 기업에서 개발되었던 반면 PERT는 군사 전략 차원에서 개발되었다. 미 해군은 1956년 폴라리스(Polaris) 잠수함 건조 계획에 착수할 목적으로 특수사업국(SPO : Special Project Office)을 창설하여 신규 군사 발전 계획의 업무를 담당하게 하고 있었다.

그런데 1957년 10월 소련이 세계 최초의 인공위성인 스푸트니크 1호를 발사하여 세계 최고의 로켓 기술을 자랑하던 미국의 자존심을 자극하였고, 이에 특수사업국 요원들은 폴라리스 미사일의 주계약자인 록히드(Lockheed) 사의 우주 개발부, 그리고 경영진단 회사인 Booz, Allen and Hamilton 사와 특별 계약 아래 새로운 개발 기간 단축 기법을 연구하고자 OR(Operations Research)팀을 같은 해 12월에 발족시켰다.

새로운 OR팀의 클라크(C. E. Clark) 박사가 주축이 되어 1953년 1월 6일 연구 개발을 획기적으로 단축할 수 있는 PERT 기법 이론을 정립하였다. 1953년 9월에 처음으로 폴라리스 미사일 개발에 구체적으로 시험 적용해 본 결과, 그 성능이 인정됨으로써 1953년 10월 폴라리스 잠수함 건조 계획에 전면적으로 적용·실시하게 되었다. 이때, 특수사업국의 Raborn 제독이 PERT 연구 개발의 총책임자였고 PERT의 아버지로 불리는 특수사업국의 Fazar가 직접 이를 담당하였다.

드디어 1962년 1월, 폴라리스 잠수함 건조가 당초 계획보다 2년이나 단축되어 성공함으로써 PERT의 진가를 더욱 발휘하게 되었다. 한편 미 공군에서도 이와 비슷한 기법을 개발해서 PEP(Program Evaluation Procedure)라고 명명하였으나 1962년부터 PERT로 통일하였다.

최초의 PERT는 비용 문제를 생각하지 않고 오직 개발 기간의 단축만을 고려하는 PERT/time으로 개발되었으나 1960년 6월에 미 해군과 육군의 합작으로 Management System 사에 의해 PERT/cost 기법이 개발됨으로써 비용을 고려하는 개발 기간 단축법으로 발전된 PERT 기법이 개발되었다.

듀폰 사에서 설비 예방 보전 기법으로 개발된 CPM과, 전혀 다른 분야에서 군사 목적의 연구 개발 기간 단축용으로 개발된 PERT는 1962년을 고비로 하나의 통일된 네트워크 기법으로서 시간 단축의 경영 혁신 기법으로 발전하였다.

1963년 미 공군의 조사에 의하면 미국 내에서 불과 5년 간에 PERT/CPM 관련 논문의 수가 700편을 넘었고, 또한 PERT 변형의 수가 120종에 달하는 것으로 집계되었다. 그 중에서 대표적인 것을 열거하면 [표 11-1]과 같다.

[표 11-1] PERT 기법 일람표

기법 명칭	내용	개발자
DELTA	Detailed Labor and Time Analysis	Norton American Aviation
LESS	Least Cost Estimating & Scheduling	IBM
MAP	Manpower Allocation Procedure	Olin Amthicson Ch. Co.
MAPS	Multivariate Analysis & Production of Schedule	미 해군
PACS	Performance & Cost Evaluation	Northrop Corp.
PACT	Production Analysis Control Tech	미 해군 특수 사업부
PERT 2, 3, 4		미 공군, IBM
PERT - COST	PERT/Cost로서 동일	미 공군
PERT - CO		Aero National Systems Div.
PERT - COST		미 해군 특수 사업부
PES	Program Evaluation Systems (PERT/PEP/ZAP)	더글라스 항공사
PEST	Progress Evaluation & Surveillance Technique	미 공군
PLAN - NET	Planned Networks	Pan American 항공사
PRISM	PERT/Reliability(RMI:PERT Network)	미 해군
SCANS	Scheduling & Control by Automated System	Systems Development Corp.
SPECET - RGL	Scheduling, Planning, Evaluation, Cost & Control	Systems Development Corp.
SVS	Scheduling Visibility System	포드자동차의 항공사업부
ZPA	Zeus Programs Analysis	웨스턴 전기회사

최근에는 경로가 확정적이 아닌 확률적인 개념을 도입한 GERT(General Evaluation Review Technique)로 발전되고 있다.

한국에서 PERT/CPM 기법의 활용

1976년에 발행된 국립건설연구소의 PERT 공정관리종합보고서에 의하면 우리나라에 최초로 PERT/CPM 기법을 도입한 것은 광주 미군 활주로 공사를 담당한 피셔 사로 알려지고 있다. 그 당시 피셔 사는 200만 달러 규모의 광주 미군 비행장 활주로 공사를 대림산업에 하청을 주었다. 그때 자기들이 이미 경험한 활주로 공사의 일정 계획의 모델을 PERT 기법의 일종인 PEST(Progress Evaluation and Surveillance Technique)로 작성하여 샘플로 주고 대림산업에게 이를 활용토록 한 것이었다. 이것은 그래프 용지와 같은 좌표 위에 작업별 일정을 구분해서 작성한 네트워크 기법이었다. 전혀 새로운 기법에 접하게 된 대림산업은 타의에 의해서 이를 습득하게 되었고 미숙하나마 이 기법을 이해하게 된다.

그 후 이러한 기법이 건설업체를 중심으로 보급되기 시작하였으며 1968년 현대건설과 삼환기업이 공동으로 시공하고 1969년 12월에 완성한 조선호텔 공사에서 효과가 입증되었다. 이 공사에서 가장 힘든 공정은 냉·난방의 공기 조화 설비 공사와 급수 위생 공사로서 PERT를 사용해서 최고 경영자에게 진척 보고를 함으로써 적극적이고 자의적인 작업 감독을 하여 납기 내에 성공적으로 공사를 완성할 수 있었다.

그 후 박정희 대통령의 최대 야심작으로 1968년 초에 총 예산 429억 원으로 추진된 경부고속도로 건설에서도 활용하였다. 이 공사는 주로 현대건설과 육군건설공병단에서 담당했는데 하루 2만 내지 3만 루베의 토사를 처리해야 하는 그 당시로서는 최대의 난공사로서 건설 기간을 단축할 목적으로 이 기법이 도입되었다. 그 당시로서는 시공 부서나 하청 업자 누구도 익숙하지 못한 기법으로서 충분한 효과는 거둘 수 없었을 것으로 추정된다. 그러나 공기를 6개월 단축해서 1970년 7월에 완공함으로써 이 기법의 활용에 대한 업계의 관심을 촉구하는 계기가 되었다.

건설업계를 중심으로 전파된 PERT/CPM은 1969년 7월 진양화학에서 수출상품 생산을 위한 긴급 추가장비 설치공사에서 최대한의 공기 단축을 위한 기법으로 응용되어 64일의 공기를 45일로 단축하는 결과를 얻었다. 이러한 성공을 바탕으로 1969년 11월, 한국전력에서는 중앙대학교 부설 한국산업개발연구소의 도움으로 'PERT/CPM 제도의 도입 및 시행을 위한 조사 연구 보고서'를 발표하고 발전소 건설에 적극적으로 도입하게 되었다.

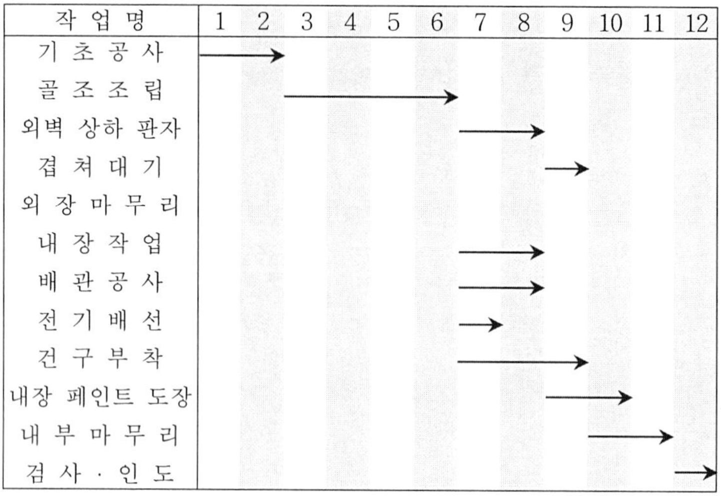

[그림 11-1] 간트 차트로 작성한 일정 계획 사례

건설 분야에서 주로 이용되던 것을 설비의 예방 보전 분야에 처음 적용한 것은 한국종합화학주식회사(옛 충주비료)로서 1975년에는 필자가 기술 계획을 담당하면서 이를 보급, 화학 공장의 연차 보전 계획의 기법으로서 활용하여 큰 효과를 거두었다. 이를 계기로 자회사인 여천의 석유화학회사를 중심으로 전파되기 시작한 것이다. 필자가 이 회사 충주공장에 이를 쉽게 보급할 수 있었던 것은 충주공장의 암모니아센터의 건설을 담당한 미국의 벡텔 사가 1973년 건설 공사의 일정 통제 기법으로서 PERT/CPM을 소개한 결과였다.

이렇게 산발적으로 우리 산업계에 보급된 PERT/CPM이 일상화되는 데에는 1980년대 전후로 붐을 일으켰던 중동 건설 경기의 영향이 컸다. 감리를 담당한 구미계 회사들이 우리 건설업체들로 하여금 입찰서에 PERT/CPM에 의한 일정 계획을 첨부하게 함으로써 해외 진출 건설 업체는 울며 겨자 먹기로 PERT/CPM을 도입해야만 했던 것이다.

PERT/CPM의 이점

[그림 11-2]와 같은 주택을 신축하는 간단한 작업을 생각해 보자. 종래의 기법은 [그림 11-1]과 같이 간트 차트로 작성하는 것이 고작이었다. 이것은 12일에 작업이 끝난다는 정보는 줄 수 있으나 이를 단축하기 위해서는 어느 작업을 어떻게 단축해야 가능한지에 대한 해답을 줄 수 없다는 단점이 있었다. 이러한 일정 계획 기법을 [그림 11-2]와 같이 네트워크로서 일정을 나타냄으로써 작업 상호간의 선후 관계를 명확히 하고 이 작업 단축을 위한 작업의 우선 순위로서 최장경로(CP : Critical Path)를 명확히 할 수 있게 되었다.

[그림 11-2]에서 최장 경로는 건구 부착과 내부 마무리로서 이 경로가 작업 기간을 최대로 필요하는 경로이기 때문에 이를 단축해야만 건설 기간이 단축되며 다른 공정은 공기 단축과는 무관함을 쉽게 알 수 있다.

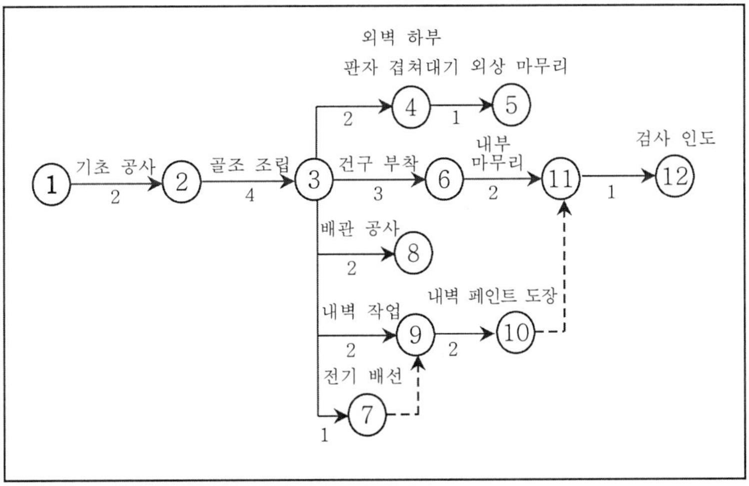

[그림 11-2] PERT/CPM으로 작성한 일정 계획

이러한 PERT/CPM의 응용 분야는 이 밖에도 다음과 같은 것이 있다.

· 경제 개발 계획
· 연구 개발 계획
· 신공장 건설 · 발전소 건설
· 선박, 비행기 등의 대형 제품 생산 계획

- 화학 공장의 예방 보전 계획
- 각종 올림픽이나 엑스포 등의 대형 행사 계획
- 기타 계획 사업

연습문제

1. PERT와 CPM은 Project를 계획하고 (　　　), (　　　)하기 위한 기법이다.
2. CPS(Critical Path Scheduling) 기법이란 무엇인가?
3. PERT에 대해 기술하시오.
4. CPM에 대해 기술하시오.
5. PERT와 CPM을 비교하시오.
6. 듀폰 사의 최장경로법이란 무엇인가?
7. 한국에서 실시한 PERT/CPM에 대해 기술하시오.
8. PERT의 발전 단계를 기술하시오.
9. PERT/CPM의 응용 분야에 대해 조사하시오.
10. PERT/CPM의 실생활에 적용 가능한 방안에 대해 기술하시오.

제 12 장

GE 사 파이겐바움의 TQC (1960년)

'품질은 검사에서
만들어지지 않는다.
공정에서 만들어 넣어야 한다.'
또는 '품질은 설계에서 의도한 대로
공정에서 만들어 내는 것이다.'
그러므로 '품질 관리는 모두의 일이며
따라서 누구의 일도 아니다.'
바꾸어 말하면 가장 훌륭한 품질 관리란
작업자에 의한 자주 검사다.
이러한 자주 검사는 검사 요원이 따로 없다는
의미에서 무검사이지만, 모든 작업자에 의해
전체 제품이 전수 검사된다는 의미에서는 모든
사원의 검사요원화 운동의 성격을 갖는 것이다.
기업의 이러한 품질 관리상의 어려운
문제점을 해결하기 위해서 제시된 것이 미국의
제너럴 일렉트릭(GE) 사의 품질 관리 부장이던 파이겐
바움에 의해서 제기된 TQC(Total Quality Control)이다.

Total
Quality
Control

산업이 발달함에 따라 소비자는 고품질을 요구한다. 여기에는 제품을 사용할 때의 안전은 물론 일반 대중에게 미치는 공해 등의 사회적 품질 문제도 포함된다. 이러한 소비자의 고품질 요구를 만족시키기 위한 기업의 일차적인 과제는 품질 검사를 엄격하게 하는 것인데, 그에 따른 품질 비용은 기하 급수적으로 증가한다. 즉, 검사 요원을 증원하고 교육하며 검사 장비를 대폭적으로 증설해야 하는 문제가 발생한다. 이에 따라 기업은 원가 부담이라는 고통을 안게 되는데 여기서 '검사에 의한 품질 보증의 한계'에 부딪히게 된다.

그 좋은 예가 성수대교의 붕괴를 기점으로 건설교통부가 획기적으로 제기하고 있는 책임 감리제의 정착이라든지 외국 감리업체에의 감리 시장 조기 개방에 의한 대형 공사의 사고 예방책이다. 이것은 건설업계의 부담만 가중시키는 것으로 근본적인 문제 해결과는 거리가 멀다. 경남의 창선대교가 붕괴하자 서해안 고속도로의 서해대교를 건설하면서 고속도로의 발주처인 한국도로공사에서는 이 다리가 총연장 7.31km로서 난이도가 높기 때문에 국내 감리사로서는 어렵다고 판단하여 프랑스의 EEG 사에 감리하도록 조치한 바 있다. 그런데 대우엔지리어링과 공동 감리를 맡은 EEG 사가 대우 측에 요구한 감리 비용을 보면 감리원 1인당 월 24,000달러인데, 우리 돈으로 환산하면 월 2,000만원으로 대우엔지니어링이 따낸 낙찰가 91억 7,500만원의 22%를 요구하고 있는 실정이다.

이러한 기업의 품질 관리상의 어려운 문제점을 해결하기 위해서 제시된 것이 미국의 제너럴 일렉트릭(GE) 사의 품질 관리 부장이던 파이겐바움에 의해서 제기된 TQC(Total Quality Control)이다. "품질은 검사에서 만들어지지 않는다. 공정에서 만들어 넣어야 한다." 또는 "품질은 설계에서 의도한 대로 공정에서 만들어 내는 것이다." 그러므로 "품질 관리는 모두의 일이며 따라서 누구의 일도 아니다(이것을 전문으로 하는 사람은 없다.)."라고 파이겐바움은 그의 저서에서 주장하고 있다. 바꾸어 말하면 가장 훌륭한 품질 관리란 작업자에 의한 자주검사이다. 이러한 자주 검사는 검사 요원이 따로 없다는 의미에서는 무검사이지만 모든 작업자에 의해 전체 제품이 전수 검사된다는 의미에서는 전 사원의 검사요원화 운동의 성격을 갖는다.

TQC 출현 배경

슈하르트의 관리를 통한 통계적 품질 관리가 제시된 이후 1925~1926년에 웨스턴 일렉트릭 그룹은 통계를 활용하는 샘플링 검사와 다양한 방법들을 제시하였다. 검사 특성 곡선, 소비자 위험, 생산자 위험, 로트 허용 불량률(LTPD : Lot Tolerance Percent Defectives), 평균 검사개수(ATI : Average Total Inspection), 2회 샘플링 검사 등의 용어가 정의되었다. 1925년 도지(Dodge)에 의해서 계수형 샘플링 검사의 기본형이 소개되었고, 1927년 평균 출검 품질 한계(AOQL : Average Outgoing Quality Limit) 추출표와 다회 샘플링 검사 개념이 확립된 것도 이 그룹에 의해서였다.

이 후에 통계적 품질 관리는 1940년대와 1950년대를 거치면서 급속한 발전을 이루게 되는데, 특히 이 때는 2차대전 중이어서 주로 군사적 목적에 의한 품질 관리 기법으로 발전하게 되었다. 그 대표적인 것을 보면 다음과 같다.

- 1941년 : ASA(American Standard Association) 미국 전쟁 표준 AWS Z 1.1(품질 관리 지침), AWS Z 1.2(자료 분석의 관리도 기법) 제정, Dodge Romig 발췌 검사표 발표
- 1942년 : ASA Z 1.3 제정, 군수생산국 Army Ordnance Table을 작성하여 군수품 구입에 샘플링 검사 채용
- 1943년 : 도지 연속생산형 발췌검사표(CPS 1) 발표, (컬럼비아대학 통계연구그룹 소속) 축차 발췌 검사법 고안
- 1944년 : QMC 검사핸드북 발표

- 1949년 : 미국 국방성 JAN-STD-105 채용
- 1950년 : 미국 국방성 MIL-STD-105 A 제정
- 1954년 : 영국의 페이지가 누적합(CUSUM : Cumulative Sum) 관리도 소개
- 1955년 : 도지가 Skip-Lot 발췌 검사법과 Chain 발췌 검사법 발표
- 1957년 : 미국 국방성 MIL-STD-414 계량형 샘플링 검사 기법 제정

이와 같이 통계적 품질 관리는 2차대전을 전후해서 긴급한 군사적 목적에 응용되어 발전되는 한편 품질 관리를 경영적 측면으로까지 넓히는 운동이 전개되었는데, 그 대표적 활동이 데밍(W. E. Deming : 1900~1993)의 품질 관리 서클이다. 데밍은 1950년 [그림 12-1]과 같이 품질 관리를 수레바퀴에 비유하였고 사외에서의 시장조사까지도 품질 관리 일환으로 하여 이 수레바퀴가'품질을 중시하는 관념' 및'품질에 대한 책임감'이라는 땅 위를 끊임없이 계속 회전하여 전진 발전하는 것으로 정의하고 있다.

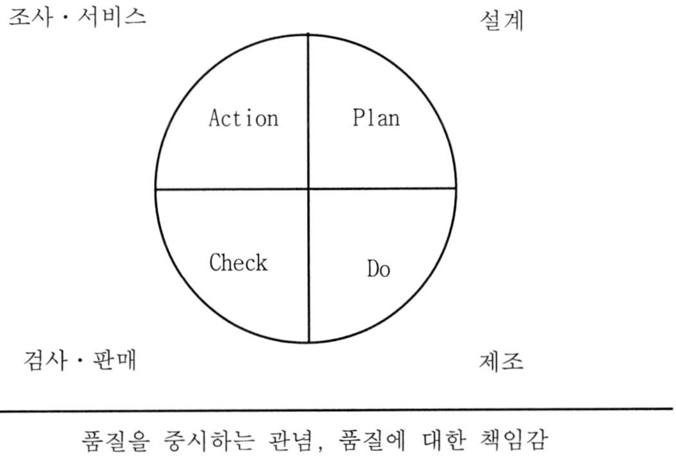

[그림 12-1] 데밍의 사이클

이것은 파이겐바움의 TQC적 사고와 거의 일치되는 개념을 갖고 있는데, 이것이 TQC로 발전할 수 없었던 이유는 통계적 기법에 너무 집착한 데에 있었다. 데밍은 "통계적 품질 관리란 최대로 유용하며, 구매자가 있는 제품

을 가장 경제적으로 생산하기 위해 생산의 모든 단계에서 통계 이론과 기법을 응용하는 일이다."라며 품질 관리에서 통계적 역할을 강조한 나머지 품질 관리를 통계를 위한 관리 기법으로 전락시킬 위험성을 안고 있었다.

이러한 데밍의 관점에서 좀더 경영적 측면으로 접근한 것이 주란(J. M. Juran)의 품질 관리 개념이다. 주란은 미국품질관리학회의 평의원이라는 요직에 있었으며 미국뿐 아니라 세계적 품질 관리 지도자이기도 했다. 일본에서도 공개 강좌를 자주 하였는데 주란의 강의에서는 뜻밖에도 통계적 방법에 대한 것은 거의 없고 '경영의 목적은 무엇인가?'로부터 시작하여 이러한 목적을 달성하기 위해서 소비자가 요구하는 품질 정의를 명확히 할 필요성을 역설하고, 이러한 고객의 요구를 실현시키는 제반 활동이 품질 관리임을 주장하였다. 그는 1954년, "품질 관리란 품질 규격을 설정하여 이에 도달하기 위해 사용되는 모든 수단 전체이며, 통계적 품질 관리는 품질 관리 중에서 통계적 기법을 응용하는 부분을 말한다."라고 정의하고 있다. 이러한 주란의 생각은 품질 관리를 곧 통계적 품질 관리로 생각하는 데밍의 경직된 사고에서 발전된 개념으로, 품질 관리는 곧 경영 관리로서 그 중의 일부가 통계를 쓰는 통계적 품질 관리라는 것이다. 데밍이 경영에서 통계적 측면을 강조한 반면 주란은 경영에서 경영 그 자체의 측면을 강조한 것이다. 주란의 이러한 품질 관리의 경영적 측면의 이론적 뒷받침 아래 실증적 고찰로 탄생된 것이 파이겐바움의 TQC이다. 전사적 또는 총합적으로 품질을 생각한다는 것으로 우리가 만들고 있는 제품의 품질은 소비자가 요구하는 품질을 설계하는 것으로부터 시작하는 것이며, 제품이 소비자에게 전달되어 만족될 때까지 보장되어야 한다고 생각하고 있다.

파이겐바움의 TQC는 기본적으로는 슈하르트의 통계적 품질 관리를 원조로 하여 여기에 데밍의 서클 개념이 가미되고, 주란의 경영 개념이 이론적 개념을 이루면서 실증적인 연구의 산물로 태어난 것이다. 이것은 우리 산업계의 일각에서 벌어지고 있는 'SQC만이 품질 경영이다.' 또는 '품질 경영에 통계가 무슨 필요가 있는가?'라는 등의 품질 경영에 대한 논란에 해답을 제시하는 것으로 생각된다. 품질 경영은 필연적으로 전 부서, 전 사원, 전 계층이 참여하는 토털 운동이어야 한다. 그렇다고 통계적 기법은 경시하거나 무시해도 된다는 것을 뜻하지는 않는다. 또한 품질 관리는 곧 통계학이라는 식의 경직된 사고에서도 벗어나야 한다. 통계를 위한 경영이 아니라 통계는 경영의 효율을 높이기 위한 수법일 뿐이라는 것이다.

파이겐바움은 1961년에 출간된 그의 저서 『Total Quality Control』에서 품질 관리의 진화 단계를 [그림 12-2]에서 보는 바와 같이 5단계로 구분하고 있다. 품질 관리는 1, 2차대전을 전환점으로 그 단계를 구분하는데 최종적으로 TQC로의 전환이 필수적임을 보여준다.

· 1단계 : 19세기 이전의 수공업 단계로 작업자가 자기가 만든 것을 확인하던 검사 개념 부재 단계
· 2단계 : 근대적 공장 개념의 등장으로 직장 제도가 신설되면서 직장이 지시를 확인하던 검사 개념 도입 단계
· 3단계 : 1차대전 중의 시장 생산 시스템의 단계로 감시 요원이라는 전문직에 의한 검사 개념 정착 단계
· 4단계 : 2차대전 중의 대량 생산 시스템이 가동된 단계로 통계적 품질 관리에 의한 품질 관리 효율화로 발췌 검사 개념의 SQC 도입 단계
· 5단계 : 전사적 노력으로 완전 제품을 제작하기 위한 전사적 참여의 TQC 단계

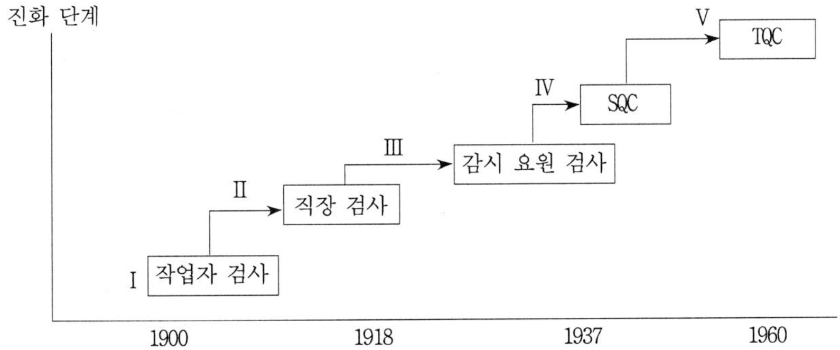

[그림 12-2] 품질 관리 진화 단계

TQC 개념의 변천 과정

파이겐바움에 의하면 'TQC는 고객에게 충분히 만족을 줄 수 있는 한도 내에서 가장 경제적으로 품질 수준의 제품을 생산하고 판매하기 위해 조직 내의 여러 그룹이 수행하는 품질 개발, 품질 유지, 품질 개량의 노력을 하나로 묶어서 효과를 내려는 종합적인 시스템'이다. 여기서 말하는 시스템은 품질 검사부와 같은 전문 조직만이 아니고 전 사, 전 부문, 전 계층의 전원 참가의 활동이 아니면 안된다.

곧 종래의 개별 활동으로 해왔던 구매품 관리, 공정 관리 검사 등의 활동을 종합적인 품질 관리 활동으로 하자는 뜻이다. 여기서 파이겐바움은 산업의 제조 공정 사이클을 다음과 같이 8단계로 구분하고, 이러한 사이클의 각 공정에서 종합적 품질을 추구하는 것을 TQC로 정의하고 있다.

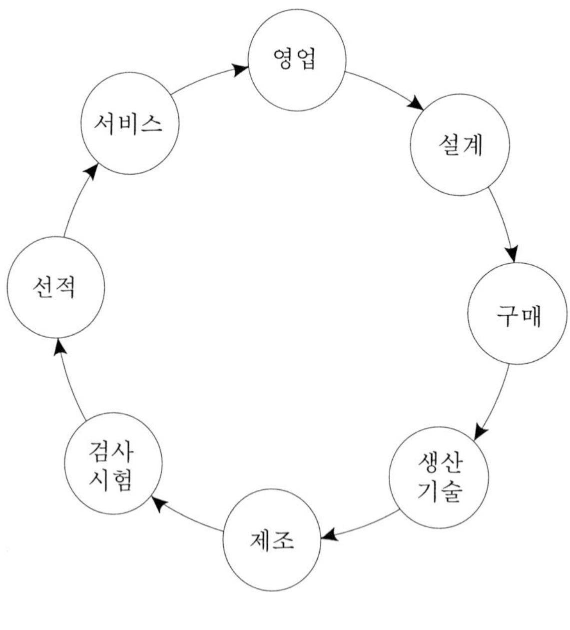

[그림 12-3] 파이겐바움의 TQC 8대 기능(수평적 토털)

이러한 파이겐바움의 TQC 개념이 발전하여 유럽에서는 제품의 제조 공정

사이클뿐 아니라 경리, 노무, 인사 분야의 전사적 품질 관리 활동으로 확장된 개념을 갖게 되었는데 이를 ICPQ(Integrated Control of Product Quality)라고 한다. 이러한 TQC 개념이 일본으로 전파되면서 [그림 12-4]와 같이 일본 특유의 수직적 종속 개념의 유교 사상과 결합되어 최고 경영자에서부터 일선 작업자에 이르는 수직적 토털 개념에서의 TQC가 탄생하게 된다. 기존 파이겐바움의 TQC가 수주에서부터 제조, 서비스에 이르는 기능적 결합으로 연결되는 수평적 토털을 추구하는 데 반해서 일본식 TQC는 최고경영자에서부터 중간 간부를 거쳐 일선 종업원에 이르는 수직적 토털이 기조를 이루는 것이다. 1969년 세계 최초의 품질관리국제회의(ICQCC)가 일본에서 개최되어 일본식 품질 관리를 기존 파이겐바움의 TQC와 구분하여 전사적 품질 관리(CWQC : Company Wide Quality Control)라는 개념이 사용되기 시작하였다.

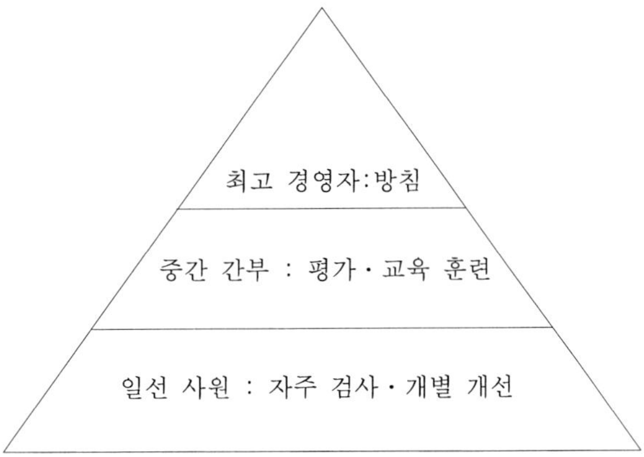

[그림 12-4] 일본식 TQC 기능(수직적 토털)

파이겐바움의 품질 시스템

다음에 다룰 ZD(무결점)와 연결되어 품질 관리 운동은 1970년대에 이르러 새로운 국면을 맞게 된다. 그것은 제품, 공정, 서비스가 주어진 필요 조건을 만족시키도록 하는 계획, 활동 그리고 사건을 나타내는 통합 용어로 품질 시스템이라는 용어가 파이겐바움에 의해서 정의된 것이다.

파이겐바움은 "효과적이고 통합된 기술적·관리적 절차를 문서화하고, 회사 전반적으로 그리고 공장 전반적으로 동의된 운영 구조로서 고객의 품질 만족과 품질의 경제적 비용을 보증하는 가장 바람직하고 실용적인 방법으로 회사와 공장의 인력, 기계, 정보들의 일치된 활동을 이끌어 내기 위한 것이다." 라고 정의하고 있다.

또한 파이겐바움은 품질 경영 효과의 척도로서 예방 비용과 평가 비용을 포함하는 관리 비용과 내·외부 비용이 포함되는 실패 비용으로 품질 비용을 양분하고 품질 경영의 본질과 평가의 지표를 제기하고 있다. 그러한 분석 결과를 토대로 최근의 품질 향상의 많은 부분이 전통적인 품질 관리 검사 영역 안에 있는 것이 아니라 밖에 있다는 것을 지적하고, 품질 경영은 이러한 조직체의 전반적인 문제점의 중요성을 인식하고 많은 수의 기계와 다량의 정보를 활용해서 다수의 노력을 총체화하기 위한 효과적인 방법을 추구하는 시스템이라고 정의하고 있다.

또한 품질 문제의 계층별 심각성에 대한 질문에 대해 사례 연구를 통해서 경영면의 오류가 작업자면의 오류를 초과하고 있음을 보여주고 있다. 이것은 품질 문제의 80%가 경영 관리적 오류에서 기인된다는 1966년의 주란의 주장과 일치하는 결과이다.

파이겐바움은 컴퓨터를 활용하는 품질 시스템으로서 CAQ(Computer Aided Quality)의 개념을 '부품과 생산품을 설계하고 그 제조를 유도하는 설계 데이터 베이스와 부품과 제품에 대한 검사를 일체화 하는 시스템'으로 정의하고 있다.

파이겐바움이 주장하는 바와 같이 세계화의 대세 하에서 우리의 산업계가 당면하게 될 어려움에는 다음과 같은 세 가지 측면이 있다.

1. 소비자들은 계속해서 품질에 대한 요구를 증대시킬 것이다.
2. 고품질에 대한 요구로 말미암아 현재의 기법들은 머지않은 장래에 진부화될 것이다.
3. 품질 비용이 증대될 것이다.

이러한 산업계의 어려움을 해결하기 위해서는 적어도 다음과 같은 품질 관리에 대한 다섯 가지의 오해에서 벗어나야 한다.

1. 품질이 좋다는 것은 고가품을 뜻한다.
2. 품질을 좋게 하려면 이익은 커녕 엉뚱한 돈이 들어간다.
3. 품질은 제조 부문의 작업자의 일이며 경영, 관리자에게는 책임이 없다.
4. 품질은 검사에서 만들어지는 것이다.
5. 품질은 무형의 것으로 측정할 수 없다. 그러므로 목표값을 정해서 그것을 달성하는 방침 관리와는 관계가 없는 것이다.

이와 같은 우리 산업계에 팽배한 품질 관리에 대한 오해에서 벗어나는 길, 또는 기법 중심의 품질 관리에서 품질 시스템을 구축하고 품질 전략을 강구하는 것이 곧 파이겐바움의 TQC를 도입하는 것이라는 데 유의할 필요가 있다.

연습문제

1. TQC란 무엇인가?
2. 파이겐바움의 자주검사에 대해 기술하시오.
3. 파이겐바움의 품질 관리 진화 단계에 관하여 기술하시오.
4. 파이겐바움의 제조 공정 사이클의 8단계에 대해 기술하시오.
5. 파이겐바움의 TQC와 일본식 TQC의 차이점을 기술하시오.
6. 산업계의 품질 관리에 대한 오해들에 관해 기술하시오.
7. 파이겐바움의 Total Quality Control에서 Total의 의미를 기술하시오.
8. 파이겐바움이 정의한 품질시스템의 의미를 적으시오.
9. 파이겐바움의 TQC에 관한 본인의 의견을 적으시오.
10. 파이겐바움의 이력을 본문에서 적으시오.

제 13 장

이시가와의 품질관리 분임조 (1962년)

역사상 가장 생산적인
그룹 활동을 들자면 그것은
1962년 이시가와 가오루(石川馨)
에 의해서 제안된 일본의 품질
관리 분임조 활동일 것이다.
일본은 이 활동을 통하여 제품의
품질을 세계 최고로 만들었으며
일본의 국가경쟁력을 세계 제일로
이끄는 원천이기도 했고 이제는
우리나라를 비롯하여 미국 등 선진공업국
50여 개국에서 실시되고 있는 그룹
활동이다. 여기서 품질 관리 분임조란 같은
직장 내에서 품질 관리 활동을 자주적으로
실천하는 작은 그룹이다. 일본 품질관리분임조
강령에 의하면 이 작은 그룹은 '전사적 품질
관리 활동의 일환으로서 자기 개발, 상호 개발을
실천하고 QC 수법을 활용하여 직장의 계속적인
관리 개선으로 전원이 참가하여 실천한다.'고 정의하고 있다.

Quality Control Circle

소집단 활동

사회학자인 보토(Bernard De Voto)는 1950년에 그의 저서에서 지금까지 그룹 활동을 갖지 않았던 사회는 역사상 존재하지 않았다고 기술했다. 원시시대에는 공동으로 사냥하기 위해 사냥꾼 그룹을 형성하였으며, 근래에는 직장 내에서 같은 운동을 좋아하는 사람들끼리 운동팀을 구성하기도 하고, 그룹원의 멤버십에 긍지를 가지고 그룹의 표준에 순응하며, 그룹을 거부하는 것을 절대적인 반역죄로 치부하고, 그룹 안에서 활동할 때만을 미덕으로 간주하는 동기부여 매체로서 그룹을 형성하여 왔던 것이다. 이 그룹은 외부의 침입으로부터 자신을 공동으로 방어하기 위해 존재한 적도 있고 반대로 공격을 위해 존재한 적도 있다. 때로는 깡패 집단과 같이 파괴적인 면도 있고 지극히 생산적인 면도 있다. 이러한 의미에서 인간을 사회적 동물이라고 했다.

그런데 이러한 그룹 중에서 역사상 가장 생산적인 그룹을 든다면 그것은 1962년 이시가와 가오루(石川馨)에 의해서 제안된 일본의 품질 관리 분임조 활동일 것이다. 이것은 일본 제품의 품질을 세계 최고로 만든 조직 활동인 동시에 일본의 국가경쟁력을 세계 제일로 끌어올린 원천이기도 했으며 이제는 우리 한국을 비롯하여 미국 등 선진공업국 50여 개 국에서 실시되고 있는 그룹 활동이다. 여기서 품질 관리 분임조란 같은 직장 내에서 품질 관리 활동을 자주적으로 실천하는 작은 그룹이다. 이 작은 그룹은 '전사적 품질 관리 활동의 일환으로서 자기 개발, 상호 개발을 실천하고 QC 기법을 활용하여 직장의 관리 개선을 전원이 계속적으로 참가하여 실천한다.'고 일본 품질관리분임조 강령에서는 정의하고 있다.

일본에서의 품질 관리 분임조의 탄생

일본의 품질 관리는 2차대전이 끝난 후 미 군정청의 협조로 데밍, 주란 등을 비롯한 미국의 품질 관리 전문가에 의해서 시작되었는데 처음에는 경영자와 관리 사원 교육을 중심으로 실시되었다. 그러나 품질은 관리자가 만드는 것이 아니라 일선 작업자들에 의해서 만들어지는 것이기 때문에 이들을 교육할 필요성을 절감하게 되었다. 그런데 일선 직원 교육은 많은 인력을 필요로 했고 여기서 대량 교육 방법으로 착안한 것이 1956년부터 NHK방송을 동원한 일선 사원 교육이었다. 그 후 1960년, 귀로 듣고 배우는 품질 관리에서 직조장을 위한 품질 관리 교재 두 권이 이시가와에 의해서 만들어졌는데 내용은 히스토그램이라든지 표준편차 검추정의 일반 이론에 관한 것이었다.

1962년, 이를 확산할 목적으로 이시가와는 계간으로 일본과학기술연맹이 발행하는 『품질 관리』의 자매지인 『현장과 QC』라는 잡지를 창간하게 되었는데 이것은 후에 『FQC』라는 잡지명으로 바뀌어 지금까지 발간되고 있다. 여기서 F는 직장(Foreman)이라는 의미로 붙여진 것이다.

이시가와는 편집 방침을 세 가지로 천명하였는데

1) 읽기 쉽게 한다.

2) 가격을 싸게 한다. 왜냐하면 그 당시는 책값이 비싸서 회사에서 교육에 필요한 책들을 사주었는데 그렇게 되면 공짜라는 생각이 들어 공부를 안 하게 되므로 직장들이 자기 돈으로 사서 볼 수 있도록 연간 4권에 600엔으로 하였다.

3) 여러 명을 그룹으로 하여 윤독회(輪讀會)를 통해 공부할 수 있도록 한다.

라는 것이었다.

여기서 여러 명이 모여 윤독회를 하는 그룹으로 출발한 것이 품질 분임조이다. 지금은 품질 분임조가 개선 활동을 하는 그룹으로 발전되었지만 최초의 발생 동기는 자주적으로 공부를 하는 자기개발 활동이었던 것이다. 그것이 발전해서 상호개발로 발전하고 이를 통해서 기업을 혁신하며 영속성을 확보하고, 나아가서 일본 국가 경쟁력의 원천인 작은 그룹으로 발전하였다.

이러한 이시가와의 주창에 의해서 1962년 5월에 최초의 분임조로서 일본전전공사의 마쓰야마 반송기(搬送機) 분임조가 탄생하게 되고, 1962년 '제1회 직반장 품질관리대회'가 일본과학기술연맹 주최로 개최되었다. 1963년에는 일본과학기술연맹 내에 QC 서클 본부가 설립되었으며, 같은 해 5월 일본 센다이에서 제1회 QC 분임조대회가 개최되고 각지에 품질 분임조 지부가 결성되었다. 이후 품질 분임조 활동은 목적에 따라 [그림 13-1]과 같이 여러 형태로 발전하게 되는데, 미국의 ZD(무결점) 운동이 일본에 보급되면서 ZD 그룹, 자주관리 활동을 위한 그룹, TPM 분임조, 재해 제로 참가 운동 그룹 등으로 발전하면서 일본 민족 특유의 군집성과 일치되어 많은 발전을 하게 된 것이다. 일본사람과 1 대 1로 싸우면 이길 수 있으나 10 대 10으로 싸우면 어느 나라도 일본 국민을 당할 수 없다는 일본 특유의 국민성에 자생해서 일본의 생산성이 이룩된 것이다.

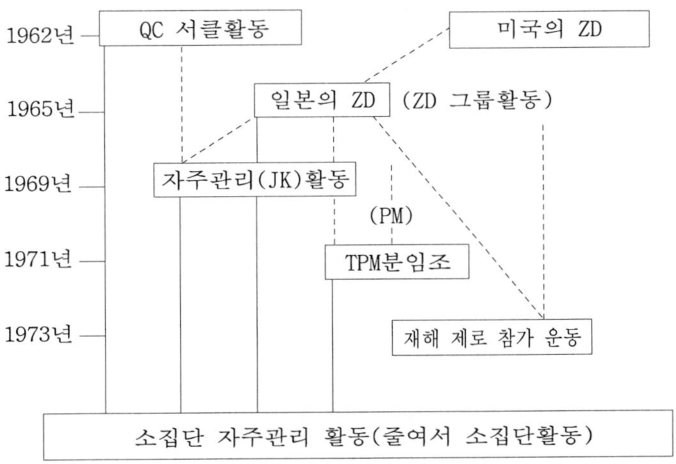

[그림 13-1] 일본의 대표적 소집단(분임조) 활동

이렇게 일본에서 성공한 품질 분임조 활동은 우리나라뿐 아니라 동남아, 그리고 미국을 위시한 선진국 등 45개국에 확산되었다.

우리나라의 분임조 활동은 한국표준협회를 중심으로 한 품질 분임조 활동과 새마을 본부를 중심으로 한 공장새마을 분임조 활동으로 양분되어 발전하게 되는데 품질 분임조 활동은 각개 기업을 통해서 산발적으로 진행되다가 1970년 품질관리학회 주최로 전국 제1회 QC서클대회가 개최되면서 그 면모를 갖추게 되었다. 그 후 1973년 공업진흥청이 설립되면서 제 궤도로 진입하여 1975년부터 공업진흥청이 주최한 제1회 QC서클대회가 시작되면서 업계에 급속히 확산되었다.

공장새마을 분임조는 1974년의 공장새마을 추진책으로 발족되면서 기업체에 보급되기 시작하여 1978년 상공부 및 공장새마을 추진본부 주최 전국새마을 분임조 경진대회가 개최되어 불이 당겨지기 시작했다. 그러나 이러한 와중에 공업진흥청 중심의 품질 분임조와 공장새마을 분임조가 양립하게 됨에 따라 기업간에 갈등이 심화되어, 1982년 3월 25일, 상공부 훈령 기업 1303. 5-280호에 의해서 공장새마을 일원화 시행 지침에 의해 공장새마을 분임조로 품질 분임조 운동이 일원화되는 불행을 맞게 되었다. 그 후 1982년 11월, 공장새마을을 주관하는 상공회의소 주최로 공장새마을 품질 관리 표준화대회가 주최되다가 새마을본부의 기구가 축소되면서 품질 분임조 활동은 다시 표준협회 주관 아래 치르게 되고, 전 산업의 80%에 이르는 기업이 품질 분임조 활동을 하는 경지에 이르게 되었다. 그러나 최근에는 ISO 9000 인증 제도가 도입되고 품질 경영 운동이 확산되면서 기능직 종업원을 중심으로 활동하던 품질 분임조 활동이 관리자뿐 아니라 임원이 참여하는 전사적 품질 분임조로 발전되었다.

미국의 경우 품질 분임조가 도입된 것은 1970년대 초반이고(1978년에 약 25개 회사가 실시하고 있었음), 그 후 북미 기업의 70%가 품질 관리 분임조 형태의 그룹 활동을 채택하는 등 활발한 활동을 보이고 있다.

이시가와 가오루의 경력

이시가와 가오루는 다구찌와 함께 일본의 품질 관리 학계를 양분하는 거두로서 1925년에 일본 도쿄에서 출생하여 1939년 도쿄제국대학 응용화학과를 졸업하고 일본액체연료주식회사에 입사하여 첫 직장 생활을 시작하게 된다. 그러나 2차세계대전이 일본의 패배로 끝난 후 1947년 해군 단기기술사관학교 교수를 거쳐 도쿄대학 공학부 교수로 일본 품질 관리 분야에 혁혁한 공헌을 하게 되는데, 같은 해에 직조장을 위한 품질 관리 텍스트를 저술하는 등의 활발한 저술 활동을 통해서 미군정청 자문관인 데밍이나 주란 등이 철수한 이후의 일본 품질 관리를 선도하였다.

그 후 1976년 도쿄대학 명예교수를 거쳐 도쿄 이과대학 교수로 부임하게 되고, 1978년 무사시공업대학 학장에 취임하여 오늘날에 이르게 되었으며 일본 역사상 최초로 데밍상 2회 수상을 비롯하여 미국품질관리협회 그랜드상 및 일본경제신문의 품질 관리 문헌상을 수상하는 등 일본 품질 관리의 산증인이라고 해도 무방할 것이다.

이시가와는 이러한 본인의 경험을 바탕으로 품질 관리 분임조 활동의 10원칙과 현장 QC 성공 10원칙을 다음과 같이 발표하였다.

◎ 품질 관리 분임조 활동 10원칙

1. 직반장을 중심으로 각 직장마다 전 종업원을 포함하여 서클을 편성한다. 사람 수가 많아지면 몇 개의 서브 서클로 나눌 것, 사람 수는 많아야 15인 이하, 4~5인도 좋다.
2. 전원 참가하여 자주적·자발적으로 활동한다.
3. 직반장의 리더십을 높이고 관리 능력을 강하게 한다.
4. 공부를 잊지 말라.
5. 전원이 자유로이 발언할 수 있는 분위기를 만든다.
6. QC 서클 활동을 항상 끈기 있게 추진한다.
7. 사내 QC 서클대회를 개최한다.
8. 개인적으로 (현장과 QC)잡지를 구독한다.
9. QC 서클은 본부에 등록한다.
10. 서클대회 등에 적극적으로 참가한다.

◎ **현장 QC 성공 10원칙**

1. 전원협력, 전원참가
2. 열의 의욕, 품질 의식
3. 일상 관리의 강화
4. 철저한 끈기
5. 창의, 노력
6. 계획성
7. 항상 문제의식을 가져라
8. 자주관리
9. 자주검사
10. 교육, 훈련

연습문제

1. 품질관리 분임조란 무엇인가?
2. 이시가와 가오루의 이력을 본문에서 적으시오.
3. 이시가와 가오루의 품질 관리 분임조의 탄생배경에 대해 기술하시오.
4. 우리나라의 품질관리 분임조의 발전사를 간략하게 기술하시오.
5. 품질 관리 분임조 활동 10원칙은 무엇인가?
6. 현장 QC 성공 10원칙은 무엇인가?
7. 국내외 사업체의 분임조 사례를 나열하시오.
8. 사업체 이외의 일상생활에서의 분임조 활동 및 유사활동을 나열하시오.
9. 국내에서의 분임조 교육기관에 대해 나열하시오.
10. 분임조 활동에 대한 의견을 기술하시오.

제 14 장

마틴 사의 ZD운동 (1962년)

제임스 하버라는 1982년 2월 27일자 『뉴욕타임즈』에 '도요타 생산 방식은 ZD'라는 제호의 글을 통해서 일본 자동차 회사의 생산성이 뛰어난 것은 자동차 회사나 부품사들이 ZD를 실시하기 때문이라고 설명하고 있다. 일본은 결함을 예방하고 있는데 미국의 경우는 발견하고 있다. '일본 자동차의 평균 결함수는 0.7~1.5인데 반해서 미국 자동차는 3~5이다. 일본의 부품 재고는 2일 2시간분인데 미국은 10일분의 재고를 갖고 공장을 돌리고 있다'는 것이다. 여기서 그는 도요타 생산 방식의 선행 조건으로서 부품 업체의 ZD를 역설하고 있다. 그런데 아이러니하게도 이렇게 일본 품질 경쟁력의 원동력이 된 ZD운동이 사실은 미국의 마틴(Martin Marietta) 사의 오랜도 사업부에서 당시의 품질 관리 부장이던 크로스비(Philip Bayard Crosby)에 의해서 창안된 것으로 아이디어는 미국에서 내고 실용화는 일본에서 시킨다는 통념을 다시 한번 확인시켜 주었다.

Zero Defects

마틴 사의 ZD운동

1961년 마틴 사는 케이프 케네디 우주기지에서 가장 성공적인 미사일 발사 실험을 수행하고 있었다. 퍼싱 미사일의 1단계 6개의 발사는 완벽한 성공이었으며, 2단계 33개의 미사일 발사는 오직 4개의 미미한 부분적인 고장을 보였다.

이것은 전에 볼 수 없었던 대성공이었으며, 오랜도 사업부와 카나비랄 사업부의 검사원과 시험원들의 엄청난 노력과 투자의 결과로서 퍼싱 미사일의 복잡한 시스템을 이루고 있는 2만 5,000개의 부품들을 세심하고 정밀하게 검사한 결과였던 것이다.

납품된 물품에 대한 마틴 사의 검사가 용의주도하고 철저하다고 해도 모든 부품에 대해서 완벽하기는 어려웠으며 케이프 케네디 우주기지에서의 미사일 발사 실패 사례를 보면 1.5달러짜리 풀려진 밸브로 인한 바늘구멍보다도 작은 납땜의 불똥이 그 원인이었다.

미국항공우주국(NASA)의 인공우주비행센터의 책임자인 로버트 길루드 박사는 텔스타 인공위성의 뛰어난 성공은 5만 8,000개의 가능한 반도체 기기의 검사와 2,600번의 궤도 비행 실험의 결과라고 말하였는데 이것은 검사와 재작업, 재검사, 재실험을 반복하는 데 엄청난 비용을 지불한 결과였으며 여기에서 마틴 사는 새롭고 신선한 접근 방법을 찾으려고 노력하게 되었다. 기존 품질 관리 기법이 하나하나 검토되었으며, 비용을 절감하는 노력의 일환으로 각종의 방법이 동원되었다.

첫번째 노력은 모든 종업원들로 하여금 품질 관리 의식을 심도록 하는 것이었다.

6개월 이내에 합격 품질 수준(AQL : Acceptance Quality Level)보다 50% 이하로 불량률을 낮추는 그룹에 대해서 표창을 하는 운동이 마틴 사 오랜도 사업부에 주재하는 미 육군성 관리들의 참여 아래 진행되었다.

그럼에도 불구하고 케이프 케네디 우주기지에서 성공적인 비행 기록을 유지하기 위해서 미 육군성과 마틴 사의 검사팀은 결함 부품을 하나하나 정밀하게 검사해서 재작업을 하여야 했다.

이 운동의 결과 결함 부품의 수는 줄어들었으나 완전히 제거된 것은 아니어서 가끔 심각한 고장이 발생되기도 하였다. 물론 그 당시 상황으로는 대단히 양호한 상태였지만 마틴 사로서는 도전의 계기를 만들어 주었다.

미국에서 가장 정밀한 품질 보증 시스템을 보유하고 있다고 자부하던 마틴 사는 해답을 계속해서 찾는 동시에 근본적인 문제 해결에 더욱 큰 비용을 지출하면서 더욱 신중하게 검사하고 시험하는 작업을 수행해 왔다.

결국 1961년 12월 12일, 그 노력의 결과는 결실을 맺어서 퍼싱 미사일은 아무런 결함 없이 케이프 케네디 우주기지에 납품될 수 있었으며 육군성과 마틴 사의 검사팀은 마침내 무결점이 이루어졌다는 것을 실감하였다.

그러나 그것을 다시 반복하려면 할 수는 있으나 엄청난 검사 비용과 예방비용이 들 것이라는 것도 알게 되었다.

이 무결점이 실현된 직후 육군 소장 헐스트(당시 미 육군성 미사일사령부의 부사령관)가 마틴 사의 오랜도 담당 부사장 톰 월시에게 전화를 걸어서 실전배치용 퍼싱 미사일을 계획보다 한 달 앞당겨서 1962년 2월 중에 납품해 달라고 하였다. 월시 부사장이 일단 승낙은 했으나 그것은 큰 문제였다.

납기가 단축되어서 이제는 옛날과 같이 조금 결함이 있는 것을 만든 후 조금씩 재수정을 해 가는 방법으로는 절대로 납기를 맞출 수가 없었다.

이것은 새로운 도전이었으며 다음과 같은 내용이 곧 퍼싱팀에 전달되었다.

·퍼싱 미사일 세트 번호 7이 2월 중 납품 예정이며
·하드웨어 불일치 제로

· 문서의 불일치 제로
· 납품 후 10일 이내에 기기의 완벽한 조립과 가동 보장(일반적인 다른 시스템은 보통 90일임)

이러한 목표를 달성할 수 있는 방법을 아는 사람은 아무도 없었다. 그러나 다만 확실한 것은 과거의 모든 방법을 다시 재검토하는 것이었고, 이러한 규모의 시스템을 만드는 데 어느 한 부품도 빼놓을 수는 없는 것이었다.

여러 개의 부품을 조립하는 데에는 어느 정도의 시간이 항상 소요되며, 각각의 부품과 서브시스템을 검사하는 데도 시간을 단축할 수는 없었다. 시간을 단축할 만한 여유가 있는 것은 오직 재작업, 재검사, 재조립 과정에서였다.

그러므로 이 프로그램의 책임자는 작업자들에게 시간을 소모하는 오류를 절대로 범하지 않도록 당부하였다. 그 노력의 결과는 결실을 맺어 퍼싱 시스템은 1962년 2월 예정대로 폴트 실에 납품되었다. 더구나 그것은 하드웨어의 무결점과 서류의 무결점을 실현한 것이었으며 이 미사일 시스템은 24시간 내에 작동되었다.

이것은 대단한 성공작이었다. 비록 재작업과 재실험이 아직도 남아 있기는 했으나 이 수준은 과거에는 상상할 수도 없는 대단한 업적이었다. 마틴 사의 품질 관리 부장은 폴트 실과 케이프 케네디 우주기지에서의 성공 원인에 대해서 곰곰히 생각하게 되었다. 그러나 어떠한 결론도 얻어내지 못 하였다.

그러던 어느 날 오후, 갑자기 한 생각이 문득 떠오르게 되었다. 결함에 대한 관리자들의 태도에 문제가 있었던 것으로 관리자들은 무결점을 애초부터 기대하지 않았기 때문에 무결점이 달성되지 않는 것이지 만일 처음부터 완벽함을 추구했다면 달성될 수 있다는 자신감이 있었으리라는 것이다.

우리가 합리적이라고 여기는 수준의 결함을 인정할 때 결함은 그만큼 있게 되는 것이며, 그 결과의 존재를 인정하는 한 결함은 절대로 없앨 수 없다는 것이다. 즉 내가 놓치더라도 검사원이 발견하겠지 하는 안일한 사고가 존재하는 한, 완전성은 있을 수 없다는 평범한 결론에 도달하게 된 것이다.

하나의 단순한 동기로 각 개인의 오류가 사라졌다고는 할 수 없다. 그러나 한 사람 한 사람이 각자의 작업에 대해서 중요성을 인식하고 처음부터 작업을 올바르게 하려고 노력만 한다면 완전성의 추구도 먼 이야기가 아니라는 결론을 얻게 되었다.

여기에서 ZD 프로그램이라는 동기 부여 프로그램이 발족하게 되었다.

미국의 ZD운동

GE 사는 마틴 사에서 성공을 거둔 ZD 계획에 착안하여 다음 해인 1963년에 이 계획을 도입하였다.

처음 마틴 사에시는 제조 부문만을 대상으로 했으나 GE 사는 ZD 계획을 전 회사, 전 부분을 대상으로 모든 업무의 결함을 제로로 하도록 적용 업무를 확대하였다.

즉, ZD 계획의 발상은 마틴 사에서 시작했으나 전 부문으로 확대 적용하여 체계를 만든 것은 GE 사라고 할 수 있다. 그 후 마틴 사와 GE 사에서 커다란 성과를 거두는 것을 보고 1964년 초에 미국의 국방성이 ZD 계획에 눈을 돌렸다. 국방성에 군수품을 납품하는 회사는 ZD 프로그램을 실시하는 것을 구매조건으로 제시하여 품질 프로그램 요구사항(MIL-STD-9858A)이라는 표준을 정하고 그 부속기준 속에 ZD 프로그램의 실시사항이 포함되도록 했다.

국방성의 권고 이래 ZD 계획은 우주개발, 항공기, 전자관계 회사 중심으로 급격히 보급되기 시작했다. 그리하여 1965년 후반에는 전 미국에 2,500개 이상의 공장에서 ZD 계획을 실시하기에 이르렀고, 1966년 중에는 ZD를 실시하는 공장이 약 7,500개 업체가 되었으며, 1970년에는 숫자가 더 늘어났다.

당초 국방성의 권고에 의해서 군수 공장으로 보급되었던 ZD의 효과가 높이 평가되자 군수 이외의 일반 사업에도 확대되었고, 최근에는 전 산업이 ZD 계획을 도입하고 있

으며, 대기업이 솔선수범하여 도입·실시하는 동시에 협력 공장에 대해서 ZD 도입을 요청하고 적극적인 지도를 행하기 때문에 중소 기업에도 확대 보급되고 있다.

ZD만큼 급속도로 보급되는 예를 다른 경영 기법에서는 찾아볼 수 없다. 가치공학(VE)이나 경영과학(OR) 등의 경영 기법의 확산이 10년 정도 걸린 데 반해서 ZD는 3년이 채 되기도 전에 기하급수적으로 미국의 전 산업으로 보급되었다. 물론 여기에는 미 국방성의 ZD 계획 도입이 기폭제가 되었음을 부인할 수 없지만 ZD 자체의 우수성을 반증하는 예가 되기도 한다.

일본에서의 ZD운동

일본 경제계가 불황에 빠져 있던 1963년경, 미국에서는 국방성의 권고에 의해서 ZD운동이 전면적으로 확대·추진되는 시기였다.

이때 일본에서도 혁신적인 경영 기법에 의해서 불황을 극복하려는 대책과 기업 체질 개선의 검토가 행하여졌고, 1964년에는 미국에서 획기적인 성과를 거둔 ZD운동이 일본에 도입되었다. 일본에서는 처음 일본전기주식회사가 1965년 5월~10월 ZD운동의 발진대회를 가졌고 그와 때를 같이 해서 ZD를 연구하고 있던 일본능률협회에서는 이후 일본전기주식회사와 협력해서 일본에 새로운 운동을 추진하게 되었다. 그 결과 ZD운동은 일본적으로 토착화되어 급속히 보급·확대되기 시작했다.

미국에서의 ZD 계획이 일본으로 건너가 확대·보급되면서 ZD운동으로 탈바꿈을 하게 되었는데 그 운동의 내용은

·경영 기법의 새로운 개선책
·업무에 대한 새로운 사고
·노사의 융화
·생산성 향상과 원가 절감
·품질에 대한 신뢰성 향상

등으로 종래의 경영 기법을 한층 발전시킨 방향으로 전개하게 된 것이었다.

일본에 ZD가 도입된 지 1년 반 만에 일본능률협회와 일본전기의 협력에

의해서 일본 기업의 80%가 ZD운동의 내용을 알고 연구했던 것으로 조사되고 있다.

1967년 일본능률협회의 조사에 의하면 동경증권취인소의 상장회사(제3차 산업·전기·가스 제외) 1,010사 중 288사가 ZD운동을 전반적으로 실시하고 있고, 나머지 회사들도 전부 실시 방법을 연구 중이었다. 일본의 ZD운동의 실태를 알기 위해서 이 조사 내용을 자세히 살펴보기로 하자.

ZD운동은 회사만이 참가하는 것이 아니며 종업원 하나하나가 참가하지 않으면 의의가 없다. 그런데 ZD운동에 참가하고 있는 인원을 측정한 결과 합계 65만의 근로자가 참가하고 있었으며, 매월 증가 추세에 있었다.

ZD운동에 참가한 기업의 규모는 종업원 100인 정도의 중소기업부터 3만 명의 대기업도 있었고, 업종별로는 수산·식품·광산의 세 종류를 제외한 14업종 전부에 걸쳐 있었으며 전기 기기에는 50%의 보급률을 보여주고 있었다.

이처럼 ZD운동이 급속히 보급되고 있다는 것은 일본 산업이 국제화 시대에 부응해서 체질개선에 들어가고 있음을 여실히 보여주는 현상이라 하겠다.

크로스비의 약력

크로스비는 앞서 소개한 바와 같이 마틴 사에서 품질 관리 부장으로 근무하면서 ZD운동을 창시한 사람으로, 품질 경영에서 세계적인 권위를 인정받고 있다. 미국 ITT 사의 품질 담당 부사장을 지냈으며 QM의 기본 이념, 전개 방법을 체계화하였고 독특한 아이디어 창출로 예방을 위한 품질 향상, 즉 품질 경영 14단계 프로그램을 완성하여 ITT의 품질 계획의 기초를 확고히 하였다.

그 외에 독창적인 계획으로 'Buck a Day(하루에 1달러 벌기 운동)', 'A Cost Reduction Idea Program(원가 절감을 위한 아이디어 개발 계획)', 'Zero Defects-30(감독자와 8명~10명의 부하 직원들을 위한 충분한 자료가 들어있는 30일간의 프로그램)', 'Consumer Affairs(소비자 문제)', 'Environmental Quality Self-Audit(환경 조건 감시 제도)', 'Quality Management Maturity Grid(품질 완성 단계)', 'Make Certain(모든 것을 확실하게, 정확하게)' 등을 개발하였다. 1979년에는

플로리다의 윈터 파크에 Phillip Crosby Associate 사를 설립하여 기업의 품질 경영에 앞장서고 있으며 QM대학을 개설한 이래 IBM, GM, 3M, 웨스팅하우스, ITT, 시그네틱스, 듀폰을 비롯한 세계 300여 개 기업의 최고 경영자 및 관리자 2만 명이 졸업하였다.

팔만대장경에서 보여 준 한국인의 ZD 정신

우리 기업이 선진 기업으로 도약하기 위해서 필연적으로 넘어야 할 ZD의 강, 그러나 우리 기업이 끝마무리를 제대로 못하는 우리 작업자들과 함께 과연 그 강을 넘을 수 있을까 라는 물음에 확실하게 대답해 줄 수 있는 것이 있다면 그것은 팔만대장경에서 보여 준 우리 선조들의 ZD 정신일 것이다. 팔만대장경은 정확히 81,340경의 방대한 불사로서 고려 고종 때인 1236년부터 1251년까지 16년간 연인원 2만여 명을 동원하여 5,200만여 자에 달하는 글자를 목판에 새긴 대불사인 것이다. 소재로 쓰인 자작나무는 남해와 거제산으로 10여 년간 소금에 절이고 찌고 말리는 정성으로 균열을 방지하였으며, 부식 방지를 위해 옻칠을 하여 700여 년이 지난 오늘날까지 그 원본이 하나도 손상되지 않고 있다. 이러한 기술적 우월성도 중요하지만 우리를 경탄하게 하는 것은 1,000여 명의 각수들이 16년간 목각한 5,200만여 자의 글씨에는 오자와 탈자가 하나도 없다는 사실이다. 더욱 놀라운 것은 1,000여 명이나 되는 목각수들이 참여했음에도 불구하고 글씨 하나하나가 마치 한 사람이 쓴 것처럼 구양순체로 통일된 표준화의 극치라는 것이다. 더욱이 최근에 이를 번역해서 전산화하였는데 분류가 어찌나 완벽한지 입력하는 데에만 시간이 소모될 뿐 자료를 분류하거나 인덱싱을 하는 데에는 노력이 필요없었다고 한다. 그러면 이러한 현대 과학으로도 풀 수 없는 불가사의가 어디서 연유하는 것일까? 그것은 일자삼배(一字三拜)의 정성, 즉 글자 한 자를 새기고 세 번 절하면서 부처님의 법력으로 몽고의 병란으로부터 조국을 구하겠다는 정성의 산물이라는 것이다. 지성(至誠)이면 하사불성(何事不成)이라 했던가? 여기 팔만대장경으로부터 우리 민족의 ZD에 대한 한없는 자신감을 얻는다.

연습문제

1. ZD란 무엇인가?
2. ZD운동의 등장배경을 기술하시오.
3. 마틴 사의 ZD운동과 GE 사의 ZD운동에 대해 간략히 기술하시오.
4. 크로스비의 이력에 대해 간략히 기술하시오.
5. 국외에서의 ZD운동 사례를 찾아보시오.
6. 국내에서의 ZD운동 사례을 찾아보시오.
7. 국내의 ZD운동 교육기관을 찾아보시오.
8. ZD운동에 관한 본인의 의견을 기술하시오.
9. 일상생활에서의 ZD운동 및 유사활동을 기술하시오.
10. ZD운동을 전개할 때의 유의점을 기술하시오.

제 15 장

IBM 사의 MRP 운동 (1968년)

와이트(Oliver W. Wight)는 그의 저서 『Designing Effective Information System』에서 생산 관리 분야에서의 컴퓨터의 이용에 대해 다음과 같이 비관적인 견해를 피력하고 있다. "돌이켜 보면 1950년대의 생산 관리 분야는 컴퓨터의 활용으로 매우 밝은 장래가 약속된 것처럼 생각되었다. 그러나 현재로서는 컴퓨터에 찬사를 보낼 수 없다. 가능하리라 생각되었던 것들은 거의 실현되지 못했으며, 생산 관리 분야에서 컴퓨터를 도입·활용한 기업 중에서 성공했다고 할 수 있는 기업이 그리 많지 않다."

생산 관리 기법상에 이러한 비관적 견해를 완전히 바꾼 혁명이 일어났다면 그것은 1968년 IBM 사의 어릭키에 의해서 개발된 MRP(Material Requirement Planning) 개념일 것이다.

Material
Requirement
Planning

IBM 사의 MRP 시스템

20세기 들어 최고의 발명품을 꼽으라고 한다면 1946년에 개발된 에니악(ENIAC)이라는 최초의 컴퓨터를 들 수 있다. 이 컴퓨터에 의해서 인류의 생활 패턴이 바뀌었고 사고마저 완전히 변화되고 있다. 1950년대 중반 이후 많은 분야에서 컴퓨터를 도입함으로써 새로운 시스템을 구축하고 번영을 구가하고 있는 반면 가장 화려하게 활용할 수 있을 것으로 기대했던 생산관리 분야는 가장 답보 상태에 있다. 와이트(Oliver W. Wight)는 그의 저서 『Designing Effective Information System』에서 생산관리 분야에서의 컴퓨터의 이용에 대해서 다음과 같이 비관적인 견해를 피력하고 있다. "돌이켜 보면 1950년대의 생산관리 분야는 컴퓨터 활용으로 매우 밝은 장래가 약속된 것처럼 생각되었다. 그러나 현재로서는 컴퓨터에 찬사를 보낼 수가 없다. 가능하리라 생각했던 것들은 거의 실현되지 못했으며, 생산관리 분야에서 컴퓨터를 도입·활용한 기업 중에서 성공했다고 할 수 있는 기업이 그리 많지 않다."

이러한 비관적인 견해를 완전히 바꾼 생산 관리 기법상의 혁명이 일어났다면 그것은 1968년 IBM 사의 어릭키에 의해서 개발된 MRP(Material Requirement Planning) 개념일 것이다. 생산 관리의 개념이 값싸고 좋은 물건을 많이 만든다는 기존의 양산 개념에서, 필요한 것을 필요한 때에 필요한 만큼만 만든다는 시간차 개념으로 바뀌면서 컴퓨터를 활용해 이를 실천하고자 하는 재고관리의 혁신적 발상이 탄생한 것이다. 이러한 재고 관리의 혁신적 사고는 어느닷 갑자기 나타난 것이 아니고 1915년 해리스(F. W. Harris)가 경제적 발주량 기법을 발표한 이래 50여 년의 발전을 통해서 정착된 것이다.

재고 관리 기법의 발달

➢ 해리스의 경제적 발주량

계량적인 기법으로 처음 시도된 것은 1915년 해리스에 의해서 제안된 경제적 발주량(EOQ : Economic Order Quantity) 모델이다. 이것은 재고 모델의 진형적인 형태로서 다음과 같은 가정 아래 이용될 수 있었다.

· 발주 비용은 발주량의 크기와 관계없이 매 주문마다 일정하다.
· 재고 유지 비용은 재고량의 크기에 비례해서 발생한다.
· 구입 단가는 발주량의 크기에 관계없이 일정하다.
· 수요율과 조달 기간이 일정한 확정적 모델이다.
· 단일 품목을 대상으로 한다.

이상과 같은 가정 아래 [그림 15-1]에서 보는 바와 같이 발주 비용과 재고 유지 비용의 합계가 최소가 되도록 하는 경제적 발주량을 구하는 것이다.

[그림 15-1] EOQ 결정 모델

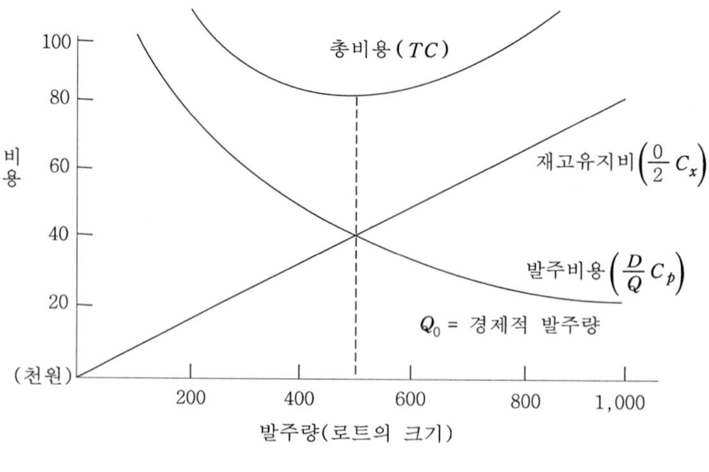

물론 여기서 상기의 다섯 가지 가정이 엄격히 적용되는 사례를 발견하는 것이 쉬운 일은 아니지만 아직도 기업에서 이를 활용하는 이유는 논리의 간편성 때문이다. 어떤 이는 해리스 공식 이후 단가 할인이 있는 재고 모형, 재고 부족을 고려한 재고 모형 등이 발표되었으나 지금까지 어떤 재고 모델도 이러한 경제적 발주 이론을 추월한 적이 없다고 단언하기도 한다.

이러한 경제적 발주량 개념에 부과해서 나타난 개념이 발주점(ROP : Reorder Point) 개념이다. EOQ가 얼마나 발주할 것인가를 제시한다면 ROP는 언제 발주할 것인가를 제시하는 개념이다. ROP를 산정하는 데는 수요율의 변동 여부, 조달 기간의 장단 등이 중요한 인자이며 특히 안전 재고를 얼마나 확보할 것인가가 가장 중요한 인자이다.

➢ 디키의 ABC 분석

ABC 분석은 GE 사의 자재부장이었던 디키(Dickie)가 1951년 7월에 창시한 방법으로 보는 바와 같이 미국에서 가장 많이 사용되고 있는 자재관리 기법이다.

[표 15-1] 미국 기업의 자재관리 기법

관리 기법	사용률
ABC 관리 방식	62%
EOQ 방식	56%
MRP 방식	47%
발주점 방식	32%
지수 평활법	30%
능력 계획	30%

미국공정 · 재고관리협회(APICS) 조사, 1973년

디키는 자재를 구매량의 크기 순서로 분류할 경우에 품목수로는 10% 미만에 해당되는 물품이 금액적으로는 70% 이상을 차지하고 있음을 발견하였다. 그래서 이러한 물품을 A품목으로 구분하고 나머지 25%에 해당되는 물품을

조사했더니 전체 금액적으로 25%임을 발견하고 이를 B급 품목으로 구분하였다. 그리고 나머지 품목수로는 65%나 점하는 물건으로서 금액적으로는 5%에도 미치지 못하는 물품을 C급으로 구분하여 재고 관리의 차별화를 도모하였다. 즉 A급 품목에 에너지를 집중하고 C급 자재에 대한 에너지를 감소시킴으로써 가치에 대응하는 노력의 투입이라는 효율적 관리를 도모했던 것이다.

이러한 개념이 디키가 처음은 아니었고 벌써 기원전 341년 그리스의 아리스토텔레스에서 그 연원을 발견할 수 있다. 그 후 1897년에 파레토(V. Pareto)는 소득의 분배 상태를 파악하기 위해서 소득순으로 나열하여 이를 해석한 파레토 법칙을 발표한 적이 있다. 이러한 파레토의 결과는 1905년 로렌츠(M. O. Lorenz)에 의해서 개량되어 부의 집중도 측정 방법으로서 로렌츠 곡선을 발표하였다.

그 후, 1951년 주란(J. M. Juran)에 의해서 파레토 그림이 품질 관리에 도입되었으며, 같은 해 디키에 의해서 재고 관리 기법으로 정착된 것이다. 이러한 ABC 분석 기법은 드러커에 의해 1963년 기업 전반에 확대·보급되었으며 그는 "사회 현상은 10~20%의 소수가 90% 이상의 영향력을 행사하고 있다. 그런데 기업은 자원 분배에서 효율성을 갖지 못함으로써 자원을 낭비하고 있다."고 주장하였다.

여기서 파레토 분석 또는 ABC 분석에 의해서 구분된 자재는 차별화를 통해서 적절한 관리를 해야 한다[표 15-2].

[표 15-2] ABC 분석에 의한 자재의 차별화 관리

자재 구분	A급	B급	C급
관리 정도	엄격 정밀 관리	정상 관리	대강 관리
구매 승인	최고 경영층	중간 관리자	하부 관리자
조달 우선 순위	최우선	긴급시 우선	
로트 크기	소량	중량	대량
발주 주기	주별	격주/월별	분기/반기별
안전 재고	소량	중량	대량
재고 조사	수시(정기)	주기적	간헐적

IBM의 MRP 기법의 태동

컴퓨터가 재고 관리에 이용된 것은 1950년대 중반 이후 IMPACT가 개발된 때부터이다. 그러나 그 당시는 컴퓨터의 용량도 작고 응용 방법도 충분히 연구되지 않아서 개별적으로 상호 연관성이 없이 이용되었다. 이때 개발된 IMPACT는 [그림 15-2]에서 보는 바와 같은 계획 단계와 실행 단계로 나누어 시스템을 구성하고 있었으며, 계획 단계에서 예측 모델과 주문 방침을 설정하고, 실행 단계에서 발주 시기와 발주량을 매일매일 결정하며 수요 예측도 하고 수입·불출·잔량의 기록을 유지하는 기능을 수행하도록 계획되었다.

[그림 15-2] IMPACT 시스템의 기능도

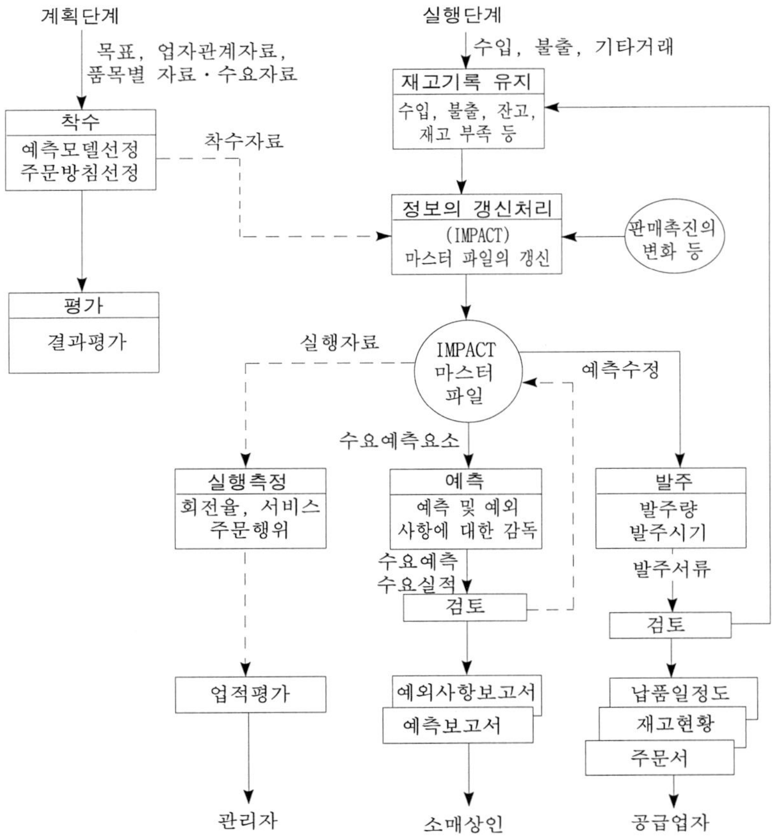

그 후 1960년대가 되어서야 비로소 이들 개개의 분야를 입출력으로 연결시키는 집적 개념이 도입된 것이다. 이것을 설명하는 것으로서 Vance Genzlinger의 모델이 있다. Genzlinger라는 의미에서 집적 시스템의 최초의 구체적 시도는 IBM 사가 1961년에 발표한 MOS(Management Operating System)이다. 그러나 MOS는 개념적으로는 우수했지만 현실적인 시스템으로서는 충분하지 못했다. 그 주된 이유는 그 당시의 컴퓨터인 IBM 650의 용량이 MOS의 개념을 소화하기에는 역부족이었기 때문이다.

MOS 이전에는 구매-조달 시스템, 자재-계획 시스템, 부품-재고 관리 시스템 등 개개의 시스템으로 독립되어 있었는데, MOS는 이러한 개개의 시스템을 조합한 것으로 개념적으로는 진일보한 것이었다. 먼저 생산관리라는 MOS 시스템의 토털 개념이 성립된 후에 각각의 개별 개념으로서의 서브 시스템을 설계하였다는 면에서 종래의 개념과는 판이했던 것이다. 그 후 이러한 개념이 발전되어 1967년 IBM 360이 발표되면서 [그림 15-3]과 같은 시스템으로 구성된 PICS(Production Information and Control System)가 개발되었다. IMPACT가 독립 수요의 가정 아래 기존 개념의 재고 관리 기법(예를 들면 EOQ/ROP 방식)을 기본으로 한다면 PICS는 종속 수요 개념의 MRP 개념을 최초로 도입하게 된 것이다. 종속 수요 개념이란 부품의 수요를 개별적인 수요로 파악하는 것이 아니라 완성품의 종속 개념으로 파악한다는 것을 의미한다. [그림 15-4]에서 보는 바와 같이 먼저 완성품의 생산 계획이 나오고 그에 따른 종속 수요로서 부품의 자재 소요 계획을 작성하는 것이다.

[그림 15-3] PICS 시스템의 구성

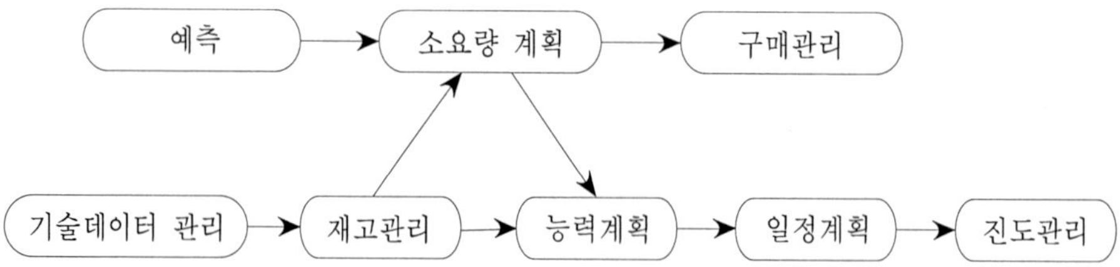

[그림 15-4] MRP 시스템에서의 입출력 자료

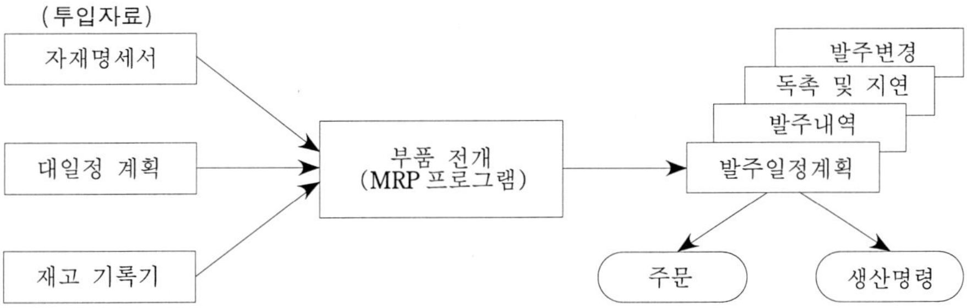

예를 들면, 자동차 바퀴의 수요를 자동차 바퀴로 독립시켜 파악하는 것이 아니라 자동차라는 완성품이 만들어지기 위한 부품으로서 자동차 100대가 조립되기 위해서는 자동차 1대당 5개가 소요되므로 바퀴의 소요량은 500개가 필요하다는 식으로 먼저 완성품의 생산 계획을 작성하고 그에 따른 종속 수요로서 바퀴의 소요량을 산출하는 것이다. 이것을 실현하기 위해서는 부품표(BOM : Bill of Material) 개념이 필요한데 1967년 IBM 360 컴퓨터에 부품표 처리 시스템이 개발되어 발표되면서 MRP 기법이 태동된 것이다.

MRP 기법의 발전

PICS 시스템이 개발되면서 MRP 기법이 생산 관리에서 차지하는 비중이 증대되었으나 PICS 시스템은 배치 방식으로서 일정 계획에 따라 재고 관리를 적절히 대응한다는 면에서 한계를 갖게 되었다. 여기에 MRP의 실시간 처리의 요구가 증대되었으며 이를 바탕으로 1972년에는 COPICS(Communication Oriented Production Information and Control System)가 발표되었다. COPICS는 종합화한 생산 관리 정보 시스템으로서 주문 및 수요 예측으로부터 대 일정계획의 작성을 비롯하여 제품의 생산, 출하에 이르는 전 과정을 12개의 모듈로 종합해서 다루는 시스템이다.

COPICS가 나오면서 MRP의 개념상에도 변화가 일게 되었는데 기존 개념은 단순히 말 그대로 자재 소요 계획(Material Requirement Planning)이었으나 이제는 자재 그 자체뿐만 아니라 생산 자원 계획(Manufacturing Resource Plannig)의 개념으로 한 차원 승화된 것이다. 여기서 우리는 전자와 같이 자재를 중심으로 한 MRP를 MRP I이라 하고 후자와 같이 자재뿐 아니라 사람, 설비를 포괄하는 생산 자원 전체를 포함하는 의미의 MRP를 MRP II로서 구분한다.

MRP 시스템을 한국 기업에 정착화시키기 위한 과제

이와 같이 생산 관리의 선진화된 MRP 기법이 미국을 비롯한 선진국에서 꼭 성공적인 것만은 아니다. 조사에 의하면 선진국에서 MRP를 도입한 기업 중 70% 이상이 실패한 것으로 보고되었다. 왜냐하면 MRP 자체의 문세보다는 생산 관리 그 자체에 문제가 있기 때문이다.

첫째, MRP 정착을 위해서는 생산 계획이 정확해야 하고 그 생산 계획이 정확하기 위해서는 수요 예측이 정확해야 한다는 것이다. 예를 들어 자동차 한 대가 변하면 바퀴의 수요는 5대가 변하고 볼트의 수요량은 30개가 변하는 등 완성품의 미세한 변화가 말단 부품의 수요에는 엄청난 변화를 초래하기 때문이다. 둘째, 수요상에 돌발 수요에 의한 생산 계획의 변동이 없어야 한다는 것이다. 셋째, 부품의 안정성이 있어야 한다는 것이다. 설계 변경이 심해서 부품표가 항상 변한다면 어려움이 예측된다. 넷째, 조달 물품의 조달 기간이 확정적이면서 안정되어야 한다는 것이다. 다섯째, 실재고와 현장 재고가 완전히 일치해야 하며 항상 파악이 가능해야 한다는 것을 의미한다.

위에 열거한 것 외에도 자동차의 에어컨디셔너와 같이 계절에 따라 부품표가 달라지는 경우 어떻게 해결해야 하는가 등 MRP를 정착시키기 위해서는 다루어야 할 문제가 산적해 있는 실정이다. 이렇게 많은 문제점에도 불구하고 지금과 같은 가격 파괴 시대에 재고를 감축시켜야 하는 입장에서는 어떠한 희생을 무릅쓰고라도 이 기법을 성공시켜야만 한다는 과제를 우리 기업들이 공유하고 있는 것이다.

연습문제

1. MRP I 과 MRP II 의 차이에 대해 논하시오.
2. MRP의 기본구조를 그려보시오.
3. MRP의 예를 들어보시오.
4. MRP와 주문점시스템을 비교하시오.
5. MRP의 발전과정을 나열하시오.
6. EOQ 모형을 유도해보시오.
7. MRP의 장·단점을 나열해보시오.
8. MRP의 등장배경에 대해 논하시오.
9. 재고관리기법의 발달과정에 대해 논하시오.
10. 앞으로의 MRP의 동향에 대해 논하시오.

제 16 장

일본전장(日本電裝) 사의 TPM (1969년)

도요타 사의 자회사로서 자동차 부품 메이커인 일본전장은 인건비 상승에 대한 대응책을 강구하고 국제 경쟁력을 높일 목적으로 조립 라인을 건설하고 자동화에 박차를 가하고 있었다. 그런데 자동화 라인이 되면서 설비 보전 문제가 심각하게 대두되기 시작하자 1961년부터 생산 보전을 도입해서 그 당시 자동화 라인의 보전 문제에 대응토록 했다. 그런데 이러한 생산 보전에 대한 한계를 인식하고 새로운 보전 방식을 추구하던 중 그 당시 미국의 파이겐바움으로부터 제기된 TQC의 토털 개념을 보전에 접목 시킬 생각으로 1969년부터 전원 참가의 보전 운동을 시작하게 되었다. 이것이 일본 최초의 TPM 운동이 도입되게 된 계기이다. 여기서 1969년은 동경 올림픽이 열린 1964년에서 5년이 지난 때로 올림픽이 끝난 후 노사 분규가 심해지고 기업은 대응 전략으로 무차별 자동화를 하는 상황이 서울 올림픽 이후 우리나라 기업의 환경 변화와 너무 유사하다는 것이다.

Total
Productive
Maintenance

공장 자동화와 보전 요구

미국의 『월스트리트 저널』은 1981년 1월 8일자 "많은 산업에서 설비 고장을 피하기 어렵게 되었다."라는 기사에서 "오늘날 미국 산업에서 지출하는 설비 보전 비용은 연간 350억 달러 정도가 되며, 소련은 200억 달러에 이르는데 이 비용은 매년 15~30%씩 증가 추세를 보이고 있다. GM의 현장 작업자 대 보전 관련 인원의 비율은 1940년대에 7.5 : 1이던 것이 현재는 5.6 : 1로 좁혀졌는데 2000년경에는 1 : 1에 이를 전망이다."라고 기술하고 있다.

또한 장치 산업의 대표주자라 할 화학회사인 듀폰 사의 응용기술본부의 프렌치(J. French)는 최근 한 기고문을 통해서 "미국의 기업체에서 매년 설비 보전 항목으로 지출되는 비용은 2,000억 달러를 초과하고 있으며 그 중 1/3이 관리 소홀로 인하여 낭비되고 있다."고 주장했다.

이러한 주장들의 사실 여부와 관계없이 우리나라에서도 최근 급진화된 자동화 추진 실적에 의해서 노동 장비율(1인당 설비 자산)이 1억 원을 초과한 기업들이 속출하고 있으며, 그에 따라 보전 비용이 전체 매출액에서 차지하는 비중이 급속히 증가하고 있다. 1993년 필자가 우리나라 상위 3,000개 기업 중에서 1,000개를 발췌해서 조사한 결과에 의하면 제조원가 대비 보전비 비율이 5.37%로서 미국의 5.9%, 일본의 6.1% 수준에 접근하고 있는 것으로 밝혀지고 있다.

또한 이 조사에서 밝혀진 바에 의하면 우리 기업에서 경영 혁신의 한 방법으로 TPM을 도입하고 있는 기업이 18.3%로서 1986년 조사 때의 4%에 비해서 설비 보전에 대한 관심이 급진적으로 고조되고 있는 것으로 나타나고 있다. 특히 장치 산업 중에서는 1/3 이상의 기업들이 TPM을 도입하는 등 설비 보전의 중요성이 점증되고 있다. 이러한 상황은 동경 올림픽을 치른 후에 그 후유증으로 노사 분규가 급격히 진행되고, 그에 따라 무차별 자동화가 진행됨에 따라 설비 보전의 중요성이 급부각되면서 TPM이 출현되던 1970년대의 일본 상황과 많은 유사성을 갖고 있다. 그런 의미에서 일본전장에서 탄생된 TPM의 역사를 연구하기 전에 일본 보전 발전사를 연구하는 것은 중요하리라 생각된다.

일본 설비 보전의 발전 과정

설비 보전 문제의 기원은 문헌에는 없지만 그 근원을 구태여 살핀다면, 인간이 최초로 도구를 사용하던 석기 시대로 거슬러 올라갈 수 있을 것이다. 그러나 아마도 설비 보전의 문제가 기업 경영의 과제로 부각된 것은 와트에 의해서 증기기관이 개발되고 공장제 수공업이 궤도를 잡으면서가 아닌가 생각된다.

그러나 보전 문제에 대한 최초의 기록은 농업에서 농기구를 수리하는 과정에서 나오게 된다. 즉 18세기 초 미국의 국부로 칭송받던 워싱턴(George Washington)이 그의 농장에서 필요한 농기구를 영국의 제조업자에게 주문하면서 차후 수리나 대체를 위해 준비할 예비부품에 대해서 호환성을 강조한 것이 보전에 대한 최초의 기록이다. 이 때만 해도 설비는 아주 귀중한 것으로 완전히 망가질 때까지 쓰는 것으로 인식되어 있었으며, 예방 보전이란 개념이 없고 다만 고장나면 수리한다는 사후 보전(BM : Breakdown Mainte- nance)만이 존재하고 있었다.

일본에서도 물론 명치 이후 산업화 사회가 구축되면서 급속히 공업화가 이루어지기는 했으나, 설비 보전에 대한 개념은 2차세계대전 후 미군이 진주하고 그들의 보전 개념이 도입되면서 예방 보전 개념이 정착되었다. 그 후 사후 보전 시대는 [그림 16-1]에서 보는 바와 같이 예방 보전(PM : Preventive Maintenance), 개량 보전(CM : Corrective Maintenance), 보전 예방(MP : Maintenance Prevention), 생산 보전(PM : Productive Maintenance)을 거쳐 오늘날의 TPM(Total Productive Maintenance)으로 발전하게 되었다.

예방 보전(PM : Preventive Maintenance)

보전 관리를 설비의 건강 관리에 비유한다면 예방 보전은 예방 의학에 해당된다. 이러한 예방 의학적 측면의 설비 보전은 첫째, 병에 걸리지 않도록 일상 관리(급유, 점검, 손질, 조정)를 확실히 하는 것, 둘째, 의사에게 정기적으로 점검을 받는 것, 셋째, 건강 진단 결과 병의 징후를 발견하게 되면 큰 병이 되기 전에 조기 치료를 하는 것으로 구성된다. 이러한 예방 보전은 일본의 경우 일부 기업에서는 오래 전부터 실시되었을 것으로 예상되며, 특히 군수 물자에 대한 예방 보전의 개념이 미 군정청으로부터 도입되었다.

사후 보전(BM : Breakdown Maintenance)

↓

예방 보전(PM : Preventive Maintenance)

↓

개량 보전(CM : Corrective Maintenance)

↓

보전 예방(MP : Maintenance Prevention)

↓

생산 보전(PM : Productive Maintenance)

↓

TPM(Total Productive Maintenance)

[그림 16-1] 일본에서의 보전의 발전 단계

최초로 PM이란 단어가 사용된 것은 1951년 동아연료공업에서 처음으로 미국식 PM을 도입할 때였으며 그 후 1953년에 PM을 실시하는 20개 회사들이 모여 PM연구회를 개설하고 이것이 발전하여 현재의 설비 관리 학회(JIPM)로 발전하는 계기가 되었다. 그 후 1958년 미국의 조지 스미스가 방일하여 PM을 일본에 보급하였다.

개량 보전(CM : Corrective Maintenance)

예방 보전 사고를 발전시키면 고장이 나지 않도록 미리 설비를 개량시키는 것이 한층 효과적이라는 사고를 갖게 되는데 이를 개량 보전이라고 한다. 개량 보전이란 고장이 나지 않도록 일상 보전·검사·수리 등이 용이하게 설비를 개량하는 것을 말하며, 여기서 CM의 C 즉 Corrective는 '고치다'는 의미로, 고장나면 고친다는 의미와 고장나지 않도록 설비를 개량한다는 뜻이 있는데 여기서는 후자의 의미로 쓰인 것이다.

보전 예방(MP : Maintenance Prevention)

예방의 의미를 생각할 때 설비를 설계할 때부터 근원적으로 고장나지 않는 설비로 설계하여 '보전이 불필요한 설비'를 만들 필요가 있는데 이를 보전 예방이라 한다. 이는 신뢰성 공학, 보전성 공학 등의 전문 공학이 보전 관리에 도입되면서 활기를 띠게 되는데 1960년에 처음으로 일본에서 개최된 메인터넌스 쇼가 계기가 된다. 그 후 1962년 일본능률협회가 제1회 방미 시찰단을 파견하면서 설비 관리 기법이 미국으로부터 본격적으로 도입되었으며, 이를 계기로 1963년 런던의 국제설비회의에 일본 대표단을 파견하였고, 1968년에는 뉴욕의 국제설비관리회의에 대표단을 파견하게 되었다. 이에 본격적으로 설비 관리 문제가 연구되기 시작한 것은 1969년 일본설비엔지니어링협회(JIPE : Japanese Institute of Plant Engineer)가 설립된 이후이다.

생산 보전(PM : Productive Maintenance)

1954년 미국의 GE 사가 '돈을 쓰는 보전'에서 '돈을 버는 보전'으로 개념을 바꾸면서 '생산성이 높은 보전'이라는 생산 보전(PM : Productive Maintenance) 개념이 주창되었다. 이때 예방 보전이 과연 경제적일 수 있을지에 대해 많은 의구심을 가져 왔던 경영자들에게 '설비의 전 생애 비용 분석(Life cycle cost analysis)을 통해서 설비의 열화 비용과 열화를 회복시키기 위한 보전비의 최소를 추구하므로 생산성이 있는 보전'이라는 것을 이해시킴으로써 발전된 생산 보전의 개념은 적극적인 호응을 얻기에 충분하였다. 특히 당시 일본은 동경 올림픽을 계기로 노사 분규가 극심해졌었고 이를 타개할 목적으로 무차별적인 자동화를 함으로써 노동 장비율이 급격히 증가하였고 이에 경영자들의 관심이 보전 문제에 쏠리기 시작한 시점이었다. 이러한 상황과 맞아 떨어지면서 생산 보전 개념은 급속히 보급되었다.

일본전장의 TPM

도요타의 자회사로서 자동차 부품 메이커인 일본전장은 인건비 상승에 대한 대응책을 강구하고 국제 경쟁력을 높일 목적으로 조립 라인을 건설하고 자동화에 박차를 가하고 있었다. 그런데 자동화 라인이 되면서 설비 보전 문제가 심각하게 대두되기 시작하여 1961년부터 생산 보전을 도입하여 자동화 라인의 보전 문제에 대응하도록 하였다. 그런데 이러한 생산 보전의 한계를 인식하고 새로운 보전 방식을 추구하던 중 그 당시 미국의 파이겐바움으로부터 불기 시작한 TQC 개념에서의 토털 개념을 보전에도 접목시키고자 1969년부터 전원 참가의 보전 운동을 시작하게 되었다. 이것이 일본에서 최초로 TPM(Total Productive Maintenance) 운동이 도입된 계기가 되었다.

보전 문제가 이렇게 크게 부각된 측면에는 또다른 이유가 있었다. 즉, 일본전장의 모기업인 도요타 사에서 JIT(Just In Time)를 도입함에 따라 필요한 물건을 필요한 때에 필요한 만큼만 생산해서 납입하도록 한 것이었다. 그런데 이러한 JIT가 성립되기 위해서는 절대적으로 불량품을 줄이지 않으면 안 되었으므로 우선 불량 제로의 TQC를 실시하는 것에서 시작하여 마침내는 일본의 품질 관리 대상인 데밍상을 수상하는 경지에까지 이르게 된다. 그러나 그 이후 TQC 운동은 한계에 부딪치게 되는데 설비의 고장으로 생산이 정지된다거나 설비 내 장치의 트러블에 의해서 불량이 속출하다 보니 품질 보전 개념의 정착이 제일의 과제가 된다.

또한 자동화 설비가 급증함에 따라 운전 요원의 수는 줄었으나 보전 요원의 수가 급증하여 자동화의 경제성 자체에도 문제가 발생하게 되었다. 그래서 작업자들로 하여금 설비의 일상 보전 업무를 담당하도록 하였으며 또한 언제 발생할지도 모르는 설비의 이상 징후를 발견하여 긴급 조처를 강구하도록 함으로써 고장이 2차, 3차로 진행되는 것을 막도록 하고 돌발 고장으로 인한 생산 로스와 불량 제로를 추구하였던 것이다. 이렇게 하여 여유가 생긴 보전 요원들은 자동화 설비에 대응하는 고도의 보전 기술을 개발함으로써 개량 보전의 기틀을 만들고, 최종적으로는 보전 제로화에 노력한 결과, 전사적인 체질 개선에 기여하게 된 것이다.

[그림 16-2]에서 볼 수 있는 바와 같이 JIT와 TPM은 철저한 낭비를 제거한다는 면에서 그 맥을 같이 하고 있으며 TPM 없이는 도요타 생산 방식은 없다고 해도 과언이 아닐 것이다. 이는 도요타 계열사들이 서로 경쟁하며 TPM을 도입하고 PM상에 도전하고 있는 현실에서도 잘 말해 주고 있다.

일본에서는 1964년부터 PM우수상 심사를 실시하여 오고 있었는데 1971년 일본전장을 심사하러 갔던 심사위원들은 일본전장의 보전 관리 시스템이 타사에 비하여 발군의 실력을 보이는 것을 발견하게 되었다.

자동화 시대, 인간 존중의 시대에 걸맞는 새로운 보전 개념의 전개를 발견한 심사위원들은 이것을 일본전장에 국한시키지 않고 1969년에 발족한 JIPE(일본설비관리협회)와 공동으로 전국적으로 보급하기 위한 운동으로 전개하기에 이르렀다. 이러한 이유로 TPM의 발생 연대를 일본전장이 최초로 이 운동을 전개한 1969년으로 소급 적용하기도 하고, 또 한편 PM상 수상을 계기로 전국화되기 시작한 1971년으로 보기도 하는 것이다. 일본전장의 PM상 수상을 계기로 PM상을 수상하려는 기업은 TPM을 도입하지 않으면 불가능하다는 불문율이 심사위원들의 공감을 얻게 되었으며, 1971년 이후의 PM상 수상 업체들은 모두 TPM을 도입해서 성공한 기업들이다. 이러한 JIPE의 노력에 의해서 [표 16-1]에서 보는 바와 같이 1979년에는 전 산업의 22.8%가 TPM을 도입하게 되었다.

이러한 TPM의 급속한 확산은 [표 16-2]에서 보는 바와 같이 TPM 운동의 탁월한 효과에서 그 이유를 찾을 수 있는데 생산성, 품질, 코스트, 납기 안전 환경 등의 가시적 성과뿐 아니라 종업원 사기 등에도 탁월한 효과가 입증되고 있다.

[표 16-1] 일본의 TPM 도입 현황

구분	1976년	1979년
사후 보전	12.7%	6.7%
예방 보전	37.3%	28.8%
생산 보전	39.4%	41.7%
TPM	10.6%	22.8%

[표 16-2] TPM 효과 사례

항목	효과 사례	
P (생산성)	· 노동 생산성	1.4배 (M사)
	· 1인당 부가 가치	1.47배 (A사)
	· 설비 가동률	17% 상승(68% → 85%) (T사)
	· 돌발 고장	1/50 (1,000건/월 → 20건/월 (TK사)
Q (품질)	· 공정내 불량률	1/10 (1.0% → 0.1%) (MS사)
	· 폐각 불량률	1/3 (0.23% → 0.08%) (T사)
	· 납입처 클레임률	1/2 (MS사)
C (코스트)	· 공정수 절감	30% (TS사)
	· 보전비 절감	15% (TK사)
	· 에너지 절약	30% (C사)
D (납기)	· 제품 재고일 수	1/2 (11일 → 5일) (T사)
	· 제품 재고 회전율	2배 (3회/월 → 6회/월) (C사)
S (안전 환경)	· 휴업 재해 제로	(M사)
	· 공해 제로	(각사)
M (의욕)	· 개선 제안 건수	1인당 2.3배 (36.8건/연 → 83.6건/연) (N사)
	· 서클 모임 횟수	2배 (2회/월 → 4회/월) (C사)

[그림 16-2] 도요타 생산 방식과 TPM

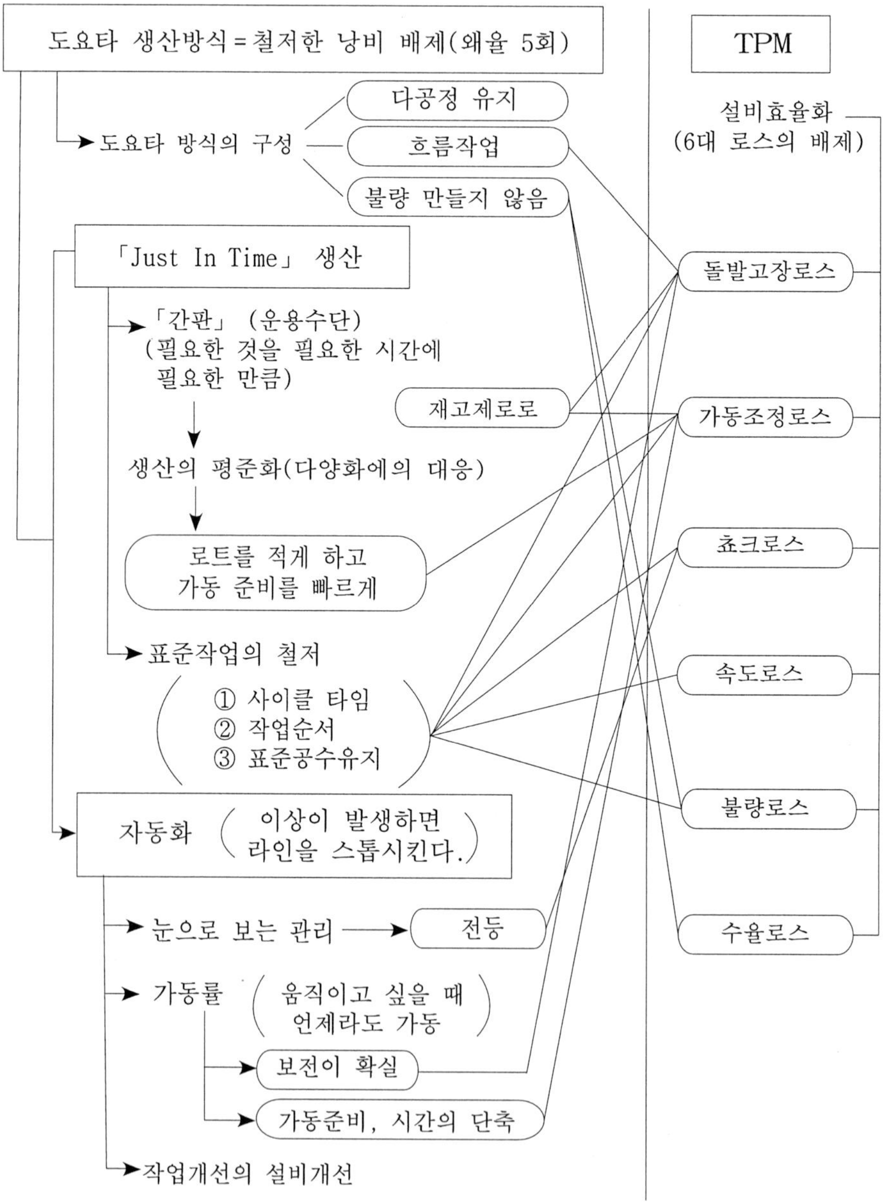

TPM이란 무엇인가

	TPM	생산 보전	예방 보전
경제성의 추구	○	○	○
토털성(LCCA)	○	○	
자주 보전	○		

[그림 16-3] 예방 보전과 TPM의 차이

그러면 TPM은 기존 생산 보전과 비교해서 어떻게 다른가? 그것은 [그림 16-3]에서 보는 바와 같이 경제성을 추구한다는 면에서는 예방 보전, 생산 보전, TPM이 일치한다. 그러나 라이프 사이클 코스트 분석(LCCA : Life Cycle Cost Analysis)의 토털성을 추구한다는 면에서 예방보전과는 차별화되며 이러한 토털성을 추구하는 생산 보전 개념에 작업원의 자주 보전이라는 전원참가의 또다른 토털 개념이 첨가된 것이 TPM인 것이다.

이것은 1971년 JIPE에서 내린 TPM의 다음과 같은 정의에서도 볼 수 있다. "설비 효율을 최고로 할 것을 목표로 설비의 전 생애를 대상으로 PM의 토털 시스템을 확립하고 설비의 계획 부문, 사용 부문, 보전 부문 등의 모든 부문에 걸쳐 최고 경영자에서부터 일선 작업원에 이르기까지 전원이 참가하여 동기부여 관리, 즉 소집단 활동에 의해서 PM을 추진하는 것이다."

여기서 토털의 의미를 해석하면 수평적 토털과 수직적 토털로 구분할 수 있는데, 수평적 토털은 설비의 계획 부문, 운전 부문, 보전 부문의 기능적 토털을 의미하며 수직적 토털은 사장에서부터 일선에 이르는 직제적 토털을 의미한다.

수평적 토털에서 계획 부문은 보전이 필요 없는 설비의 계획, 즉 MP를 담당하며 운전 부문은 자기 설비는 자기가 지킨다는 개념의 자주 보전, 보전 부문은 고차원적인 전문 보전을 통해서 설비를 항상 젊게 유지하는 것이다. 수직적 토털에서 경영자는 확고한 보전 우위 방침을 확립하고, 보전 동기 부여 관리를 통해서 TPM 활동을 격려하며, 중간 간부 사원은 교육 훈련과 평가로서 이를 확실히 하고 일선 작업원은 소집단 활동을 통해서 개별 개선과 자주 보전을 실시하는 것이다.

이러한 TPM의 개념은 일본만의 독창적인 것은 아니고 1970년대 미국 정부에서 Terotechnology 개념을 발표했는데 이것이 TPM과 거의 같은 개념이었다.

테로테크놀로지에서 'tero'의 어원은 '돌보다'라는 의미의 희랍어이며, 테로테크놀로지란 '설비의 종합 공학의 의미로 경제적 라이프 사이클 코스트를 추구해서 유형 자산에 통용되는 매니지먼트, 재무, 기술과 실제 활동을 종합한 기법이다.'라고 정의하고 있다. 설비의 라이프 사이클 코스트를 추구한다는 의미에서는 테로테크놀로지나 TPM의 개념이 비슷하나 TPM은 사용 부서에 한정된 개념이고 테로테크놀로지는 제작 회사, 사용 업체, 설계 용역 회사 등 전 산업이 참가한다는 면에서 차이가 있다.

그런 의미에서 우리나라에 TPM을 접합시킬 때는 TPM을 사용 업체에만 한정할 것이 아니라 테로테크놀로지 개념으로 확장할 것을 강조한다. 그래서 일본에서는 TPM을 Total Productive Maintenance로 해석하고 있지만 필자는 Total Plant Management로 확대해서 전원이 참가의 생산 보전 개념을 전사적 설비 관리로 확대할 것을 주장하는 바이다. 그렇게 하여야 우리 기업에 적합한 신토불이적 설비 보전이 되기 때문이다.

연습문제

1. 일본의 보전의 발전단계에 대해 설명하시오.
2. TPM과 JIT의 관계에 대해 설명하시오.
3. TPM의 5S에 대해 알아보고 설명하시오.
4. TPM의 성공조건에 대해 논하시오.
5. TPM과 TQC의 특징을 비교하여 설명하시오.
6. TPM과 6시그마의 특징을 비교하여 설명하시오.

7. 미국식 PM과 TPM과의 차이점은 무엇인가 논하시오.
8. 생산부문의 TPM과 전사적 TPM의 정의를 각각 설명하시오.
9. 손실의 정의 및 생산 효율화를 저해하는 손실은 어떠한 것이 있는지 설명하시오.
10. 우리나라의 TPM 도입사례를 들어보시오.

제 17 장

디즈니 사의 고객 만족 (1972년)

디즈니 사는 고객만족이 신입사원 때부터 몸에서 우러나오도록 부단한 노력을 한다. 그 일환으로 디즈니랜드에 새로 들어온 사원들은 다음과 같은 디즈니식의 새로운 언어를 배운다.

"사원들은 캐스팅된 배우이다."

"고객은 초대 손님이다."

"대중은 관객이다."

"근무는 공연이다."

"일은 역할이다."

"업무기술서는 대본이다."

"제복은 의상이다."

"근무 중은 공연 중이다."

"비번은 무대 뒤다."

이러한 특별한 언어들이 바로 디즈니 사의 마인드가 되어 사원들의 의식 속에 확고히 자리잡게 되었고 이런 이미지는 고객에게 자연스럽게 전달이 되어 고객만족의 원천이 되는 것이다. 그리고 '디즈니랜드에서는 우리가 피곤해질 수는 있어도 결코 따분해서는 안된다. 비록 힘든 하루일지라도 우리는 행복한 모습을 보여주어야 한다.'라는 말을 지속적으로 주입시켜서 직원들이 고객 중심적으로 항상 생각하도록 노력함으로써 고객 만족의 발판을 마련한 것이다.

Customer
Satisfaction

디즈니랜드의 고객만족

디즈니랜드의 설립자인 월트 디즈니(Disney, Walt)는 1901년 12월 5일 시카고에서 태어났다. 미조리주 마르셀린 근처 농장에서 자란 월트 디즈니는 어렸을 때부터 미술에 관심을 가져 그의 나이 겨우 7세였을 때, 처음으로 자신의 그림을 이웃에게 팔기도 했다.

1918년 가을, 월트 디즈니는 군대에 자원했으나 나이가 어리다는 이유로

거절당했다. 이에 월트 디즈니는 적십자에 가입하여 외국으로 나가게 되었고, 그곳에서 그는 1년간 병원 구급차를 몰거나 적십자 고위직들의 운전사로 일했다. 1920년에 그는 첫 번째 원작 애니메이션을 만들었고, 그 후 실사 영화와 애니메이션을 결합하는 새로운 방법을 완성시켰다. 1923년, 월트 디즈니는 단돈 40달러와 완성시킨 실사 영화와 애니메이션의 결합 영화만을 가지고 헐리웃을 향했다. 그리고 2년 후 월트 디즈니는 그의 직원이었던 릴리안 바운즈와 결혼해 두 명의 딸을 낳았다. 5년 후인 1929년 11월 18일 창조된 미키마우스를 세계 최초의 유성 애니메이션 '증기선위리'를 통해 영화계에 데뷔를 시킨다. 이 후 '미키의 어리석은 교향악단'의 제작기간 동안에 '테크니컬러'가 애니메이션에 도입되기도 하였다.

그의 업적에서 놀라운 것은 평생 32번이나 아카데미상을 수상한 경력이 있다는 것이다. '꽃과 나무들'이라는 애니메이션으로 첫 번째 아카데미상을 수상하고 1937년에는 '백설공주와 일곱난쟁이'가 로스엔젤레스의 케세이 극장에서 상영되었다. 150만 달러라는 천문학적인 제작비용으로 만들어진 이 만화영화는 지금까지도 영화사에 있어 가장 위대한 작품들 중의 하나로 여겨지고 있다. 이외에도 우리가 흔히 알고 있는 '피노키오', '환타지아', '덤보', '밤비'와 같은 장편 애니메이션들이 그의 작품이다. 그의 평생에 걸쳐 완성한 작품은 81편이나 된다.

월트 디즈니는 1955년에 대규모 유원지인 디즈니랜드를 설립한다. 꿈이 총망라된 디즈니랜드는 캘리포니아에서 개장이 되었는데, 전 세계의 대통령은 물론 왕과 여왕들 및 모든 귀빈을 포함한 2억 5,000만 명이 넘는 사람들이 디즈니랜드에서 즐거운 시간을 보냈다. 특히 어린 아이들은 디즈니랜드를 꿈의 세계로 표현을 하고 어른들마저도 꼭 가보고 싶은 곳이라 이야기한다. 이는 단순한 흥미와 재미 위주보다는 고객 중심으로 고객에게 항상 기쁨과 만족을 주고, 만족을 넘어선 감동을 주기에 가능한 것이다.

사람들의 기쁨과 행복은 누군가의 적극적인 노력에서도 충분히 가능하다는 고객 중심적인 생각을 한 월트 디즈니는 디즈니랜드의 비전을 '사람들을 행복하게 하자.'로 세우고 끊임없는 노력을 기울인 결과 오늘날의 디즈니랜드를 만들었다.

디즈니 사에서는 지위고하를 막론하고 모든 종업원들이 디즈니대학의 신입사원 연수에 참석하도록 하고 있다. 물론 이렇게 교육을 받을 수 있는 사람들은 엄격한 채용 절차를 걸쳐 선발되며 비록 청소하는 사람일지라도 최소한 두 번의 면접시험을 치러야 한다.

특히 디즈니 사는 고객만족을 위해 신입사원 때부터 몸에서 우러나오도록 부단한 노력을 한다. 그 일환으로 디즈니랜드에 새로 들어온 사원들은 다음과 같은 디즈니식의 새로운 언어를 배운다.

"사원들은 캐스팅된 배우이다."
"고객은 초대 손님이다."
"대중은 관객이다."
"근무는 공연이다."
"일은 역할이다."
"업무기술서는 대본이다."
"제복은 의상이다."
"근무 중은 공연 중이다."
"비번은 무대 뒤다."

이러한 특별한 언어들이 바로 디즈니 사의 마인드가 되어 사원들의 의식 속에 확고히 자리잡게 되었고 이런 이미지는 고객에게 자연스럽게 전달이 되어 고객만족의 원천이 되는 것이다. 그리고 '디즈니랜드에서는 우리가 피곤해질 수는 있어도 결코 따분해서는 안된다. 비록 힘든 하루일지라도 우리는 행복한 모습을 보여주어야 한다.'라는 말을 지속적으로 주입시켜서 직원들이 고객 중심적으로 항상 생각하고 노력함으로써 고객 만족의 발판을 마련한 것이다.

디즈니랜드의 설립자인 월트 디즈니의 경영방식은 꿈, 믿음, 도전, 실천 이

네 개의 단어를 통해 자신이 한 모든 일, 그리고 그가 내린 모든 선택과 전략이 창출된 것임을 강조하고 있다. 월트 디즈니 자신의 삶과 작업을 뒤로 한 채 세상을 떠난 후 이들 단어는 디즈니를 운영하는 기본방침으로 자리잡게 되었음을 현재의 디즈니 사를 보면 알 수 있다. 특히 디즈니 사가 직원을 훈련시키는 권한을 부여하는 방식, 창조성 및 개혁정신을 관리하는 방식, 그리고 고객에게 서비스를 제공하는 방식은 네 가지 핵심철학의 영향을 근조로 하고 있음을 확인할 수 있다.

디즈니 사의 일관된 방향성과 전체적인 전략, 타의 추종을 불허하는 고객서비스, 직원 교육 훈련 및 제품의 창조성 등은 완벽한 사업모델로 확립되어 있었기에 가능했다고 볼 수 있다. 패밀리 엔터테인먼트에 최고의 작품을 내놓은 월트 디즈니가 설정한 기본노선을 지속적으로 유지해오면서 해를 거듭하며 디즈니 사의 브랜드와 함께 그의 이상은 선명하게 자리를 잡았고, 고객들이 기대했던 기대감이 한 번도 실망으로 변하지 않고 감동으로 이어진 것은 이런 이유에서 가능했던 것이다.

특히 디즈니랜드를 찾는 고객들은 항상 동일한 기대를 갖고 온다. 상상력과 창조력에 대한 기대감, 그리고 즐거움. 디즈니 사는 상상력과 창조력이라는 힘은 위험을 감수하고, 실험하는 모험심과 투자하려는 의지에서 창출된다는 강한 신념으로 지속적인 투자를 했고, 처음부터 혁신방안을 모색할 때 고객의 기대를 적극적으로 반영해 최고의 엔터테인먼트 작품을 제공하는 데에 열정을 쏟고 있다. 고객에게 우수하고 즐거운 서비스를 제공하는 것은 직원들과 직접적인 관계가 있기에 디즈니 사는 고객 위주의 사고이면서도 직원의 만족을 생각하는, 기존의 방식과는 다른 각도에서 고객만족을 해석하고 노력을 기울였다. 그리고 팀웍 역시 중요함을 늘 강조하고 있다. 훌륭한 쇼의 필수요소는 팀웍이기 때문에 팀원에게 권한을 부여하고 활성화시켜 좀 더 효율적이고 효과적인 업무성과를 창출하는 프로세스에서 고객 만족의 극대화를 꾀한 것이다.

이처럼 월트 디즈니의 창조적인 발상과 이념을 지속적으로 이은 디즈니 사의 적극적인 노력으로 단순한 놀이공간에서 느끼는 즐거움의 수준을 넘어 디즈니랜드를 찾는 고객에게 기대에 대한 만족은 물론 그 이상의 감동을 줄

수 있었다. 끊임없는 투자와 노력, 그리고 직원에 대한 관심 등이 오늘날의 디즈니랜드를 있게 한 원동력이 되었던 것이다. 고객만족이라는 것은 단순한 기대에 대한 충족보다는 고객의 기대 이상의 것을 선사하기 위해 항상 생각하고 노력하는 모습에서 충족될 수 있고, 이는 기업의 성장과 더 나아가 최고의 위치까지 오를 수 있는 발판이 된다는 것을 우리는 디즈니 사의 사례를 보고 되새겨 명심해야 할 것이다.

고객만족 개념의 정립

1960년대까지는 수요에 비해 공급이 절대적으로 충족되지 못하던 시대였기에 제품은 만들기만 하면 팔렸고 고객은 한낮 귀찮은 손님 수준으로 '고객은 봉'이라는 의식을 가지고 있었다. 이때는 소품종 대량 생산의 시기로써 대부분의 사람이 한 가지 제품, 한 가지 색상을 사용하던 시대였다. 수요와 공급이 비슷했던 1980년대에는 좋은 제품만 만들면 팔린다는 단순한 생각으로 고객은 그저 소비자일 뿐이라는 수준으로 인식이 되었으나, 공급이 수요를 훨씬 넘어선 현대에는 '고객은 왕'이라는 개념이 도입되기 시작하였고, 비로소 현재의 고객의 의미를 가지게 되었다. 이제 제품이나 서비스도 그저 잘 만들기만 하면 되는 것이 아니라 고객의 요구에 부응하는 제품과 서비스를 만들어내야 경쟁시장에서 이기고 시장 점유율도 향상해 지속적인 기업의 존속이 가능하게 되었다. 그러다 보니 고객의 요구를 소홀히 여길 수 없게 되었고, 고객의 요구는 기업의 새로운 지침이 되기에 이르렀다.

고객이라는 개념이 정립되면서 고객만족이라는 의미가 나타나게 되었는데 고객만족은 마케팅 중심적인 개념으로써 기업의 생존과 직결되며, 미래 수입의 원천이 되기 때문에 고객만족에 대한 관심이 지속되고 있다.

고객만족의 개념은 1972년에 미국 농산부에서 농산품에 대한 소비자 만족 지수(CSI : Index of Customer Satisfaction)를 측정하여 발표한 이후 마케팅학계에서 독립된 연구영역으로 부상하여 오늘날까지 지속적으로 연구되어 왔으며 1990년대 이후에는 고객만족 개념의 개념적 정의와 측정의 문제가 학계에서 주요 연구주제로 등장하였고, 실무에서는 생산성에 대한 경제적 척도와 소비자들의 삶의 질에 대한 국가적 척도의 보완적인 지표로서 사용되고 있다.

고객의 요구에 귀를 기울이자.

모토롤라 사는 기업의 성장을 위해 품질을 목표로 기업경영의 혁신을 이루어왔고, 새로운 혁신 방법을 개발하고 접목해 결과적으로 기업의 성장은 물론 품질 면에서 뛰어난 평가를 받아 성공한 기업으로 널리 알려져 있다. 그러나 20세기 말에 접어들며 그 한계가 점차 드러나기 시작했고 21세기에 이르러서는 뛰어난 품질 수준을 달성했음에도 불구하고 같은 분야의 노키아라는 기업에 1위 자리를 빼앗겼다. 그리고 작년에는 그 격차가 더 크게 벌어졌고, 올해는 그보다 더 벌어지리라 예상이 된다. 그렇다면 세계에서 가장 뛰어난 품질을 자부하는 모토롤라 사가 왜 시장 점유율 면에서는 1위의 자리에서 밀려난 것일까? 이는 고객의 요구에 귀를 기울이지 않은 결과라 할 수 있다.

모토롤라의 경우는 고객의 요구를 적극적으로 수용해 고객만족을 달성한다는 관점보다는 기업의 성장과 직결된 수익 증대를 위해 품질이라는 하나의 수단을 무기로 삼아 발전해 왔다. 즉, 품질을 월등하게 향상시키면 고객이 알아서 찾아온다는 생각으로 품질에 초점을 맞춰 기업을 운영하고 제품을 만들어 왔는데, 노키아 사의 경우에는 품질은 최고수준이 아니지만 고객이 원하는 다양한 기능과 색상, 새로운 모델의 잦은 출시 등 고객의 요구에 귀를 기울이는 노력을 통해 고객의 변화하는 욕구를 수시로 충족시켜 주었고, 이는 무한 경쟁시장에서의 시장 점유율 향상은 물론 결과적으로 기업의 수익과도 연결되는 결과를 얻은 것이다. 결국 품질을 월등히 높여 고객을 만족시키겠다는 모토롤라 사보다는 고객의 요구에 귀를 기울여 품질과 기타 요구사항을 이행한 노키아 사의 쾌거라고 할 수 있다. 이를 통해 고객의 만족을 위한 노력이 현대 기업들이 생존하고 성장할 수 있는 하나의 방법이며 길임을 알 수 있다.

여성 유방확대용 실리콘 겔의 세계 최대 메이커인 다우코닝도 고객만족에 있어서는 세계에서 선도 기업이라 할 수 있다. 이 기업은 고객만족의 차원을 넘어 고객감동을 선보이고 있다. 성형수술의 열풍으로 우리나라의 여성들에게도 큰 열풍을 일으킨 다우코닝은 초기에 시술 받은 17만 2천여 명이 부작용을 호소하자 아예 재무제표에 특별한 항목을 하나 추가시켜 화제를 불러일으켰다. 바로 '이식시술 충당금'이라는 항목이 추가된 것이다. 이런 노력의 일환으로 1998년 결산 손익계산서를 보면 이식시술 충당금으로 32억 달러, 이식시술 비용으로 11억 달러가 책정돼 있는 것을 확인할 수 있다. 이 비용은 혹여 유방확대 시술의 부작용을 호소하는 사람이 나타날 경우, 이에 대해 성심성의껏 보상해 주겠다는 고객에 대한 다우코닝의 배려였던 것이다.

연습문제

1. 고객만족의 개념에 대해 설명하시오.
2. 디즈니 사의 고객을 위한 노력은 어떤 것이 있는가?
3. 고객만족을 위한 디즈니 사의 경영방식은 어떤 것이 있는가?
4. 소비자 만족지수는 언제, 어디서, 시작되었으며 그 의미는 무엇인가?

5. 고객만족을 위해 가장 중요한 것은 무엇인가?
6. 국내 고객만족 경영 우수 사례를 조사하시오.
7. 고객만족을 위한 평가 방법에는 어떤 것이 있는지 조사하시오.
8. 고객만족과 기업의 수익 간의 관계를 설명하시오.
9. 고객만족에 관련된 소송 사례를 조사하시오.
10. 자신이 소속한 학교나 회사에서의 고객만족을 위한 노력에는 어떤 것이 있는지 조사하시오.

참고문헌

http://disneyworld.disney.go.com

http://kin.naver.com/open100/entry.php?eid=UQoDAOkSkBnEGPhk6rKVtAgFYRF5efe5

오은하(1995), 「도전받는 디즈니 신화」, 씨네21.

제 18 장

도요타 사의 JIT (1973년)

일본 자동차 산업 경쟁력의 원천이라 할 도요타 생산 방식을 개발한 사람은 생산 현장의 신(神)으로 추앙받는 오노 다이이치(大野耐一)이다. 오노 다이이치가 1990년 5월 28일 향년 78세의 나이로 운명을 달리 했을 때, 일본 언론은 세계의 생산 방식을 바꾼 사나이로 칭송하였으며 일본 황실은 그를 從四位로 추서하였다.

그가 주창한 JIT(Just In Time)와 자동화(自働化)는 이론의 정확성을 떠나서 일본 무역 흑자의 반 이상을 자동차가 벌어 주고, 또 이 중 반 이상을 도요타 사가 담당하는 실증적 사실에서 입증된 만큼 더 이상의 논의의 여지를 거부하고 있다. 오노 다이이치의 JIT는 세계 유수 기업에서 앞다투어 도입하여 생산 혁명을 주도하여 왔다. 도요타 사가 추구하는 '필요한 것을 필요한 때에, 필요한 만큼만 생산한다.'는 JIT 정신은 도요타의 창업자인 도요타 사키지의 도요타이즘을 오노 다이이치가 생산 현장에서 구체화한 것이다.

도요타 생산 방식

도요타 생산 방식은 미국의 생산 관리 교과서에 구체적인 기업체의 생산 방식으로는 두 번째로 기술되고 있는 생산 방식(또 하나는 포드의 컨베이어 시스템)으로서 미국 자동차업계뿐 아니라 세계의 유수한 기업이 이를 채용한 결과 그 우수성이 입증되었다.

미국의 MIT대학의 자동차 산업 연구팀은 도요타 생산 방식을 오랜 연구 끝에 21세기 제조업을 주도할 유일한 생산 방식으로 결론을 내렸으며 이 연구소는 도요타 생산 방식을 모든 것이 조금만 들어가면 된다는 의미로 린 생산 방식이라고 이름 짓고 그 생산 방식의 경제성을 다음과 같이 기술하고 있다. "필요한 물품을 정해진 시간에 정해진 양만큼 정해진 장소에 공급하는 JIT는 원래는 재고 부담을 줄여서 원가를 절감하자는 것이었다. 예로서 타카오카 공장을 보면 부품 업체는 하루에 8번씩 납품을 함으로써 부품 재고는 4시간 분량을 넘지 않고 있다. 그러므로 재고가 외국 경쟁사의 1/10에 불과하다. 그뿐 아니라 공장 내에 원료 및 재공품의 재고가 없으니 공장터가 반이면 되고 인력도 반이면 된다. 꼭 필요한 사람만을 채용하기도 하지만 70% 이상을 외부에서 구매하고 부품 업체 수를 1/8로 줄여서 업무량을 줄인 외에 간판 방식으로 구매 요원이 필요치 않은 까닭으로 도요타의 구매 직원의 수는 GM의 1/20로서 300명이면 된다."

이렇게 일본 자동차 산업 경쟁력의 원천이라 할 도요타 생산 방식을 개발한 사람은 생산 현장의 신(神)으로 추앙받는 오노 다이이치이다. 오노 다이이치가 심부전증으로 1990년 5월 28일 향년 78세의 나이로 운명을 달리했을 때 일본 언론은 세계의 생산 방식을 바꾼 사나이로 칭송하였으며 일본 황실은 그를 從四位로 추서하였다. 그가 주창한 JIT(Just In Time)와 자동화(自働化)는 그 이론의 정확성을 떠나서 일본 무역흑자의 반 이상을 자동차가 벌어주고, 또 이 중 반 이상을 도요타 사가 담당하는 실증적 사실에서 입증된 만큼 더 이상의 논의의 여지를 거부하고 있다. 또한 오노 다이이치의 JIT를 세계의 유수 기업이 앞다투어 도입함으로써 생산 혁명을 주도하여 왔다.

도요타 사가 추구하는 '필요한 것은 필요한 때에 필요한 만큼만 생산한다.'는 JIT 정신은 도요타의 창업자인 도요타 사키지의 도요타이즘을 오노 다이이치가 생산 현장에서 구체화한 것이다.

도요타 생산 방식의 생성 배경

도요타 생산 방식의 생성 배경은 1867년(명치유신 바로 전 해) 도요타 그룹의 창업주 도요타 사키지가 59세의 늦은 나이에 도요타방직회사를 설립한 시기로 거슬러 올라간다. 그의 기업 경영 철학은 모든 제품은 그 제품을 사용하는 소비자들로부터 전적으로 인정받을 수 있어야 한다는 것이었다. 이는 지극히 평범한 것 같지만 실제로 실천하기에는 꽤 어려움이 있었다. 이러한 그의 경영 철학이 그의 장남 도요타 기이치로에게 전달되면서 오늘날의 JIT라고 하는 도요타 생산 방식으로 발전된 것이다.

도요타 기이치로는 부친의 유업을 받아서 1937년 9월 29일 자동차 공장을 건설하기 시작해서 1938년 11월 3일 준공식을 거행하였는데 그 날 준공식 식사에서 도요타 기이치로는 항상 JIT 시스템을 따르자고 이야기했다고 한다. 여기서 JIT 시스템의 기본 원리는 인간 생활 또는 사회 생활에서 낭비를 없애는 것에 근거하고 있다. 시간 낭비, 노력 낭비, 건강 낭비, 물자 또는 금전 낭비 등은 인간성의 배반이며 인간 존엄성의 부정이라는 것이다.

이것은 일본 특유의 절약 정신의 표현이기도 하지만 생산 현장의 체험을 통해서 얻어진 산 교훈이기도 했다. 이러한 정신 중의 하나로 도요타에서는 마른 수건도 다시 짜는 근검절약을 생활화하고 있다.

1938년 자동차 공장 준공 후 다시 총 1,300만 달러를 추가로 투입하여 월 2,000여 대 생산 규모로 공장을 확장하였고, 또 1939년에 축전지연구소를, 1940년에는 도요타기술연구소를 설립하였다. 이것은 물론 도요타 기이치로가 처음부터 제조업 분야에서 기술 및 연구 개발에 대한 인식을 가졌었음을 의미한다. 또 같은 해 도요타제철(지금은 아이치철강)을 설립하여 탄소철강과 철강합금을 만들어 냈다. 1941년에는 여러 가지 공작 기계들을 만들어내는 도요타기계회사를 창립하기도 했다.

2차세계대전 중에 도요타는 주로 트럭을 만들어 군납하였으며, 전쟁 말기에는 자원의 궁핍이 극에 달해 자동차의 라디에이터를 한쪽만 부착하였고, 브레이크도 자동차의 뒷바퀴에만 달았으며, 의자를 비롯해서 많은 부분을 나무 조각으로 엉성하게 다는 등 물자를 아끼는 극도의 노력이 요구되었다. 그들의 동료가 전쟁터에서 뒷바퀴에만 브레이크가 달린 차를 타고 전투하다가 숨져가는 것을 알면서도 그러한 차를 만들어야 하는 실무진들은 원자재 궁핍이 얼마나 비참한가를 실감하면서 JIT의 실체를 체험하게 되었다.

전쟁이 끝난 후 도요타는 1947년에 처음으로 소형 승용차를 시판하였으나 사회 전반에 걸친 경제 불황으로 재정적 위기를 맞아 1949년에는 파산 지경에 이르게 되었다. 3개월 동안 종업원의 봉급을 지불하지 못하였고, 두 개의 공장이 문을 닫은 후에도 부채는 계속 증가하여 마침내 종업원 감원 계획을 수립하게 되었다.

1949년 4월에는 감원에 반대하는 노동 조합에 의해서 파업이 시작되었고 생산량은 그해 3월 992대, 4월 619대, 5월에는 304대로 떨어지고 있었다. 그야말로 죽느냐 사느냐의 기로에 선 회사는 노조와 타협하여 2,000명의 종업원을 감원하는 대신 창업주인 도요타 기이치로 자신을 포함하여 모든 임원들이 단체로 퇴진함으로써 15개월에 걸친 분쟁은 1950년 6월에 끝을 맺었다.

전화위복이랄까? 도요타는 이 파업의 시련에서 몇 가지 교훈을 얻었다.

첫째, 회사가 이익을 내지 못하는 한 노조의 요구는 아무리 정당하다고 해도 의미가 없다. 둘째, 영업 이익을 내기 위해서는 회사 내에서 아무리 작은 낭비라도 절대로 용납될 수 없으며, 또한 낭비하는 일을 해서도 안된다는 원칙을 재확인하였던 것이다.

그리고 1956년 4월, 여러 은행 차관단이 구성되고, 이때 도요타는 생산회사와 판매회사로 분리되는데 이것이 JIT 시스템의 개발을 촉진하게 된 것이다. 판매회사는 시장에서 팔릴 자동차만 주문하여 곧 현찰로 교환하며, 생산회사에서는 시장에서 팔릴 자동차만 즉시 만들어 조달해야 하므로 팔리지도 않을 차를 만들어 두었다가 나중에 대리점에 억지로 떠맡겨 재고로 처분하는 식의 운영이 불가능해졌다. 생산 리드타임을 더욱 단축해야 했으며, 꼭 필요한 차, 즉 전혀 불량이 없이 팔릴 수 있는 차만을 만들어야 했던 것이다. 이러한 절약 정신을 생산 현장에서 실천한 사람이 곧 오노 다이이치였다.

오노 다이이치의 일생

오노 다이이치는 1912년 2월 29일 중국의 대련 시에서 태어났다. 그의 부친 大野一造은 동경고등공업학교(현 동경공업대학) 요업과를 졸업하고 2차세계대전 전에 남만주철도회사에 근무하였기 때문에 오노 다이이치는 3살 때까지 대련 시에서 유년기를 보냈다. 대련 시에서의 유아기는 너무 어렸기 때문에 어떠한 기억도 없었겠지만, 그가 일본인이 갖고 있는 폐쇄적인 섬나라 근성을 갖지 않고 대륙적 기질을 갖는 데에는 일조한 것으로 보인다. 그래서 그는 도요타 생산 방식이 성공적일 때 이것을 일본에서만 국한해서 응용하려고 하지 않고 미국 등 해외에 적극적으로 기술을 이전하였는데 기술에는 국경이 없다는 테크노 글로벌리즘이 대련에서의 유년기에 길러지지 않았나 짐작된다. 오노 다이이치는 또한 대련 태생이라는 데에 긍지를 갖고 있었으며, 그 결과 아시아 중에서도 중국과 대만에 유독 관심을 갖고 여러 차례 방문하여 강연도 하고 도요타 생산 방식을 전수하도록 하는 데 앞장 서 왔다.

1915년에 아버지를 따라 귀국해서 아이치 현에서 자라게 되었는데 그 당시 아버지는 아이치 현의 의회 의장과 중의원회 의원을 역임하였다. 이것이 도요타자동차의 원천이 되었던 도요타방직회사의 공장 용지를 아이치 현에 잡게 된 계기가 되었다. 오노 다이이치는 1919년 刹谷町立 龜城高等소학교에 입학하였고, 1925년 愛知縣立 刹谷중학교에 입학하였다.

1929년 나고야고등공업학교 기계과에 입학하여 1931년 수학 여행 중에 GM의 오사카공장, 큐슈의 八幡 제철소를 견학한 것이 그가 일본 기업의 생산성에 관심을 갖는 계기가 되었다고 한다. 1932년 나고야고등공업학교를 졸업하고 같은 해 4월에 도요타방직회사에 입사했고 도요타 사의 창업주인 도요타 사키지의 자동화 사상과 합리화 철학을 본격적으로 연구하여 일본과 구미의 생산성의 격차를 감지하고 그 원인을 본격적으로 연구하기 시작하였다.

오노 다이이치는 그러한 연구 생활 중에도 체력단련에 힘을 써서 1934년에는 도요타방직의 체육부장을 지냈던 적도 있었다. 퇴근 후에는 궁도를 열심히 해서 도요타자동차에 온 후에도 궁도부장을 역임한 적이 있으며 궁도 4단을 인정받기도 했다. 1943년 상공성이 전시 규격차를 제정하고 이에 따라 전시 체제 아래에서 도요타방직이 도요타자동차로 합병되면서 이곳으로 이전하였다. 1945년 일본이 항복하면서 8월 16일 도요타 기이치로는 3년 내에 미국차를 추월하자는 기치 아래 일본인에 맞는 생산 방식을 모색할 것을 지시하였다. 이에 따라 오노 다이이치는 도요타 생산 방식에 대한 본격적인 연구를 실시하였다.

1949년, 기계공장장에 취임하면서 여름부터 1인 다기계 시스템을 도입하기 시작했다. 이때 이미 언급한 도요타의 쟁의가 발생하였으며 수습된 1950년에는 기계 공장에 흐름생산, 다공정 작업을 본격적으로 도입하기 시작했다. 1951년 미국 원조 자금에 의한 도요타 생산 설비 근대화가 진행되면서 기계 공장에서 표준작업의 사고 방식을 도입하여, 작업 지시서로서 간판을 최초로 사용하기 시작하였다. 또한 창의적인 제안 제도를 도입하기 시작했다.

1954년 이사로 진급하고 기계 공장에 슈퍼마켓 방식을 도입하여 지금까지의 월말 도입 생산을 바꿔 평준화 생산을 시작했다. 이 무렵 이러한 생산 방식을 보급할 목적으로 생산 기술(Production Engineering) 강습을 시작하였고 1956년에는 미국의 GM, 포드, 크라이슬러 사를 방문하였다. 이때 일본에서는 자동차 손해배상 책임보험이 실시되었다. 1958년 도요타자동차는 미국에 자동차를 처음으로 수출하지만 실패해서 1960년에 완전히 철수하게 된다. 여기서 도요타자동차는 큰 대가를 치르면서 품질이 아니면 기업이 망할 수도 있다는 사고를 배우게 된다. 또한 설상가상으로 1961년 상용차 수입자유화

결정이 내려지는 등 일본 자동차업계의 시련기가 도래하였다.

1961년 도요타자동차의 자회사인 도요타고무의 이사로 취임하였다가 1962년 본사의 공장장으로 영전되면서 본격적으로 JIT 시스템을 본사 공장뿐 아니라 협력업체에도 보급하기 시작하였다. 드디어 1963년에는 도요타자동차 전 공장에 간판 방식을 보급하기에 이르렀다.

1964년 상무이사로 진급하고 도요타철공의 이사를 겸직하였으며, 1966년에는 모든 구입처의 구입 부품에 대해서 10일간 오더 시스템을 도입하고, 이어 간판 방식을 도입하게 되었다.

1968년 풍생브레이크 이사로 취임하였고 1969년 생산 조사실을 설치하여 간판방식과 도요타 생산 방식을 보급·지도하도록 하였고 1970년 전무이사로 진급하여 컴퓨터 간판 방식의 도입을 신중히 검토하였으며 1971년 500톤, 1,000톤 프레스를 3분만에 셋업하는 싱글셋업 기법을 개발하였다. 1972년 아이신경금속의 이사로 취임하였으며, 1973년 도요타 생산 방식을 체계적으로 집대성한 도요타 생산 방식 메뉴얼을 작성하게 된다. 1974년 1차 오일 쇼크의 영향으로 국내외적으로 어려운 여건을 감안한 저성장에 대비해서 질의 경영으로 전환하여 원가절감 실시, 설비 가동률 향상, 소인화를 이룩하였다. 1975년 드디어 부사장으로 진급하게 되었으며, 자동차 업종뿐 아니라 다른

업종에도 도요타 생산 방식을 교육·보급하기 시작했다. 1976년 도요타그룹의 각 사가 모여 도요타 생산방식 자주연구회를 구성하여 연구를 시작하였다. 또한 간판방식이 국회(중의원)에 채택되는 영광을 얻게 되었다.

1978년 9월, 도요타자동차의 일선에서 물러나 상담역에 취임하였으며, 도요타방직회장, 도요타합성회장에 취임하게 되었다. 1981년에는 업계에 있는 사람으로서는 거의 불가능한 일본경영공학회(한국의 산업공학회에 해당) 회장에 취임함으로써 도요타 생산 방식이 일본 산업계에 얼마나 지대한 영향을 끼쳤는지를 간접적으로 증명하였다. 1982년에는 도요타합성의 상담역을, 1984년에는 도요타방직의 상담역을 지냈으며 그 후 국외, 특히 미국, 대만, 중국 등에서 도요타 생산 방식을 세계화하는 데 공헌하였다. 1985년 자동차기술회로부터 기술공헌상을 수상하였고, 1985년 일본능률협회 중부지구 평의회의장으로 취임하는 등 도요타 생산방식을 세계화하는 데 심혈을 기울다가 1990년 향년 78세로 영면하였다.

도요타의 창업주 도요타 사기치의 철학이 없었더라면 도요타 생산 방식은 태어나지 않았을 것이고, 오노 다이이치의 실천이 없었더라면 도요타 생산 방식은 지금과 같이 세계에서 각광받는 생산 방식이 되지는 못했을 것이다.

도요타 생산 방식의 한국화 과제

도요타 생산 방식의 한국화는 미국의 MIT자동차 연구팀의 예언이 아니더라도 필연적인 과제가 되고 있다. 그런데 최근 우리 기업의 일각에서는 도요타 생산 방식의 도입으로 하청업체의 경영이 어렵게 되고 있다는 원성의 소리가 높다. 근본적인 이유는 도요타 생산 방식이 자라날 수 있는 토양의 개발 없이 도요타 생산 방식을 무차별 도입한 데 따른 부작용이다. 도요타 생산 방식은 근본적으로는 재고 제로화를 모색하는 것이다. 그러나 재고를 무차별 감축하면 필연적으로 재고 품절에 의한 손실을 감수해야 하는데 이를 위해서는 불확실 요인의 감축이 필연적이다. 불확실 요인은 첫째, 수요예측에서 오는데 이를 위해서 도요타는 평준화 생산 시스템을 구축하였으며, 또한 3개월 구매 예고제를 도입하였다. 둘째로 품질 불량에서 오는 불확실성을 감축하기 위해서 하청업체 지도를 강화하여 무결점화를 달성하고 있으며, 세 번째는 설비의 불확실성을 제거하기 위해서 TPM으로 완벽한 설비 가동률을 보증하고 있다. 네번째는 노사 분규 등 만약의 사태에 대비한 다능공화, 소인화 전략 등으로 빠뜨릴 수 없는 준비 활동들이다.

도요타의 한 경영진은 이렇게 말한다. "도요타가 도요타 생산 방식을 완성하는 데 30년이 소요되었다. 그 중에서 20년은 하청업체를 우리 수준으로 끌어올리는 데 소요된 시간이다." 도요타가 30년의 시간이 소요되었다면 우리 기업은 적어도 그 절반인 15년은 소요될 것이다. 도요타 생산 방식 그 자체보다는 하청업체 등 주변 여건을 구축하는 데 많은 시간이 필요할 것이라는 말이다.

연습문제

1. 오노 다이이치의 명언록을 찾아보시오.
2. 포드시스템과 도요타시스템의 생산방식의 유사점과 차이점에 대해 설명하시오.
3. JIT와 TPM의 관계를 설명하시오.
4. JIT생산시스템의 원리에 대해 설명하시오.
5. 오노 다이이치가 사회에 미친 영향력에 대해 설명하시오.
6. JIT시스템의 생성배경에 대해 설명하시오.
7. 칸반(Kanban)이란 무엇인지 설명하시오.
8. 풀시스템과 푸시시스템을 비교하시오.
9. JIT와 TOC를 비교하여 설명하시오.
10. JIT시스템에서 자주 사용되는 라인 유형을 기술하고 장단점을 설명하시오.

제 19 장

해링톤의 CIM (1973년)

"대량 생산의 시대는 끝났다. 물건을 하나하나 만들기에 충실하라. 그러면서도 대량 생산 이하로 코스트를 낮출 수 있다.", "원가를 낮추려면 대량 생산에 의한 규모의 경제를 추구하여야 한다는 금과옥조와 같이 믿어 왔던 기존 경제 질서에 과감히 도전하면서 포드의 대량 생산 시스템을 부정하고 세계 제일의 국가 경쟁력을 만드는 일본의 NPS(New Production System)에 대해 미국 경제는 속수무책일 수 밖에 없는가?", "일본의 도요타 생산 시스템은 과연 무적이며, 미국의 기업은 이제 다른 대응 방안이 없는가?"라는 물음에 "아니다, 미국 기업이 일본을 이기고 다시 세계 제일의 국가 경쟁력을 가질 수 있다."고 반박하면서 제시한 해답이 CIM(Computer Integrated Manufacturing)이다.

Computer
Integrated
Manufacturing

생산 정보 시스템의 통합화 요구

한때 미국에서 공장 자동화는 인건비 절감과 동의어로 사용된 적이 있었다. 그러나 이러한 생산 공정에서 사람을 몰아내는 개별적인 자동화는 개발 초 기대했던 것보다 생산성을 증가시키지 못하고 비용만이 증가되는 문제점을 노출하였다. 비록 인건비는 조금 줄어들지만 생산 라인의 자동화나 무인화에 따라 늘어나는 설비비를 감당하기에는 역부족이었던 것이다.

여기서 생산 라인이나 개별 시스템의 업무를 최적화하는 데서 범위를 넓혀 기업 전체의 활동을 백업하는 컴퓨터 정보 시스템에 의한 통합화의 필요성이 대두되었으며 이때 나타난 것이 1973년 해링톤(Joseph Harrington Jr.)의 CIM 개념이다.

CIM 개념의 변천

1973년, 해링톤은 CIM이란 단어를 정의하면서 제조 공정의 각 기능을 연결하기 위해 컴퓨터를 사용하는 것이라고 설명하였고, 이에 따라 단계별로 관리 기능이 변화하기 때문에 사람의 역할이 달라져야 한다고 주장하였다.

이러한 해링톤의 생각은 1970년대 중반 미 공군 ICAM(Integrated Computer Aided Manufacturing) 프로젝트를 추진한 윈스노스키(D. Winsnosky)와 선크(D. Shunk)에 의해서 실무에 응용되었다. ICAM 프로젝트는 제조업의 기능을 종전의 직렬 연속 작업에서 병렬 수행의 개념으로 변환을 추구하는 최초의 시도였던 것이다. 여기서 생산 기능을 통합하는 기술, 절차, 방법론이 개발되었으며 이를 [그림 19-1]과 같이 나타내었다.

[그림 19-1] ICAM에서 CIM의 원형도표

[그림 19-1]에서 보는 바와 같이 ICAM 프로젝트에서는 제조의 각 기능을 통합하는 데 필요한 요소로 데이터 베이스와 데이터 자동화를 부각시키고 있다. ICAM 프로젝트를 위해서 제조업의 기능을 통합하기 위한 IDEF(Integrated Definition) 모델링 기법을 개발하였는데 여기서 IDEF는 IDEF 0(기능 모델), IDEF 1(정보 모델), IDEF 2(동적 모델) 등 3개 모델로 개발되었다. 제조업의 기능 모델인 IDEF 0는 소프트테크 사의 로스(D. Ross)의 도움으로 개발되었고, 정보 모델인 IDEF 1은 휴그 사의 로버트 브라운, 다콤 사의 스튜워드 콜맨(Steward Coleman), 댄 어플턴(Dan Appleton)의 도움으로 개발하였으며, 관련 기능과 정보, 연결 전체의 흐름을 한눈에 볼 수 있도록 한 IDEF 2는 프리스커 사의 도움으로 개발하였다. 여기서 개발된 IDEF 기법은 CIM 기술뿐

아니라 전산 분야에도 영향을 많이 끼쳤는데 대표적인 것이 IDEF 1이다. 이는 후에 ER 도표(Entity Relation Diagram)라고 해서 관계형 데이터 베이스의 개념 설계로 발전되었다. 또한 IDEF 2는 Slam이라는 시뮬레이션 전용 소프트웨어로 발달되어 최근에 이용되고 있다.

이러한 실무에서의 응용은 해링톤에게 영향을 주어서 1983년에 『Understanding the Manufacturing Process』라는 책을 저술함으로써 CIM 개념을 전 산업으로 확대하는 데 일조하였던 것이다. 해링톤은 여기에서 제조업의 각 기능들이 어떻게 상호 연결되어야 하는가를 설명했고 IDEF 모델링 기법을 사용해서 CIM을 구축하는 예를 보여 주었다.

1970년 중반 미국의 존 홀은 제조공학회(SME : Society of Manufacturing Engineering)에서 CASA(Computer Automated Systems Association)의 전체 개념을 설명하기 위해서 원형 도표를 사용했는데, 후에 이 도표는 ICAM의 [그림 19-1]과 합쳐져서 CASA/SME CIM 원형도표로 발전하게 된다. 이 원형도표는 최초의 ICAM에서 갖고 있던 CIM 개념에 마케팅, 재무, 전략 계획, 인적 관리 기능이 통합되었고, 여기서도 핵심은 데이터와 정보가 되고 있다.

그러나 최근에 이르러 고객 만족 경영의 개념이 도입되면서 CASA/SME 원형 도표는 [그림 19-2]와 같이 고객 만족을 위한 인간 중심의 CIM 개념으로 발전하게 된다. 이러한 개념은 1980년대 말부터 학자들이 ESPRIT CIM/OSA (European Strategic Program for Research and Information Technology Computer Integrated Manufacturing/Open System Architecture)를 비롯한 CIM의 성공을 위해서는 사람의 역할이 중요하다고 인식하기 시작했고, 이것이 최근에 일기 시작한 고객만족 경영과 맞물려 1993년 CASA/SME 원형 도표를 [그림 19-2]와 같이 '고객'을 중심으로 재편하기에 이른 것이다.

새비지는 CIM이 성공하기 위해서는 여러 부문의 전문가들이 팀을 구성하고 컴퓨터를 활용하여 그들의 지식과 신기술을 기초로 지능 시스템을 형성하여 전체 시스템의 효율을 증진시켜야 한다는 CIM의 방향을 제시하였다. 다시 말해서 인간을 중심으로 작업자의 손을 중시하던 종래의 사고에서 작업자의 머리를 활용하는 통합화된 제조 시스템을 주창하였던 것이다. 또한 새비지와 마틴은 CIM 구축의 범위를 한 기업에서 발주업체, 협력업체를 포함하는 기업 집단으로 발전시켜야 한다고 주장하였다.

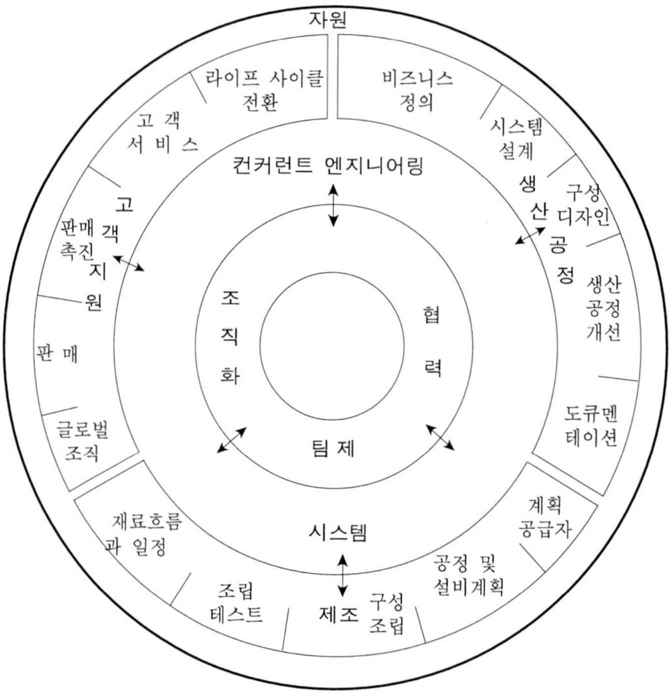

[그림 19-2] CASA/SME의 원형도(1993년)

CIM 개념의 발달 과정을 요약해보면, 1973년 초기 해링톤의 개념이 ICAM에서 집약될 때의 CIM은 제조 분야의 자동화로서 개별 기기의 자동화가 아니라, 설비 통합 개념의 자동화였다. 이러한 개념이 1980년대에 이르러 CASA/SME에 의해서 인사 노무 관리, 재무, 판매, 제조 기능이 통합된 경영 시스템으로 발전되었고, 1993년에 이르러서는 설비 중심 개념에서 인간 중심의 통합 개념으로 발전하게 된 것이다.

이러한 개념의 발달은 상당히 의미심장한 것으로서, 설비로서 인간을 대체해 보려던 노력은 실패로 끝나고 생산성의 열쇠는 인간이 쥐고 있다는 새로운 인식의 산물로 받아들여지고 있는 것이다.

4세대 경영 전략과 CIM

대기업은 물론 조그만 식당을 하나 경영하더라도 경영 전략이 있어야 한다. 그러면 기업은 어떤 경영 전략으로 임해야 하는가? 그것은 말할 것도 없이 경영 환경에 따라 변해야 한다. 일반적으로 기업의 경영 전략을 세대별로 구분하면 [표 19-1]과 같이 4세대로 구분할 수 있다. 옛날에 남대문 시장에서 꿀꿀이죽을 팔던 시절의 경영 전략은 원가 전략이어야 한다. 배고픈 사람에게는 싸게 식단을 제공하는 것이 모든 것에 우선할 수 있었다. 그러나 이들도 배가 부르게 되면 어느 집의 죽이 맛있는지 맛을 찾게 된다. 이때 식당의 경영 전략은 품질 전략이어야 한다. 그러나 품질 전략도 언제까지나 능사는 아니다. 개성화 시대가 되면 그때는 다양화된 식단, 즉 뷔페점이어야 한다. 그러면 마지막으로 식당에 들어서자마자 빨리 되는 식사가 무엇이냐고 묻는 손님에게는 어떤 전략으로 나서야 하는가? 그때는 말할 것도 없이 1분죽, 3분 라면, 10분 사진 촬영 등과 같은 시간차 전략일 것이다. 이러한 단납기화 전략, 그것은 속산 전략이며 설비 전략으로서는 CIM이다.

[표 19-1] 경영 전략의 세대 구분

세대 구분	경영 전략	생산 전략	설비 전략
1세대	원가 전략	양산 전략	컨베이어 시스템
2세대	품질 전략	질산 전략	라인스톱제
3세대	다양화 전략	다산 전략	FMS
4세대	시간차 전략	속산 전략	CIM

[표 19-1]에서 보는 바와 같이 원가 절감을 위해서는 기본적으로 컨베이어 시스템에 의한 양산 체제가 근본이 된다. 그리고 품질 전략을 위해서는 우리나라에서 라인 스톱제로 알려진 질산(質産) 시스템을 구축하는 것이다. 다품종 소량 생산 시스템을 위한 다양화 전략를 위해서는 다산 시스템을 갖춰야 하며, 그 결과의 설비 전략은 유연 생산 시스템(FMS : Flexible Manufacturing System)이다.

여기서 마지막 4세대 경영 전략인 시간차 전략을 위한 것이 CIM이다. 그렇기 때문에 CIM을 하면서 인건비를 절감하려고 한다면 그것은 넌센스다. CIM은 근본적으로 인건비 절감보다는 고객만족이 목표이며, 그 고객만족을 단납기화에서 찾는 것이다. 다른 회사는 30일만에 납품할 수 있는 것을, 자사는 3일만에 납품함으로써 시간적으로 비교 우위를 갖고자 하는 것이다. 이것이 결과적으로는 재고 비용을 감축시키고 기업의 이익 증대에 기여하겠지만 인건비 절감의 직접적인 이유일 수는 없는 것이다.

CIM은 [그림 19-3]에서 보는 바와 같이 기본적으로는 컴퓨터와 통신 그리고 제어의 세 가지 기술을 바탕으로 업무 단순화, 설비 자동화, 정보 통합화를 통해서 더욱 빠른 정보를 경영층으로부터 Top-Middle 또는 Middle-Top으로 순환시키면서 빠른 의사 결정과 실천을 통하여 '강한 자는 약한 자를 제압하지 못하지만 빠른 자는 느린 자를 제압한다.'는 경영의 새로운 패러다임을 구축하는 것이다.

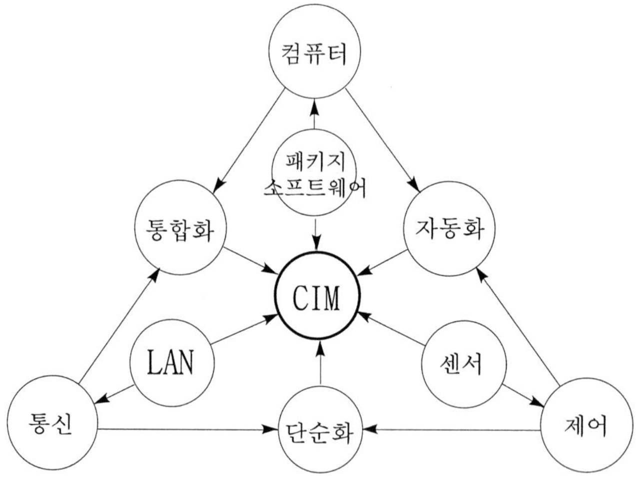

[그림 19-3] CIM의 3요소

CIM의 효과 및 성공 요인

최근의 NRC보고에 의하면, 미국 기업에서의 CIM 도입 효과는 탁월한 것으로 나타나고 있다. 설계 코스트 절감이 15~30%, 기술자 능력 향상이 3~3.5배, 현장 작업자의 생산성 향상이 40~70%, 설비 생산성 향상이 2~3배, 리드타임 단축이 30~60%, 재공품 감축이 30~60%, 수율 향상이 2~4배로 보고되고 있다.

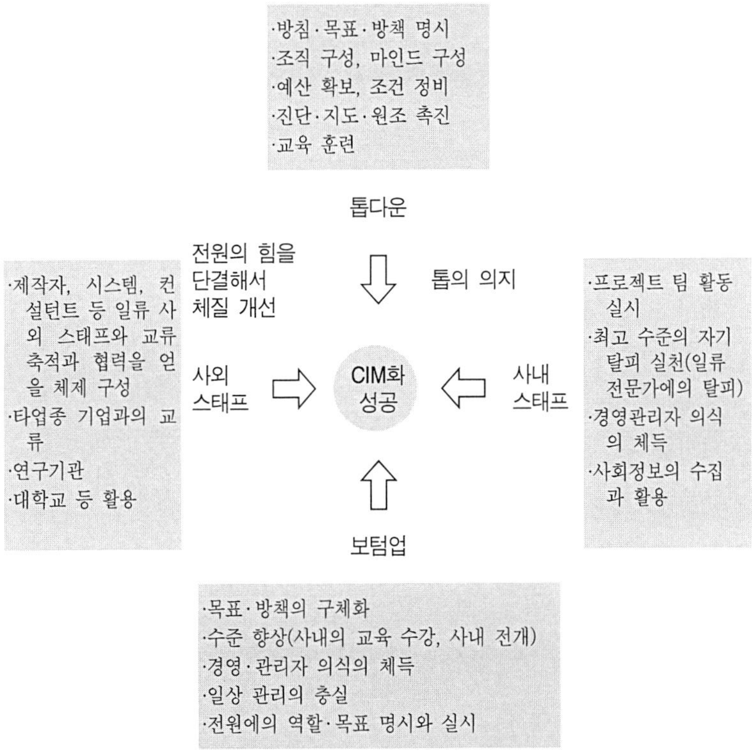

[그림 19-4] CIM의 성공 요결

이러한 CIM의 성공 요인을 요약하면 [그림 19-4]와 같다. 성공의 요결은 톱의 절대적 의지로 방침과 목표, 방책을 명확히 명시함으로써 CIM이 나아갈 지침을 확고히 제시하는 것이다. 제시하는 이러한 톱다운 접근 방식에서 이를 구체화할 사내외 스탭진의 구성이 중요하다. 제작자의 선정, 외부 컨설턴트의 활용을 효율적으로 운용할 내부 전문가의 양성 또한 중요한 과제이다. 이러한 스탭의 도움을 받아 회사 전체에 CIM 마인드를 확산하고, 기업문화로서 정착시키는 노력으로 보텀업이 성공할 때 최종적으로 CIM이라는 열매를 맺게 되는 것이다. 우리 기업이 지금 당장 CIM을 도입해야 하는가에 대해서는 의심의 여지가 있다. 그러나 이것은 타이밍의 문제일 뿐 선택의 과제가 아니라는 면에서 준비를 아무리 해도 지나침이 없을 것이다.

연습문제

1. CIM이란 무엇인가?
2. CIM의 등장배경은 어떻게 해서 이루어졌는가?
3. CIM의 개념 변천에 대해 정리해 보시오.
4. CIM의 3요소에 대해 설명하시오.
5. CIM의 효과에 대해서 논의하시오.
6. CIM의 성공적 도입을 위한 방안에 대해 논하시오.
7. CIM의 성공적인 사례를 들어보시오.
8. CIM 출현단계까지의 경영전략을 세대별로 구분해 보시오.
9. CAD/CAM/CAE와 CIM을 비교 설명해 보시오.
10. CIM 적용시 야기되는 문제점에 대해서 토론하시오.

제 20 장

볼보 사의 공장 인간화 (1977년)

복지국가의 대명사격인 스웨덴의
경우 노동자들의 근로 의욕 저하가
심각한 사회 문제로 대두되고 있었다.
고복지, 고부담 정책이 생산 의욕을
크게 떨어뜨려 직장 결근율이 20~30%
에 달할 정도로 문제의 심각성이 컸다.
여기에다 젊은이들이 생산직보다는 사무직을
선호하기 때문에 제조업 이탈 현상이 눈에
띄게 증가하고 있었다. 결과적으로 단순 반복
작업이 계속되는 자동차 공장은 심각한 구인난에
봉착하게 되었다. 더구나 미국 시장에서 판매
부진으로 고전하는 볼보로서는 업종 다변화와
함께 생산 혁명을 모색하지 않으면 생존 자체가
위협받는 상황에 처하게 되었는데, 여기서 나타난 것이
볼보 사의 칼마일 공장의 '공장 인간화' 선언인 것이다.

Motivation, Humanization

공장 인간화에 도전하는 볼보 사의 칼마일 공장

우리는 초기에 아담 스미스의 전문화(Specialization)에서 분업이 갖는 생산성 효과를 실감한 적이 있고 휘트니의 표준화(Standardization)와 길브레스의 단순화(Simplification) 등 3S가 생산성 향상을 위해서 얼마나 위력적인가를 언급한 적이 있다. 이러한 3S에 테일러의 과학화(Scientification)와 포드의 시스템화(Systemization)의 2S를 더해서 5S를 생산성 혁신의 최고의 덕목으로 간주하고 있다. 그러나 이를 생산 현장에 직접 접목시키는 데에는 우리가 전혀 예상치 못했던 함정이 있다.

결론부터 말하면 이러한 5S의 위력은 그것이 인간이 아닌 설비나 재료 등의 생산성 문제일 경우에는 의심의 여지가 없다. 그러나 문제는 생산성 혁신의 주체가 숨쉬는 인간이라는 것이며 이러한 인간은 과학만으로는 예측이 불가능한 속성을 갖고 있기 때문이다.

가장 비근한 예로서 단순화를 들 수가 있는데, 작업이 복잡하던 것을 단순화시키면 초기에는 복잡한 것보다는 금방 숙달될 수 있어서 생산성이 높아지지만 여러 번 반복하다 보면 싫증이 나므로, 약간 복잡해도 변화가 있는 작업보다 도리어 생산성이 떨어질 수도 있다는 것이다.

군대에 가면 많은 체벌을 받는다. 그 중에서도 가장 심한 체벌이 부동자세로 한참 동안을 세워 놓는 것이다. 그보다는 조금 덜하지만 마찬가지로 심한 체벌의 하나가 같은 동작을 계속하는 것으로 예를 들면 '열차'라고 해서 열중 쉬어와 차려 자세를 계속해서 반복하는 것이다. 여기서 우리는 작업 중에서 가장 고된 작업의 하나가 단순 작업을 반복하는 것임을 알 수 있다.

그런데 자동차 조립 공정을 보면 우리가 이미 언급한 바와 같이 포드 시스템이라는 생산라인 시스템을 구성하여 모든 작업자의 철저한 분업에 의해서 단순 작업을 반복하게 되고 군대에 가서 "열차, 열차"하며 단순 반복 작업이 계속되는 체벌을 받는 상황 전개와 다를 바 없게 된다. 어느 나라를 막론하고 자동차 조립 라인에 노사 분규가 심각한 이유가 여기에 있는 것이다. 자동차 조립 공정에서 바퀴를 조립하는 한 기능공의 예를 들어 보면, 아침에 출근해서 바퀴 달고 그 다음날 출근해서 다시 바퀴 달고, 그러다 보면 내가 바퀴만 달려고 이 세상에 태어났나? 하는 의구심을 갖게 될 것이다.

이러한 노동 소외 현상에 대한 해답을 제시한 것이 북유럽 최대 자동차 메이커인 볼보 사 칼마일 공장의 공장 인간화 선언인 것이다.

사회 · 심리적 측면에서의 작업 설계 필요성의 대두

약 200년 전 영국의 유명한 자선가 로버트 오엔즈가 어떤 공장을 소유한 적이 있었는데 그는 실무 책임자는 아니었으나 인간성에 관해서 깊이 연구한 적이 있었다. 그래서 실제로 실험을 위해 그는 세 가지 색상, 즉 황, 녹, 적의 리본을 갖고 공장에 갔다. 어느날 아침 종업원들이 작업을 하려고 보니 기계마다에 각각 다른 색의 리본이 부착되어 있었고 작업자들은 서로 웅성거리며 궁금해 했다. 며칠이 지난 후 의문이 풀렸다. 적색 리본은 공장의 평균 이상의 생산을 한 기계에 부착한 것이며, 녹색은 평균 산출량을 갖는 기계에, 황색은 평균 이하인 기계에 부착된 것이었다. 오엔즈는 어떠한 위협을 할 의도는 전혀 없었고 다만 리본이 작업자들에게 어떤 반응을 불러 일으키는지 연구하고자 한 것이었다. 그러나 이것은 놀랍게도 커다란 효과를 나타내었다. 2개월이 지나자 공장의 리본은 모두 적색이 되었다. 지금까지 이 정도로 생산이 늘거나 사기가 강화된 적이 없었다.

약 2세기 전에 성공으로 끝났던 이 실험을 2세기 후의 많은 관리자들이 재현시켜 보려 시도하였으나 모두 실패로 끝나고 말았다. 왜 2세기 전에는 성공한 실험이 현재에는 재현되지 않는가? 여기에서 동기부여(Motivation)의 이론을 알지 못하면 이에 대한 해답을 제시할 수 없다.

그러면 동기부여란 무엇인가? 인간의 행동을 결정하는 요소는 수없이 많다. 그러나 그 중에서 가장 중요한 것이 인간이 갖고 있는 욕구일 것이다. 이 강한 개인적인 욕구 충족과 목표 달성이라고 하는 공적인 직무수행의 성과를 종업원의 마음 속에 결집시키는 것을 동기부여라고 한다.

여기서 동기부여란 일반적으로 개인의 내부에 있는 동인(motive)과 외부에 있는 유인(incentive)과의 생물학적인 관련의 총칭을 의미한다. 동인은 인간의 행동을 발동하는 원동력으로서 식욕, 성욕, 배설, 휴식 등의 선천적 동인, 즉 본능적 욕구와 타인에 대한 우월, 칭찬, 사회적 승인 등의 후천적 동인으로 구분된다. 이러한 욕구를 충족시키고 긴장을 해소하기 위해서 인간의 반응이나 행동이 취해지는데 이러한 반응이나 행동이 취해지는 외적 환경 또는 대상, 장면, 사상을 유인(incentive)이라고 한다.

여기서 동기부여(Motivation)란 쉽게 설명하면, 인간의 동인, 즉 욕구(motive)를 파악해서 목적하는 행동을 유도하도록 유인책(incentive)을 쓰는 것이다. 그런데 여기서 동기부여의 어려움은 인간의 동인이 때에 따라, 곳에 따라 변한다는 데 있다. 세속적인 표현으로 화장실에 가기 전 마음과 갔다온 후의 마음이 다르다는 것이다. 여기서 인간의 동인은 하나의 동인이 충족되면 또 다른 동인으로 발전되어 간다는 것이다. 이를 가장 잘 설명하는 것이 매슬로우의 인간 욕구 5단계설이다.

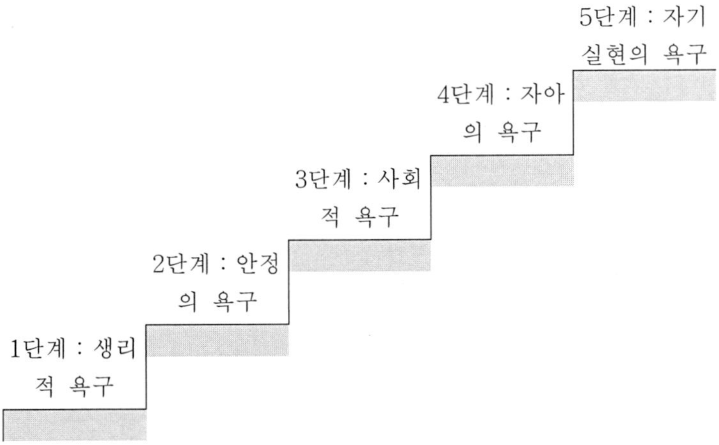

[그림 20-1] 인간 욕구의 5단계

인간은 [그림 20-1]에서 보는 바와 같이 5단계의 욕구를 갖고 있다는 것이다.

첫 단계가 생리적 욕구 단계이다. 생명 그 자체를 유지하기 위한 불가피한 욕구이다. 이러한 생리적 욕구는 생리적 평형을 유지하기 위한 먹을 것, 물, 공기, 배설, 운동, 휴식, 수면 등과 종족 보전을 위한 성적 욕구를 포함한다.

둘째 단계가 안전 및 안정의 욕구 단계이다. 장래의, 혹은 영속적인 생리적 욕구를 구체화하기 위한 욕구이다. 신체적인 위험, 위해, 고통을 최저로 한다든지, 경감한다든지, 안정된 수입을 보증 또는 고용의 안정을 추구하는 것이다.

셋째 단계가 사회적 욕구이다. 집단에의 귀속감, 멤버십, 타인으로부터 승인을 얻고 싶어 하고 애정을 구하며 고독을 피하려는 욕구이다.

넷째 단계가 자아의 욕구이다. 개인으로서의 자기의 가치관, 자신을 반영하고 싶어 하는 욕구이다. 공평, 정의를 구하고 원리를 주장한다.

마지막 단계가 자기 실현의 욕구이다. 자아의 확대를 꾀하는 욕구, 자기의 잠재력을 개발하고 발휘하는 목적을 달성하고 싶어 하는 욕구이다.

이러한 매슬로우의 인간 욕구 5단계를 통하여 2세기 전에는 리본을 붙이는 행위가 작업자에게 동기부여가 되었지만 이제는 되지 않는 이유를 설명할 수 있을 것이다. 지금 당장 배가 고픈 사람에게는 밥 한 그릇이 작업을 위한 인센티브가 되지만 배가 부른 사람에게는 전혀 인센티브가 되지 않는 이치와 같은 것이다.

오늘날 생활 수준이 점차 향상되고 교육 수준이 높아짐에 따라 많은 근로자들은 작업을 생존을 위한 것 이상으로 보기 시작하였다. 작업을 밥을 얻기 위한 생계 수단이 아니라 자기 실현의 과정으로 보는 경향이 나타나기 시작했으며 이러한 작업자들의 상위 개념의 욕구 충족을 위해서는 아담 스미스식의 직무의 전문화보다는 직무의 확대(Job Enlargement)와 직무 충실화(Job Enrichment)를 통해서 작업자의 만족도를 높이고 생산성을 혁신해야 한다는 움직임이 일게 된 것이다. 이러한 운동의 대표적 연구가로는 아지리스(C. Argyris)와 허즈버그(F. Herzberg) 등이 있다.

직무확대는 전문화 내지는 분업화로 세분된 작업 내용을 연결하여 즉, 여러 개의 작업을 합쳐서 작업자로 하여금 다양한 작업에 종사케 함으로써 (1) 작업의 다양화 (2) 작업의 연결성 (3) 작업 능력의 활용 (4) 작업 수행의 자율성에 주안점을 둔 사회 심리학적으로 전개된 직무 설계 방식이다.

직무 충실화는 직무확대의 확대판으로서 허즈버그의 2인자 요인론(Dual factor theory)에 바탕을 둔 것으로 (1) 종업원 참여 (2) 목표 지향 (3) 자율성 (4) 집단 관리 등에 주안점을 둔 사회 심리적 입장에서 전개된 직무 설계 방식이다. 이는 직무 수행자에게 관리적 권한까지 부여하는 것으로서 직무의 성취감과 책임감을 공유시키는 직무의 질적 확대를 의미하는 것이다. 따라서 전자의 직무확대를 수평적 확대, 후자의 직무 충실화를 수직적 확대로 지칭하기도 한다.

이러한 이론적 배경에서 출발한 볼보 사의 칼마일 공장의 직무충실화는 가히 생산 시스템의 혁명을 가져 왔던 것이다.

볼보 사의 생산 혁명의 배경

복지 국가의 대명사격인 스웨덴의 경우 노동자들의 근로 의욕 저하가 심각한 사회 문제로 대두되고 있었다. 고복지, 고부담 정책이 생산 의욕을 크게 떨어뜨려 직장 결근율이 20~30%에 달할 정도로 문제의 심각성이 컸다. 여기에다 젊은이들의 제조업 이탈 현상이 눈에 띄게 증가하고 있었다. 생산직보다는 사무직을 선호하기 때문이었다. 결과적으로 단순 반복 작업이 계속되는 자동차 공장은 심각한 구인난에 봉착하게 되었다. 더구나 미국 시장에서 판매 부진으로 고전하는 볼보로서는 업종 다변화와 함께 생산 혁명을 모색하지 않으면 생존 자체가 위협받는 상황이었다. 또 볼보 사로서는 연간 35만 대의 자동차를 생산하여 세계 자동차 시장의 1%의 점유율을 차지하고 있기 때문에 가격경쟁으로 버티기는 어렵고 오직 품질 고급화와 다양화로서 명맥을 유지하지 않으면 안되는 처지에 있었다. 여기서 볼보 사의 페르질렌함마 사장은 1974년 당시 스웨덴의 남부 칼마일 시에 자동차 공장을 건설할 때, 포드 시스템으로 유명한 조립 라인 생산 시스템을 과감히 철거하고 공장 인간화를 선언하게 된 것이다. 기존의 무수한 세부공정수를 20개의 공정으로 대폭 줄여 팀제로 생산하는 원시 생산 방식으로 회귀하였다.

이러한 과감한 생산 방식을 통해서 작업자는 거대한 조립 라인에서 톱니와 같이 단순 작업을 반복하는 노동 소외에서 벗어날 수가 있었으며 자기실현의 상위 개념 욕구를 만족시킴으로써 결과적으로 높은 생산성을 실현할 수 있었을 뿐 아니라 구인난에서 해방될 수 있었다.

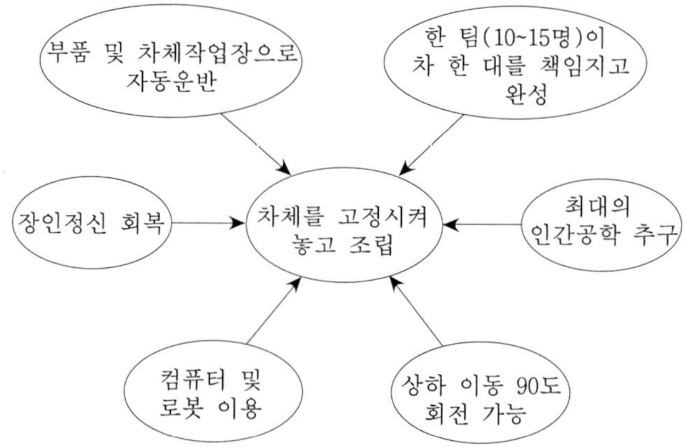

[그림 20-2] 볼보 사의 우데발라 공장의 작업 과정

이러한 성공을 바탕으로 볼보 사는 스웨덴 남서부에 위치한 우데발라 공장을 건설하면서 공장의 인간화를 위한 팀제 생산 방식을 완성했던 것이다. 팀제란 [그림 20-2]의 작업 과정에서 보는 바와 같이 10~15명으로 구성된 한 팀이 차체를 고정시켜 놓고 전 조립 공정을 수행하는 방식이다. 볼보의 로자 홀드바크 사장은 "첨단 기술과 새로운 시스템을 도입, 노동자가 자기노동의 의미를 발견할 수 있는 것이다."라고 팀제 생산 방식을 설명하고 있다. 근로자들은 팀별로 나뉘어 있는데 각 팀에는 작업을 감독하는 매니저와 팀을 대표하는 대변인이 1명씩 있다. 과거 봉건 시대의 도제 시스템과 유사하고 다만 초현대식 장비가 갖춰져 있다는 사실만 다를 뿐이다.

옛날의 포드 방식에서의 모든 작업자는 극히 단순한 반복 작업만을 수행함으로써 근로자들이 조립 기계에 불과했으나, 새로운 방식에서는 모든 작업자가 모든 공정에 참여함으로써 자기 노동에 의미부여를 할 수 있다는 긍정적인 측면을 강조한다. 그러므로 포드 시스템에서 작업자는 자기가 만든 차라는 생각이 거의 들지 않았으나 이러한 팀제 아래에서는 자기팀이 만든 차 또는 자기가 만든 차라는 생각이 들고 이러한 자기가 만든 차라는 의식이 품질에 대한 책임감을 자극하고 나아가서는 사기앙양에 크게 도움이 되어 생산성 혁신에 기여한다는 것이다.

이러한 생산 방식을 위해서는 첨단 기술을 이용한 첨단 작업장이 마련되어야 한다. 작업대는 고정된 차체를 상하로 움직이는 것은 물론 차체 밑을 정면으로 바라볼 수 있도록 90도 회전이 가능하다. 더욱이 공중에 매달린 차체 밑으로는 조립 부품이 컨베이어 방식으로 운반되는데 컴퓨터가 필요한 장소와 시각에 전달되도록 컨트롤을 하는 것이다. 가능한한 작업대는 작업자가 편안한 상태로 작업하도록 설계되어 있다.

로봇을 추방하는 도요타의 조립 라인

이러한 볼보 사의 성공 결과는 세계의 많은 자동차 회사 생산 방식에 영향을 미치고 있는데, 그 대표적인 예가 일본의 아이치(愛知) 현에 있는 도요타 자동차의 RAV 4 조립 라인이다. RAV 4는 도요타가 만드는 4륜 구동형 승용차인데, 이 공장의 특징은 윙윙거리는 로봇의 기계음이 들리지 않고 정적과 빛뿐이라는 것이다. 세계 자동차 메이커 중에서 가장 폭넓게 조립 공정을 자동화했던 도요타 자동차가 왜 다른 공장에 비해서 자동화율을 66%나 후퇴시켜 이 공장을 설계했을까? 그 배경은 다음과 같다. 2년 전 자동화 시설을 완벽하게 갖춘 대규모 공장을 규슈에 신축한 적이 있었다. 대단한 경제성을 보장해 줄 것 같았던 그 공장은 기대만큼 경제적이지는 않았다. 자동화로 근로자 수는 대폭 줄어들었지만 자동화 설비의 유지 보수에 임금보다 더 많은 돈이 들었기 때문이다. 여기서 도요타 경영진이 얻어낸 결론은 생산성은 역시 기계보다는 사람이라는 것이다. 이에 따라 다시금 생산 라인에서 로봇을 들어 내고 그 자리에 사람을 배치하는 인간 중심 조립 라인의 철학을 갖게 되었다.

이 공장의 조립 라인은 볼보 사와 같이 완전히 팀제로 운영되는 것은 아니지만 기존 포드 시스템에 볼보 사의 팀제 개념을 믹스한 개념을 정립하였다. 공장 내부는 온통 밝은 색 페인트가 칠해져 있고 조립 라인은 철저히 근로자 편의 위주로 설계되어 있다. 기존 1개 조립 라인에서 모든 조립이 이루어지던 것이 5개의 소그룹 조립 라인으로 나뉘어져 설계되어 있으며, 1개의 소그룹 조립 라인으로는 한 번에 3~4대의 차체가 들어 온다. 차체는 5군데의 소그룹 조립 라인을 전부 돌아야 조립이 완료되는데 이 중 한 군데라도 후속 차체를 받을 준비가 되어 있지 않다면 전체 조립 라인이 일시 정지된다. 과거의 시스템이 완전히 기계 중심 설계라면 이 공장의 생산 시스템은 완전히 인간 중심의 설계인 것이다. 이러한 인간 중심 라인 설계의 성과는 눈부셔서 이 공장은 하루에 자동차 428대를 조립하는데 자동차 1대당 작업시간은 10시간에 불과하며 이 결과는 도요타의 기타 자동차 조립 라인과 같은 정도로 자동화가 완벽하게 이루어진 미국 자동차 업체의 절반 수준이다. 이 곳의 한 달 출고량은 손익 분기점의 4배 수준인 9,000대이다. 왜냐하면 이 공장은 다른 공장에 비해서 공장 자동화 수준이 낮아 투자비가 절반 수준에도 미치지 못하기 때문이다.

우리는 인간이 갖는 무한한 가능성과 경이를 보게 되는데 생산성 하면 으레 공장 자동화나 설비 투자만을 연상하는 우리 기업에 시사하는 바가 클 것으로 생각된다.

연습문제

1. 동기부여 이론에 대해 설명하시오.
2. 매슬로우의 인간의 욕구 5단계에 대해 설명하시오.
3. 5S에 대해 설명하시오.
4. 볼보 사가 공장인간화를 통해 성공할 수 있었던 배경에 대해 설명하시오.
5. 직무 확대와 직무 충실화가 작업자의 만족도를 높이고 생산성 향상에 도움이 되는 이유는 무엇인가?
6. 인간화를 통한 성공 사례를 들어보시오.

7. 작업장의 자동화/기계화보다 인간화 될 때의 장점에 대해 토의해 보시오.
8. 산업화에 따른 노동소외 현상에 대해 토의해 보시오.
9. 사회·심리적 측면에서의 작업장 설계 필요성에 대해 토의해 보시오.
10. 현 경영혁신에서 인간화가 요구되고 중요시되는 이유는 무엇인가?

제 21 장

IBM 사의 다운사이징 (1980년)

급변하는 기업 환경 속에서
다운사이징은 인원감축, 업무 재설계,
체계적인 전략으로써 기업의 전반적인
개선을 꾀하고 기업을 슬림한 구조로
환경 변화에 민감하게 대응할 수 있도록 한다.
다운사이징은 단기적인 수익성을 반전시키는 데
효과적이고, 조직 내의 간접비 감소, 비효율적인
관료적 조직운영의 개선, 신속한 의사결정 등을 통해
조직에 긍정적인 영향을 가져다주는 반면 직원의
사기 저하, 예기치 않은 해고관련 비용, 인재 유출, 투자
부실로 인한 장기적 쇠퇴 등의 부작용을 낳을 수도 있다.

Downsizing

다운사이징은 down과는 전혀 상관없는 용어에서 유래됐다. 다운사이징은 IBM왓슨 연구소 직원인 헨리 다운사이징에서 따온 것으로 그는 1980년대 초 메인프레임보다 더 작으면서도 우수하고 더 싸고 더 빠르고 더 유연하며 더 신뢰성 있는 컴퓨터 개발을 주장한 사람이다. 다운사이징은 조직을 야위게 만드는 기법을 말하는 것으로, 슬림화를 통해 능률의 증진을 추구한다. 넓은 의미에서 다운사이징(downsizing)은 '조직의 효율성, 생산성 그리고 경쟁력을 개선하기 위해서 조직 인력의 규모, 비용구조, 업무흐름 등에 변화를 가져오는 일련의 의도적인 조치들'을 의미하며, 다음의 세 가지 형태 중의 하나로 나타날 수 있다.

	제1유형 : 인원감축	제2유형 : 업무재설계	제3유형 : 체계적 접근
초 점	사람 수 감축	직무, 계층, 조직단위	조직문화
제거 대상	사람(people)	업무(work)	현상유지적인 사고
실행 기간	단기	중기	장기
기대 효과	단기 효과	중기 효과	장기 효과
구체적인 기법들	자연감소 해고, 명예 퇴직 등	기능의 통폐합 조직단위 통합 직무 재설계 계층 축소 및 제거	총체적인 조직문화 및 경영혁신 운동

일반적으로 가장 널리 활용되는 전형적인 다운사이징 유형으로는, 조기(혹은 명예)퇴직, 정리해고, 재취업 알선(out-placement) 등의 수단들을 통해 단순히 조직 내 일정 인원을 감축하고자 도입되는 '인원감축 전략(workforce reduction strategy)'으로서의 다운사이징을 들 수 있다. 또한 다소간의 인원감축을 수반한다 하더라도, 조직 내 불필요한 기능이나 계층, 부서 등을 제거함으로써 기존 업무 흐름의 효율성을 개선하는 데 더 우선적인 초점이 두어지는 '업무 재설계 전략(work redesign strategy)'으로서의 다운사이징도 있을 수 있다.

한편, 단순히 일과성의 프로그램이나 혹은 목표로서 다운사이징을 실시하는 것이 아니라, 장기적인 관점 하에서 지속적이고 총체적인 경영혁신 운동의 일환으로 전개되는 보다 '체계적인 전략(systemic strategy)'으로서의 다운사이징 또한 가능하다. 물론 실제적으로 이러한 세 가지 유형의 다운사이징은 개별적으로 혹은 통합적으로 사용될 수 있다. 이와 같이 다운사이징은 상당히 폭넓은 개념으로 정의될 수 있으나, 현실적으로 가장 많이 활용되고 있는 방법은 앞서 지적한 바와 같이 첫 번째 유형의 인원감축을 통한 방법이다.

또한 다운사이징은 일반적으로 비즈니스 다운사이징과 정보시스템 다운사이징으로 나눌 수 있다. 비즈니스 다운사이징은 기업체의 관료화에 따른 불필요한 낭비조직을 제거하는 것이다. 이를 통해 불필요하고 불합리한 본사의 임원이나 지원부서가 축소되고 기업의 계층구조가 줄어들며 중간관리층이 대폭 감소하게 된다. 이를 위한 조직개편 수단이 팀 제도이다. 비즈니스 다운사이징은 기구축소 또는 감원, 원가절감이 목표이기는 하지만 원가절감과는 개념이 다르다. 단기적 비용절약이 아니라 장기적인 경영전략으로서 수익성이 없거나 비생산적인 부서나 지점을 축소 내지는 제거, 기구를 단순화하여 관료주의적 경영체제를 지양, 의사소통을 원만·원활하게 하여 신속한 의사결정을 도모하는 것이다. 정보시스템 다운사이징은 기업의 전산화 작업을 LAN을 중심으로 한 네트워크 자료처리 플랫폼으로 이행하는 것으로 정의된다. 생산시스템이 다품종 소량생산 체제로 이루어지는 폐쇄형 정보시스템은 그 운영체계와 복잡한 절차 때문에 순발력을 잃었고, 이에 따른 기업의 비능률적인 체제가 경영악화의 한 요인으로 등장했다. 정보시스템 다운사이징은 정보시스템을 일선에서 퍼스널컴퓨터를 직접 다루는 최종사용자 중심으로 바꾸고 정보시스템의 보수유지, 안전, 보안 등만 중앙에서 처리하는 것을 말한다. 즉 중앙 집중 통제방식으로 정보를 처리하는 방식에서 벗어나, 정보를 PC에서 분산하여 처리하는 방식이다.

IBM과 Downsizing

➢ IBM의 연혁 및 위기

1914년 토마스 왓슨 1세에 의해 설립된 IBM은 회사를 설립했을 당시에는 경쟁자가 없었기 때문에 가부장적인 기업 문화가 탄생했는데, 이러한 IBM의 기업 문화 중에서 전 직원을 안심시키는 가장 큰 방패막이 구실을 한 것이 바로 '무해고'정책으로 근로자들이 편안하게 느끼고 안심할 수 있는 가족적인 분위기를 창출하고, 열심히 일하는 동시에 휴식도 취할 수 있게 하는 문화가 형성되어 있었다. 왓슨은 평생직장을 보장했을 뿐 아니라, 직원들이 행복하고 생산적인 대가족의 일원이 된 것처럼 생각하기를 바랬다. 집을 주선했고, 배우자들의 직장을 알선했고, 직원들에게 회사 골프장 이용권을 주었다. 그 후 75년간 IBM은 해고가 전혀 없는 '평생직장'의 대명사였다. 컴퓨터산업이 빠르게 성장하기 시작한 70년대, IBM 직원들은 회사배지를 달고 회사로고가 새겨진 가방을 들고 다녔다. IBM식구라는 것은 크나큰 자랑거리였으며 '줄무늬 와이셔츠(Pan-Stripe)'로 대표되는 IBM문화를 만들었다.

그러나 90년대에 접어들면서 IBM은 더 이상 예전의 IBM이 아니었다. 중앙처리장치(CPU) 부문은 인텔, 본체는 컴팩과 델, 소프트웨어는 마이크로소프트가 시장을 선도했다. IBM은 경영 판단의 실수로 순식간에 어려움에 빠지게 되었다. 잘 알려진 것처럼 IBM은 기업용 대형 컴퓨터를 주로 만드는 회사였다. 그런데 80년대 후반부터 개인용 컴퓨터인 PC가 등장했는데, IBM의 경영진은 PC의 성장 잠재력을 무시하고 대형 컴퓨터 위주의 사업을 밀고 나갔던 것이다. 결과는 한마디로 참패였다. IBM의 몰락은 오만함에서 시작된 것으로 진단되고 있다. 개인이든 기업이든 오만하게 되면, 시대의 조류를 깨닫지 못하게 된다. IBM은 참패를 당하고도 구조조정을 미루다가 결국 파산의 위기에 직면하게 되었다. IBM 역사상 최악의 달인 1993년 1월, 대형 컴퓨터와 소형 컴퓨터 양쪽 모두에서 판매율 감소가 계속 되었다. IBM은 1992년에 무려 49억 7천만 달러의 적자를 기록했으며, 이는 미국 기업 역사상 최고라는 발표가 있었다. 매출액은 645억 달러로 약간 감소했다. IBM의 1992년 손실액은 28억 6천 달러였던 전 해에 비해 거의 두 배에 가까운 수치였다. 그 후로 1987년 175달러로 최고치를 기록했던 주식이 한 주 만에 겨우 49달러로 추락했다. 1990년부터 1993년까지 IBM의 주가는 30퍼센트나 하락했고, 이로 인해 60억 달러의 손실을 입었다. 그리고 당시 회장 존 에이커스가 CEO로 있던 마지막 해에는 IBM 전체 임직원 중 4분의 1이 해고당했고, 열 개의 공장이 폐쇄되었다. 이러한 조치들로 인해 IBM의 생산 능력은 40퍼센트나 하락했다. 우수한 인재들은 모두 회사를 빠져나갔고 좋은 아이디어는 더 이상 나오지 않았다.

➢ 존 에이커스 회장의 방책

이러한 IBM의 위기에 대처하기 위해 그 당시 CEO로 있던 존 에이커스 회장은 대대적인 정비를 하기 시작했다. 에이커스가 비용절감을 위해 가장 먼저 손을 댄 부분은 과잉 제조설비를 적정규모로 감축하고, 기업의 간접비용을 줄이기 위해 스태프의 인원을 라인 조직으로 재배치하는 정책이었다. 1980년대 중반 IBM의 라인 대 스태프의 비율은 거의 50 대 50이었다. 이 비율을 서서히 늘려 궁극적으로는 70 대 30의 비율 이상으로 개선하는 목표를 세웠다. 이에 따라 라인의 인원이 1986년 초의 43퍼센트에서 1991년 말에는 57퍼센트로 증가되었다. 불필요한 관리계층을 없앰으로써 관리자의 수도 5만 명에서 3만 6천 명으로, 1만 4천 명을 감축하였다. 스태프의 감소로 생긴 공백은 생산성의 향상으로 극복하고 라인 부문의 인원을 최대한으로 늘려나갔다. 이러한 재배치의 목적은 시장에서 고객을 만나는 영업사원의 수를 늘여 궁극적으로는 이를 통해 회사 매출을 극대화하자는 것이었다. 1986년부터 제조 부문과 스태프 진영의 많은 종업원들이 라인 조직으로 대대적인 이동을 하였다. IBM 역사상 최대규모의 인력 재배치였다. IBM의 전통인 완전고용정책에 따라 종업원을 해고하지 않고 원하는 경우에는 재교육을 통하여 새로운 직무로 이동시킨 것이다. 인력 재배치 전략에 따라 1987년까지 약 2만 명이 넘는 종업원이 새로운 직무로 이동하였다. IBM 종업원의 자연이직률은 다른 기업에 비해 상당히 낮은 수준이었다. 평균적으로 약 5퍼센트 미만이었다. 이러한 이동에 대해 대부분의 직원들은 긍정적으로 받아들였으나, 일부는 부정적인 견해를 표명하였다. 왜냐하면 조직이 개인의 희생을 강요하는 행위라는 것이었다. 그러나 이러한 인력 재배치 전략은 감량경영을 해야 하는 입장에서 완전고용을 고수하려는 IBM의 최대한의 노력이었다. 또한, IBM은 인력을 감축하기 위하여 먼저 신입사원 채용을 억제하였다. 1986년 이후 IBM은 특별한 기술을 요하는 직무가 아닌 경우에는 종업원의 신규채용을 중지하였다. 그러나 이러한 신규채용의 억제만으로는 적정수준의 인원 감축에 불충분하였다. 기존 인력의 감축을 위하여 1986년부터 IBM은 자발적 퇴직 제도를 시행하였다. 퇴직자에게는 퇴직에 따른 인센티브를 줌으로써, 종업원의 회사에 대한 기여에 다소나마 보상을 하고자 하였다. 이러한 제도의 시행으로 IBM은 1986년에 40만 명이 넘는 직원 중 약 10만 명의 인원을 감축하여 1992년까지 30만 명의 수준으로 만들었다. 그러나 이러한 퇴직제도 이후에도 직원 규모는 여전히 과잉 상태였고 보다 많은 인원을 감축해야 한다고 업계와 주주들은 생각했다. 1992년 말 에이커스는 1993년에 2만 5천 명의 인원을 더 줄일 것이라고 발표하였다. 그리고 이에 더불어 1992년 에이커스는 각 회사의 사장의 판단에 따라 필요하다면 각 사별로 감원을 결정할 수도 있는 직접해고의 권한을 13개의 독립회사의 사장에게 위임하였다.

IBM이 전통적인 완전고용 정책을 유지하면서 자발적 퇴직제도에 의해 인원 감축을 시도한 것은 기업윤리의 측면에서 바람직한 것으로 평가되었다. 그러나 이러한 정책은 여러 가지 점에서 부정적인 영향을 초래하였다. 월 스트리트의 분석가와 투자자들은 IBM의 위기의 진원은 바로 IBM의 완전고용 정책에 있다고 비난하였다. 완전고용 정책을 포기하였더라면, 추가적인 비용 부담이 없이 쉽게 위기를 극복할 수 있었을 것이라고 주장하였다.

또한, 불필요한 인력을 해고하는 방식이 아니라 전 종업원을 대상으로 자발적 퇴직을 지향하였기에, IBM을 떠난 사람들은 IBM이 진정으로 필요로 하는 기술력을 가진 우수 인력이었다는 지적을 했다. 다른 직장으로 옮길 능력이 없는 사람들은 IBM에 남아 인력 재배치에 의해 다른 직무로 이동하는 것을 선택하였고, 다른 직장으로 쉽게 옮길 수 있는 능력을 가진 사람은 IBM을 떠나는 것을 선택하였다는 것이다. 또 다른 측면으로 자발적 퇴직제도는 IBM이 원하는 수준의 인원감축에 도달하는 데 많은 시간이 요구되었으며, 인센티브의 지급에 따라 많은 추가적인 비용의 부담을 안겨주었다. 1986년 이래 7년 동안이나 인원 감축을 시행했으나 1993년 에이커스 회장 임기 말까지도 적정수준에 이르지 못한 채 프로그램을 계속 진행하고 있었다. 이에 따라 종업원의 사기도 큰 문제로 등장하였다. 직업의 안정성은 크게 저하되었으며, 계속적인 인원 감축으로 남아있는 종업원들에게도 불안감을 주었다. 종업원에게는 불안감의 기간이 너무나 길었기 때문에 종업원들 일각에서는 경영층이 한번에 필요한 수의 인원을 즉각적으로 줄이고 적정규모에서 새로 출발하는 것이 오히려 낫겠다는 의견이 나올 지경이었다.

인센티브에 따른 비용도 당시 IBM의 위기를 심화시킨 커다란 요인 중에 하나라고 평가되고 있다. 과잉설비와 인력의 감축을 위한 비용은 1991년과 1992년만 보더라도 각각 72억 달러와 116억 달러에 달하였다. 이러한 비용이 1991년과 1992년의 기록적인 적자를 가져온 주원인이었다. 1992년에 이 비용이 수익에 약 64억 달러의 마이너스 효과를 가져왔다. 장기적으로는 인원의 감축이 비용을 줄여 회사의 재무구조를 튼튼히 하는 기반이 될 것임이 틀림없었으나, 단기적으로는 이를 시행하기 위해 IBM이 지불한 비용은 엄청난 금액이었다. 특히 주주의 입장에서는 주식으로부터 돌아오는 배당 감소를 감수하는 인내심에도 한계가 있는 것이다. 분기별 배당이 자금의 흐름을 좌우하는 미국 자본주의에서는 당연한 일이다. 완전 고용의 전통을 무너뜨리느냐, 일시적인 비용을 감수하느냐 양자의 사이에서 에이커스는 고민했을 것이다. 하지만 그는 전통을 존중하는 사람이었다. 그는 후자를 택했고, 주주들의 인내의 한계는 에이커스를 권좌에서 물러나게 만들었다.

➢ 거스너 회장의 방책

Louis V. Gerstner

1993년 4월 IBM에 새로 취임한 거스너 회장은 그의 전략의 첫째가 "회사 규모를 시장의 상황에 맞게 최단 시일 내에 적정규모화(Right-Sizing)하는 것"이라고 말하였다. 이에 거스너는 그 동안 IBM이 적정규모로 전환하기 위하여 너무나 오랜 기간 동안 느린 속도로 종업원과 생산 시설들을 줄여왔다고 피력하였다. 이는 오히려 남아있는 종업원들, 투자자들 및 고객들의 불안감만 증폭시켰고 급변하는 경쟁 환경에서 계속 뒤지는 결과를 가져왔다고 지적하였다. 그는 가능한 한 최단 시일 안에 적정규모로 감축하여 새로운 자세로 회사가 살아남도록 힘을 쏟았다. 그는 핵심사업이 아니라고 판단되는 사업과 제조시설, 부동산 및 동산을 신속히 처분했다. 이에 따라 1993년 12월 13일에 페더럴 시스템스 사업장을 매각했다. 뿐만 아니라 관리자의 수와 단계를 줄여 효율성을 높이고 핵심인력을 외부에서 영입하여 조직 내에 전반적으로 만연된 고비용 구조와 비효율적 요인을 타파해 나갔다. 그 결과 IBM은 첫 해 65억 달러의 비용을 절감하며 기사회생의 발판을 가질 수 있었다. 고비용 구조도 꾸준히 개선해 한때 매출 대비 38%까지 이르던 비용 비율이 오늘날에는 23%까지 낮아졌다.

또한 IBM은 루이스 거스너 회장의 취임 이전부터 추진해오던 주요 제품별 분사화 계획을 전면 백지화하고 모든 제품 분야와 전 세계적으로 분산된 조직을 하나의 글로벌 IBM 조직으로 통합했다. 이는 IBM의 장점인 우수한 기술력과 IT에 관련된 통합적 서비스 능력, 그리고 광범위한 고객기반의 장점을 살려 IBM이 강력한 하나의 단일 조직으로서 시너지를 발휘할 때 가치가 있다는 루이스 거스너 회장의 확신 때문이었다. 이와 더불어 전사적 지식경영 인프라와 최고경영자의 사내 커뮤니케이션을 크게 강화함으로써 각 나라의 조직 및 IBM직원들에게 일체감과 소속감을 심어주었다.

거스너 회장은 기업 문화를 바꾸기로 결심했고 그 어떤 문화보다도 직원들을 무기력하고 무관심하게 만들었던 수십 년 묵은 무해고 정책을 가장 먼저 없앴다. 회사가 황금기를 누리고 있을 때는 이러한 무해고 정책이 그다지 해로울 게 없다. 하지만 IBM의 판매율이 고전을 면치 못하는 시기에는 매출액이 하락하기 때문에 사업비용이 크게 늘어나게 된다. 적극적인 해고 조치가 필요한데도 에이커스 체제가 한 일은 관대한 퇴직 프로그램을 여러 가지로 실시한 것뿐이었고, 그 결과 직원 감소 폭은 달라지지 않았다.

무해고 정책을 파기하자 자기 역할을 다하지 않는 수많은 직원들을 덮고 있던 보호막이 벗겨졌다. 정말로 재능 있는 사람만 남게 된 것이다. 1993년 7월, 3만 5천 명의 감축은 전형적인 축소 방안과 근사한 조기 퇴직안을 답습하지 않았다는 점에서 예전의 인원감축과는 달랐다. 1993년 새로운 회장 루이스 거스너는 자발적인 퇴직제도가 아니라 직접적인 감원 정책을 실시하게 되었다. 1993년 2/4분기 결산을 끝내고 거스너 회장은 인원감축이 예상보다 많은 5만 명 선이 될 것이라고 발표하였다. 이에 따라 1993년 말 IBM의 종업원은 25만 5천 명 정도가 될 것이고, 1994년 말에는 22만 5천 명 선으로 줄이겠다고 발표하였다. 1986년 최대의 규모 40만 명에 비해 볼 때 7년 만에 약 절반의 직원이 IBM을 떠났다. 인원 감축의 대상도 1992년까지는 그동안 성장이 부진했던 미국과 유럽의 지역을 주 대상으로 이루어졌지만 1990년대에 아시아 지역의 성장도 부진하자, 거스너는 취임 후 7월 향후 인원감축을 아시아 지역을 주 대상으로 실시하겠다고 발표하였다. 한국에서도 1993년 1월 조기퇴직제도를 발표하여 160여 명의 인원이 IBM을 떠났으며, 동년 7월에는 또 한번의 추가적인 퇴직 프로그램이 발표되어 40여 명의 인원이 떠났다

인원감축과 함께 상급 관리자들에게는 새로운 스톡옵션 방안을 고안했는

데, 시장 가격이 오르더라도 미리 정한 가격에 주식을 구입할 수 있도록 하는 방안이었다. 이 정책에 따르면, 상급 관리자들은 89달러에서 169달러라는 높은 가격에 책정돼 있던 예전의 옵션을 47달러 88센트라는 낮은 가격의 새로운 옵션으로 바꿀 수가 있었다. 이러한 제도는 경쟁 업체들이 IBM의 유능한 직원들을 유혹하고 있는 상황을 고려하여 우수 인력이 빠져나가는 것을 방지하기 위한 전략이었다.

IBM직원들은 이러한 긴축안을 그들에게 제일 먼저 알린 점을 칭찬했다. 거스너 회장은 "이 회사 직원들은 지난 몇 년 동안 견디기 힘든 짐을 감당해 왔다. 하지만 지금까지 거쳐온 물고문을 이제는 끝내야 한다. 지난 2, 3년간 이루어졌던 것처럼 한 차례 한 차례씩, 한 부분 한 부분씩 인원감축을 하는 것은 부당하고 기운 빠지는 처사이다. 여러분에게는 불안감을, 고객에게는 의심을 선사할 뿐이다."라며 이러한 인원감축을 잽싸게 한꺼번에 끝냈다. 많은 사람들이 생각하는 것과는 달리 에이커스가 해고한 직원들이 기스너가 해고한 직원보다 훨씬 많다. 다만 거스너 시절에는 한 번에 많은 수의 직원들이 해고당했기 때문에 더 혹독한 시간이었다고 기억될 뿐이다. 게다가 에이커스는 직원 개개인을 존중한다는 미명 아래 퇴직하는 직원들에게 2년치 월급에 해당하는 돈을 지급하였는데, 이는 회사의 존립 자체를 위태롭게 하였다. 반면 거스너의 경우에는 최대 26주 치의 월급과 6개월 치의 의료보험료만을 주었을 뿐이었다. 거스너가 행했던 정리해고는 워낙 빠르게 진행되었기 때문에 직원들은 당황해 할 새도 없었다. 인원감축과 함께 거스너는 직원들을 위한 복지 혜택 또한 줄여갔다. 대량 감원으로부터 살아남은 사람들이라도 IBM의 긴축정책으로부터 예외가 되는 것은 아니었다. 임금 인상은 억제되었고, 거의 대부분의 직원이 받아왔던 성과급은 매우 제한적이고 엄격하게 지급되었으며 복리후생비 역시 대폭 삭감되었다. 이로 인하여 1993년 말부터 1994년 초에 이르기까지 IBM의 자금 사정은 매우 좋아졌다.

이러한 대규모 인원 감축 이후 IBM의 기업 문화는 크게 바뀌었다. 새로운 기업 문화의 주체가 되었던 사람들은 주로 간부들과 사무직 및 영업직 직원들이었다. 생산직 직원들이나 일용직 노동자들은 새로운 IBM에 대해 전혀 다른 시각을 갖고 있었다. 당시 IBM 생산직 직원들의 사기는 땅에 떨어져 있었다. 그들은 1993년과 1994년의 대규모 감원을 거치면서도 구조조정의 필요성을 받아들이는 분위기였고, 설사 에이커스 전 회장이 남아 있었더라도 상황은 마찬가지였을 것이라는 것을 받아들였다. 1994년 이후 회사에 여유가 생기자 거스너는 다시 새로운 직원을 채용하기 위한 신문 공고도 낼 수 있게 되었다. 그러나 문제는 그렇게 새로운 직원을 채용하려고 하면서도 기존 직원들에 대한 정리 해고는 계속되고 있었다는 점이다. 앞으로 회사가 정상화되더라도 구조조정은 계속될 것이라는 사실을 인식하자 생산직 직원들은 불만을 품게 되었다. 이미 오래 전부터 미국의 노동자들은 꼭 경기 침체라는 이유가 아니라 일반적인 경영상의 이유로도 회사 측에서는 정리해고를 할 수 있다는 것을 당연하게 생각해 왔다. 이런 상황에서 IBM직원들이 괴로워했던 것은 이제 더 이상 IBM은 특별한 일터가 아니라는 점이었다.

일부 비평가들은 거스너의 이러한 IBM 살리기가 단지 대규모 감원에 의한 비용 절감을 통해 얻어진 것이라고 말하기도 했다. 그러나 IBM 직원 1인당 생산성이 이러한 인원 감축으로 인하여 큰 폭으로 상승해 있었다는 것은 어느 누구도 부정할 수 없는 사실이었다. 한때 대규모 감원을 실시했던 것도 사실이지만 그 후로는 직원을 계속 채용하여 1994년부터 1998년까지는 오히려 7만 1,000명의 직원이 늘었다. 게다가 IBM직원들의 임금도 평균 8퍼센트씩 해마다 상승하였다.

➢ IBM의 부활

이러한 노력 덕분에 IBM은 기적적으로 환생했다. 1994년에 IBM은 30억 달러를 벌어들여서 『포춘』지가 선정한 500대 기업 중 아홉 번째로 많은 이윤을 기록한 회사에 올랐다. 1993년 80억 달러 적자에서 1994년 30억 달러 흑자로 전환한 것이다. 거스너의 파격적인 비용절감 계획이 이제 전속력으로 가동되면서 1993년에는 35억 달러, 1994년에는 28억 달러 지출 감소를 기록했다. IBM은 100억 달러 이상의 현금을 손에 쥔 채 1994년을 마감했다. 핵심부채도 33억 달러에서 29억 달러로 줄어들었다. 그 이후 1996년 IBM의 매출은 1992년 대비 약 17% 증가한 760억 달러에 이르렀고, 구조조정 작업 1

년 만에 경영 수지는 흑자로 돌아서기 시작해 1996년에는 54억 달러의 흑자를 달성했다. 뿐만 아니라 40달러 선까지 떨어졌던 주가도 3배 이상 상승하여 1994년 10월에는 한 주당 75달러 대를 맴돌았다. 주식 가격 상승을 유발시킨 주요 원인 중 하나는 거스너가 비용을 56억 달러 절감했다는 점, 특히 1994년에만 그 어마어마한 금액의 절반을 줄였다는 점이었다. 회사 목표는 1996년까지 80억 달러를 절감하는 것이었다. IBM은 1992년 직원 30만 2천 명에서 1994년 가을 23만 2천 명으로 규모가 작아졌지만, IBM 제품에 대한 수요가 증가한 덕분에 예상보다 천천히 감원이 진행됐다.

이 같은 IBM의 극적인 재기와 경영혁신 성공 사례는 한마디로 고객만족의 실패와 성공 사례라고 요약할 수 있다. 메인 프레임 시장을 지배하며 80년대 초반까지 업계를 주도하던 IBM이 위기에 처한 것은 80년대 중반에 이르러 시장에서의 다운사이징 추세와 그에 따른 고객의 변화된 기대에 제대로 부응치 못했기 때문이었다. 그리고 90년대 중반 이후 오늘날까지 IBM이 경쟁력을 회복하고 업계를 다시 선도하고 있는 저력은 인터넷이 주도하는 시장의 흐름을 직시하고 신속히 대응하며 고객의 새로운 기대에 부응하고 고객을 만족시키는 데 성공했기 때문이다.

오늘날 IBM은 세계 최대의 서비스 및 컨설팅 회사, 세계 최대의 기술회사, 세계 최대 규모의 e-비즈니스 기업이라는 평가를 받고 있다. 또한 『포춘』지가 선정하는 글로벌 5백대 기업 중 8위, IT분야의 1위 자리를 차지했다. 유닉스 시장에서 선 마이크로시스템즈를 제치고 1위에 올랐고, DBMS 시장에서도 오라클을 꺾고 1위에 오르는 등 주력분야에서 앞선 기술력을 바탕으로 시장점유율을 높이고 있다. IBM은 이처럼 고객중심의 경영혁신으로 다시 일어선 것이다.

성공적인 다운사이징 사례로부터의 교훈

➢ IBM 사로부터의 교훈

급변하는 기업 환경 속에서 다운사이징은 인원감축, 업무 재설계, 체계적인 전략으로써 기업의 전반적인 개선을 꾀하고 기업을 슬림한 구조로 환경변화에 민감하게 대응할 수 있도록 한다. 다운사이징은 단기적인 수익성을 반전시키는 데 효과적이고, 조직 내의 간접비 감소, 비효율적인 관료적 조직 운영의 개선, 신속한 의사결정 등을 통하여 조직에 긍정적인 영향을 가져다 주는 반면 직원의 사기 저하, 예기치 않은 해고관련 비용, 인재 유출, 투자 부실로 인한 장기적 쇠퇴 등의 부작용을 낳을 수도 있다.

이러한 양면성을 극복하기 위해 90년대 이후 다운사이징을 실시함에 있어 가장 중요한 것은 기업의 철학과 전략을 가지고 시행해나가야 한다는 것이다. 다운사이징 이후의 IBM은 생산성 향상이라는 새로운 과제에 봉착했다. 인원이 줄다 보니 그 사람이 갖고 있던 지식, 업무노하우, 고객과의 관계 등이 함께 빠져나갔기 때문이다. 남은 직원에게는 업무부담이 늘었고, 업무 공백이 깊어 갔다. 이러한 문제점을 해결하기 위하여 IBM은 지식경영이라는 새로운 방식을 도입했다. IBM은 고객 중심의 경영혁신 변혁 프로그램을 통해 다운사이징의 부작용을 해소해나가고자 했다. 루이스 거스너 회장은 다운사이징 이후 질적 생산성 향상을 해결하기 위해 지식경영이라는 새로운 방식을 도입하고, 존 에이커스 회장의 완전고용 정책을 깨뜨리고 직원들을 무기력하고 무관심하게 만들었던 무해고 정책을 없애는 등 간부들과 사무직 및 영업직 직원들이 주체가 되는 기업 문화를 탄생시켰다. 그러면서 IBM은 핵심사업이 아니라고 판단되는 사업을 신속히 처분하고 조직 내 고비용 구조와 비효율적 요인을 해결해 나갔다. 또한 강력한 단일 조직을 구성하여 직원들에게는 일체감과 소속감을 심어주었고 존 에이커스 회장이 자발적 퇴직을 유도하면서 빠져나갔던 유능한 인재의 유출을 막기 위해 스톡옵션 제도를 시행했다. 또한 자발적 퇴직제도로 7~8년 동안 지속되었던 인력감축을 단기간 내에 신속하게 단행함으로써 남아있는 종업원, 투자자들 및 고객들의 불안감을 해소시켰다. 감축 과정에 있어서는 존 에이커스 회장의 2년 치에 해당하는 관대한 퇴직금과 달리 최대 26주의 월급과 6개월 치의 의료보험료만을 제공하였고, 남아있는 직원에 대해서도 임금 인상 억제, 성과급과 복리후생비의 대폭 삭감 등을 시행하면서 자금 사정이 매우 좋아지게 되었다. 이것을 발판으로 IBM은 1994년에 흑자로 돌아서게 되었고 오늘날, 세계 최대의 서비스 및 컨설팅 회사, 세계 최대의 기술회사, 세계 최대 규모의 e-비즈니스 기업이라는 평가를 받고 있다.

이처럼 같은 다운사이징을 시행해도 구체적인 실행과정에 따라 판이한 결과를 가져올 수 있으므로 맹목적으로 따라한다는 생각보다는 어떤 방법으로 언제, 어떻게 시행할 것인지에 대해 구체적인 계획을 마련하고 시대 흐름에 맞춰 기업의 전략을 재수립하는 것이 위기를 기회로 만드는 길이 될 것이다.

➢ 다운사이징의 양면적 효과

다운사이징이 반드시 기업의 장기적인 경쟁력을 제고시킬 수 있는 것인가에 대해서는 여전히 많은 논란이 있지만, 악화되는 기업의 단기적인 수익성을 반전시키는 데 있어서는 효과적일 수 있다. 일반적으로 다운사이징은 조직 내의 간접비 감소, 비효율적인 관료적 조직운영의 개선, 신속한 의사결정 등을 통하여 조직에 긍정적인 영향을 가져다준다.

그러나 다운사이징은 종업원의 사기를 저하시키고, 예기치 않은 해고관련 비용을 발생시키는 등 여러 바람직하지 못한 결과들을 낳기도 한다. 뿐만 아니라 회사의 매우 중요한 인재마저도 잃어버리는 심각한 결과를 초래하기도 한다.

또한 다운사이징이 조직 내에 오로지 비용절감만을 중시하는 분위기를 팽배하게 만들 경우, 위험이 따르는 신제품 개발은 항상 뒷전으로 밀려나기 쉬우며 이는 장기적인 쇠퇴로 이어질 수 있다. 그리고 사람 수만을 줄이는 전형적인 다운사이징이 수차례 반복될 경우, 이는 조직 내 구성원들로 하여금 입지를 확보하기 위한 불필요한 정치적 행동을 유발시킬 수 있고, 조직 내 사람들 간의 기본적인 신뢰감을 파괴시키는 등 조직문화에도 악영향을 끼칠 수 있다.

이처럼 다운사이징은 단기적으로 인원의 규모를 축소시키는 것은 보장해 줄 수 있지만, 중장기적인 관점에서 볼 때 조직의 경쟁력을 제고시키고 가치를 증대시켜주는 수단이 될 수 있을지는 확실치 않다. 특히 단순히 인원만을 감축하는 다운사이징의 경우에 크게 3가지 면에서 문제점을 발견할 수 있다.

첫째, 단순 인원 감축은 기업의 제품과 서비스 개선에 관련된 문제 해결을 보장하지 못한다. 둘째, 단순 인원 감축은 누구에 의해서도 쉽게 모방될 수 있는 활동이기 때문에 장기간에 걸쳐 유지될 수 있는 경쟁우위의 원천으로서의 효과는 기대하기 어렵다. 셋째, 예기치 않았던 비용과 부작용, 특히 생존자(survivors)의 문제가 나타날 수 있다. 이들은 회사에 대해 분노와 배신감, 동료에 대해 죄의식을 느낄 수도 있고, 계속되는 인원감축의 위협은 이들의 자신감, 자부심, 직무만족, 직무몰입에 악영향을 끼칠 수 있다.

➢ 성공적인 다운사이징을 위한 제언

최근 성공적인 다운사이징을 이룩한 기업들을 조사한 한 연구에 따르면, 이들 기업 역시 효율성의 증대를 추구했지만, 이들은 단순히 종업원들의 숫자를 줄이거나 혹은 임금을 삭감하는 등 구성원들의 희생의 대가로 비용을 줄인 것이 아니라, 자신의 핵심역량 분야를 중심으로 사업을 재집중시킴으로써 지나치게 비대한 자산 규모를 줄이고 그에 따른 제반 간접비를 줄여나갔기 때문이라는 사실이 확인되고 있다. 또한 미국경영협회(AMA)가 실시했던 713개 미국 기업들의 다운사이징 사례에 대한 조사를 살펴보면, 성공한 기업들은 불필요한 인원을 감축하는 한편 조직의 핵심적인 부문을 위해서는 오히려 인력을 보강해 나갔던 것을 알 수 있다. 예를 들어, 미국항공사(American Airline)만 하더라도 1992년 후반기 이래 약 5천 명에 이르는 인원을 감축해 나갔으나, 같은 기간 중 항공사의 핵심적인 기능이라고 할 수 있는 정보서비스 관련 부서들에는 약 2천 2백 명의 인원을 충원해 나갔고, 그 결과 26%의 생산성 증가를 실현했던 것으로 알려지고 있다

종업원 해고를 회피하고자 하는 온갖 노력에도 불구하고 급기야 일정 인원을 해고할 수밖에 없는 불가피한 경우에 있어서도 여러 성공적인 다운사이징 사례들은 가능한 한 시행착오를 줄이면서 보다 지혜롭게 다운사이징을 실시하는 방법을 우리에게 전해주고 있는데, 다음은 그 중 가장 대표적인 몇 가지 사항들이다.

하나, 성공적인 다운사이징을 위한 실천방안

① 우선 어쩔 수 없는 다운사이징 상황에서 회사는 다운사이징의 불가피성을 납득시키기 위해 회사의 경제적 성과 자료들을 조직구성원들과 공유할 필요가 있다.
② 얼마나 감원해야 할 것이며, 또 누구를 감원 대상자로 할 것인가에 대한 의사결정 과정에 가급적 조직구성원들을 참여시키는 것이 바람직하다.
③ 감원 대상자가 확정되면 불시에 일방적인 통고를 하지 말고, 이들에 대해 반드시 사전 고지를 해주는 것이 중요하다.
④ 무엇보다 사람들이 자존심을 잃지 않으면서 조직을 떠날 수 있도록 회사가 가급적 많은 배려를 해 줄 필요가 있다.
⑤ 감원 조치는 여러 차례 반복적으로 하지 말고 가급적 한 번에 수행하고 말아야 한다.
⑥ 공정하고 적절한 수준의 퇴직자 복리 프로그램을 제공한다.
⑦ 전직 알선, 경력 상담의 시행 등 퇴직자들이 새로운 일자리를 찾을 수 있도록 지원을 제공한다.
⑧ 생존자들에게도 교육훈련 등 관련 지원 프로그램을 통해 새로운 업무환경에 보다 잘 적응할 수 있도록 도와준다.
⑨ 무엇보다 조직구성원들 및 노동조합의 협력과 참여를 통한 다운사이징을 실시하도록 노력해야 한다.

둘, 생존자를 위한 지원

해고대상자에 대한 지원도 중요하지만, 다운사이징을 하는 기업이 소정의 경영목표를 달성하고 경쟁력을 회복할 수 있는가의 여부는 궁극적으로 회사에 남게 된 생존자들에 의해 좌우될 것이기 때문에 생존자에 대한 배려와 지원도 다운사이징의 성공여부에 매우 중요하다. 대개 인력감축 이후 생존자들은 과거보다 더 많은 직무범위와 더 많은 직무량을 감당하게 되기 때문에, 이들에 대한 교육훈련 투자가 중요하다. 또한, 교육훈련은 이들이 새로운 직무환경에 보다 잘 적응할 수 있도록 도와줄 뿐만 아니라, 생존자로 하여금 회사가 자신들에게 적극적으로 투자하고 있다는 사실을 인지시켜 심리적인 안정감까지 제공할 수 있고, 이는 조직에 대한 몰입도로 이어질 수 있다.

➢ 기업차원에서의 다운사이징에 대한 올바른 인식 확립

단순히 인원감축만을 위주로 하는 다운사이징은 그 성격상 미래의 경쟁력을 배가시키기 위한 것이라기보다 과거로부터 누적된 문제를 뒤늦게 해결하려는 조치에 불과한 경우가 많다. 그러므로 다운사이징은 본질적으로 하나의 '전략적인' 조치라기보다는 어디까지나 장기적인 경영전략을 준비하기 위한 '보조적인' 수단일 뿐임을 인식할 필요가 있다. 실제로 성공적인 다운사이징을 실시한 조직의 사례를 살펴보면, 이들은 단순히 종업원의 숫자를 줄이거나 임금을 삭감하는 등 종업원의 희생을 대가로 비용을 절약한 것이 아니라, 자신의 핵심역량 분야를 중심으로 사업을 재편성함으로써 지나치게 비대한 규모를 줄이고 그에 따른 제반 간접비를 줄여나간 것을 알 수 있다. 즉, 성공적인 다운사이징은 단순히 인원만 감축하는 것이 아니라, 기존 업무에 대한 합리적 재설계와 조직의 문화를 근본적으로 변화시키려는 체계적 전략을 동시에 펼쳐야 한다는 것이다.

연습문제

1. 다운사이징의 어원에 대해서 논하시오.
2. 다운사이징의 유형에 대해서 논하시오.
3. 성공적인 다운사이징을 실시한 기업의 사례를 제시하시오.
4. 비즈니스 다운사이징과 정보시스템 다운사이징에 대해서 논하시오.
5. 다운사이징이 기업문화에 미치는 영향에 대해 논하시오.
6. 성공적인 다운사이징을 위한 CEO의 고려요소에 대해 논하시오.

7. 다운사이징의 양면적 효과에 대해서 논하시오.
8. IBM 사로부터 얻을 수 있는 다운사이징의 교훈에 대해 논하시오.
9. 다운사이징과 리엔지니어링의 차이에 대해 논하시오.
10. 다운사이징이 기업의 인사관리에 미치는 영향에 대해 논하시오.

참고문헌

노중호(1994), 「다운사이징 & 기업재창조」, 김영사.

로버트 슬레이터, 유한수 옮김(1999), 「루 거스너의 IBM 살리기」, 물푸레.

더그 가, 김원호 옮김(2003), 「루 거스너와 IBM 부활의 신화」, 시아출판사.

김영진(1994), 「위기와 도전의 정보거인 IBM」, 길벗.

김동원, 원창희(1998), 「사회적 책임을 지는 다운사이징」, 한국경영학회.

박상언(1997), 「기업내 신인사제도의 도입효과에 대한 경험적 연구」, 한국노사관계학회.

제 22 장

제록스 사의 벤치마킹 (1981년)

손자병법에 '남을 알고 나를 알면 백 번 싸워도 위태롭지 않다.'라는 말이 있다. 현재의 세계 1위 초우량 기업도 영원한 초우량기업일 수는 없다. 초우량기업 역시 경쟁기업, 업계의 선도 기업들과 비교를 통해 장단점을 분석하여 취약한 부문은 끊임없는 개선을 해야 한다. 타 기업의 장점들을 자신의 것으로 실행할 수 있다면 경쟁에서 생존할 수 있을 것이다. 오늘날의 보이지 않는 전쟁인 기업 간 경쟁을 가장 잘 반영하는 경영학 용어가 벤치마킹(Benchmarking)이다.

Benchmarking

벤치마킹의 정의 / 어원

벤치마킹의 어원적 근거는 측량기상의 용어에 있는데, 벤치마크(Benchmark)는 원래 바위나 벽, 혹은 빌딩에 표기된 특별한 표시였다. 벤치마크는 지형 탐사나 간조 조사시 현재의 위치나 위도를 결정하기 위한 기준점으로 쓰였다. 가장 보편적인 표현으로 벤치마크는 원래 측량할 때 쓰이는 가시점이나 다른 것들을 상대적으로 비교하여 측정할 수 있는 표준점이었다.

벤치마킹이 기업 활동에 응용된 역사를 살펴보면 길게는 1910년대의 프레드릭 테일러(Frederick Taylor)에 의한 과학적 관리기법을 들 수 있다. 결국은 과학적 관리법도 과학적으로 작업을 분석하고 개선한 프로세스와 전통적인 프로세스와 비교를 한다는 관점에서 벤치마킹의 개념이 일부 포함된 경영개선기법이라고 할 수 있다. 복사에 능하다는 일본 기업들의 활동들도 본격적 벤치마킹 활동의 전 단계라고 할 수 있다. 도요타 사의 생산담당 부사장이었던 다이찌 오노(Taiichi Ohno)는 2차대전 이후 일본에 물밀듯이 밀려들어온 코카콜라, 껌, 자동차 등의 미국제품들이 일본의 전후 산업체제 및 생활 패턴에 막대한 영향을 미쳤으며 미국을 방문한 많은 일본인들과 또한 흉내 내기를 좋아하는 일본인들의 속성이 합쳐져서 미국과 비슷한 형태의 산업 및 유통체제가 일본에 자리잡게 되었다고 말한다.

그러나 복사광(copycat)이라는 일반의 평판과는 달리 일본 기업인들은 자신들이 배운 것을 통해 프로세스를 개선하고 제품을 출시하는 데 소요되는 시간을 단축하는 등 벤치마킹을 일찍부터 활용한 기업인들이라고 할 수 있다. 일본 기업인들은 아마 벤치마킹의 이론이 나오기 전부터 벤치마킹에는 탁월한 능력을 보인 것으로 볼 수 있다. 사례를 보면 일본 기업들은 산업별 세계 최고 수준의 기업들을 심층적으로 분석하고 끊임없이 자사의 성과와 비교해 가면서 개선활동을 벌여 자사의 제품 및 서비스 품질 수준을 세계최고 수준으로 끌어올렸다고 할 수 있다.

1970년대에 들어서 벤치마크의 개념은 기준점을 나타내는 전문용어 이상으로 확장되었다. 용어는 비즈니스 분야로 도입되어 '비교를 목적으로 한 측정과정'을 나타내게 되었다.

David Kearns

1980년대 초반에 벤치마킹 비즈니스 프로세스의 선두주자인 제록스는 벤치마킹을 주요 경쟁사와의 비교에 초점을 맞춘 조금 협의적인 용어로 정의했다. "벤치마킹은 가장 까다로운 경쟁자들이나 일류회사들을 상대로 제품, 서비스, 그리고 실행수준을 측정하는 연속적인 과정이다."라고 제록스의 전 CEO였던 데이비드 컨스(David Kearns)는 말했다. 그 후, 제록스의 경영성과를 설명하기 위해 '경쟁적인 벤치마킹'이라는 용어가 비즈니스 전문가들 사이에 오갔고, 1980년대를 통해서 벤치마킹의 정의는 그 범위와 초점이 확대되었다. 더 이상 측정 대상물이나 본래의 벤치마크가 아니었다. 벤치마킹은 스스로를 다른 사람들과 비교하는 행위로 통하게 되었다.

제록스 사의 벤치마킹

제록스 사는 사업개시 이후 처음 15년 동안 경쟁상대가 없을 만큼 업계에서 최고였다. 그래서 으레 복사기를 '제록스기'라고 부를 정도였다. 그러나 1970년대 중반부터 외국과 미국 내 경쟁자들의 복사기가 가격과 품질에서 제록스를 능가하기 시작했다. 마침내 1984년에는 어떤 상품군의 경우 2위 자리도 차지하지 못하는 위기에까지 처해졌다. 이러한 상태에서 제록스는 이들이 개척한 전 세계 복사기 시장에서의 몰락을 저지하기 위한 품질혁신 프로그램을 실행했다. 그 결과, 오늘날에는 다시 모든 복사기 시장에서의 최고의 위치를 점할 수 있게 되었다. 벤치마킹은 이 과정에서 제록스의 재기에 큰 역할을 했다.

1970년대 후반에 제록스는 암담한 시장 상황에 직면했다. 1970년에 제록스의 시장점유율은 95%에 가까웠다. 그러나 1976년에서 1982년 사이에, 미국의 국내 복사기 시장에서 제록스의 점유율은 약 13%까지 급락했다. 이것은 캐논, 미놀타, 리코, 샤프와 같은 일본 기업의 공세에 시장을 잠식당했기 때문이다. 1979년 당시 일본 기업의 재고량은 제록스의 6분의 1에서 8분의 1정도였다. 부품인수 당시 정품률은 일본 기업이 99.5%인데 반해, 제록스는 95%였다. 그리고 간접비는 일본 기업의 2배에 달했다. 이 결과, 제록스의 제조원가는 일본 제조업체의 판매 가격과 거의 같은 수준까지 상승하여 위기 상황에 직면해 있었고 일본회사가 미국에서 그들의 제조원가와 똑같은 가격으로 경쟁제품인 복사기들을 판매하는 것을 목격해야만 했다. 회사가 망하게 - 경쟁사가 더 우수한 제품을 자신의 제조원가에 팔고 있으므로 - 되어버린 제록스는 처음에는 본능적인 반응을 보였다. 현실에 대한 부정! 일본 경쟁사가 시장 점유율을 부당하게 올리기 위해 제품을 덤핑했다는 의심! 다행스럽게도 제록스는 일본에 합작투자회사를 가지고 있었다. 제록스는 일본 파트너에게 일본 경쟁사들이 더 저렴한 가격에 좋은 품질의 제품을 생산하는 것이 가능한가를 물었다. 품질의 탁월함으로 권위 있는 데밍상을 수상한 제록스의 파트너는 최악의 경우를 확인시켜주었다. 그것이 가능할 뿐만 아니라 그런 일이 확실히 발생하고 있다는 것이었다.

일본의 일류 제조업체들은 제품들을 경쟁사들보다 더 빨리, 더 잘, 그리고 더 싸게 조립하는 생산기술을 개발하고 있었다. 후지제록스로부터 확인된 그러한 사실은 기가 막힌 것이었다. 제록스는 글자 그대로 복사기 산업을 일으킨 장본인이다. 1960년대에서 1970년대를 통해 완전히 이 시장을 장악했고, 제록스는 이제 '복사하다'는 의미를 가진 낱말로 통할 정도였다. 그러한 제록스에게 모방 위주의 경쟁사가 시장 창시자를 능가했다는 현실을 수긍하기가 어려웠다. 그 동안 제록스의 시장 독주가 사원들로 하여금 적극적으로 경쟁사의 발전을 경계하고 그들의 성공으로부터 배우는 자세를 나태하게 만들었던 것이다. 제록스에게는 '개발하지 않으면 소용없다.'라는 신드롬이 거의 불치병이 된 셈이었다. 제록스 회장 컨스는 "1970년대 후반에 시장 점유율을 회복하기 위해서 죽을 힘을 다했을 뿐 아니라, 이 사업에서 아주 망하는 것이 아닌가 하고 두려웠다."라고 술회한다.

옛날에 누군가 말했듯이 다음날 아침에 죽는다는 예상만큼 사람의 주의를 끄는 것은 없다. 그러한 절체절명의 순간이 제록스의 최고 경영자를 사로잡았다. 회사의 경쟁상황이 만만치 않음에 컨스는 긴장했다. 그는 일본과 다른 나라들을 방문하기 시작했다. 고참경영진과 함께 컨스는 사원들에게 잠에서 깨어나라고 경종을 울렸다. 서서히 제록스의 간부들은 적극적으로 다른 회사의 경험을 찾고 배우기 시작했다. 제록스는 잘못되었다는 것이 드러난 경영의 편협성을 뿌리째 흔들기로 작정했다. 제록스의 엔지니어들은 경쟁사의 제품들을 분해해서 부품을 하나씩 연구하기 시작했다. 디자인, 부품, 혹은 조립이 자신들의 것보다 우수하다고 판단되면 제록스 팀들은 우수한 실행방식을 배우거나 개선하려고 노력했다. 그들이 취한 경쟁사 제품의 정밀조사는 근본 비즈니스 프로세스 조사로까지 확장되었다. 1974년에 시작한 제록스의 제조운영 정책에서 경쟁적 벤치마킹은 1983년경에는 전 회사의 근본적인 비즈니스 프로세스가 되었다.

1980년 중반에 접어들어, 한때 그렇게 견고했던 제록스 문화가 오픈되기 시작했다. 이 기간 동안에 제록스는 다른 회사들도 본받을 만한 귀중한 교훈들을 가지고 있음을 수없이 깨달았다. 특히 메인 주에 있는 스포츠용품점이며 전자주문 회사인 빈 주식회사와의 합작투자에서 다른 업종에서도 가치 있는 교훈들을 배울 수 있음을 깨닫게 되었다. 빈의 창고운영 방식을 연구하기 시작한 1981년경의 제록스의 주변 환경들은 대부분의 회사들과 별다를 바가 없었다. 자본회수율을 개선하는 것은 오늘날의 많은 회사들과 마찬가지로 제록스 고위경영진의 기업목표였다. 그래서 자신의 업무평가가 자본회수율과 관련된 모든 중진 경영자들은 유통과 물류에 민감한 관심을 두고 있었다. 유통과 물류체계는 회사의 재고관리능력에 큰 영향을 미치는데, 재고는 판매와 수익에 직접적으로 영향을 미쳐 자본회수율에 영향을 주기 때문이다. 제록스 경영자들은 전체 유통과정의 주축이 되는 창고운영방식을 개선하려고 노력했다. 제록스는 창고 기능이 세계적 수준과 거리가 있다는 것을 알고 있었다. 이러한 이슈를 다각도에서 조사한 제록스의 스텝은 창고와 유통 이슈는 대부분의 회사들에게 해결해야 할 난제라고 결론지었다. 결과적으로 그는 제록스가 자신들 이외의 다른 산업에서 유통 및 물류정책을 연구하는 것이 바람직할 수 있다고 믿게 되었다. 규모는 상당히 작았지만 빈은 고객들의 주문을 빨리, 효과적이면서도 실수 없이 제품을 손상시키지 않고 만족스럽게 처리하는 뛰어난 기술을 개발해왔다. 제록스가 빈에 대한 연구팀을 발족시켰을 때, 그들은 빈의 효율적인 창고운영방식은 고도로 자동화된 운영시스템일 것이라 기대했었다. 그러나 그들이 발견한 것은 아주 다른 것이었다. 빈은 세심한 창고설비 배치, 효율적인 작업흐름 설계, 효과적인 교육 및 훈련을 통해서 뛰어난 운영성과를 달성했다. 로케트에 필요한 과학수준이나 하이테크 같은 기술은 전혀 없었다. 그 비결은 수작업을 세심하게 하는 것에 있었던 것이다. 메인 주의 프리토트에 있는 빈의 창고운영방식에서 제록스는 자신들의 운영방식을 개선할만한 여러 가지 아이디어들을 얻었다. 그러한 경험은 벤치마킹 응용의 파워와 범위에 대한 회사의 관심을 증폭시켰다. 거대한 테크놀로지 위주의 제조회사인 제록스가 한 작은 서비스 회사 덕분에 회사들이 그간 고전했던 많은 족쇄들을 풀 수 있었던 것이다. 그러한 족쇄들은 자기들의 상황은 특수하다고 믿는 - 우리는 그들과 다르다. 그들의 방식은 절대 우리 회사에서는 통하지 않는다. - 우물 안 개구리식의 반대에 부딪친다. 그러나 종종 귀중한 교훈들은 다른 업종의 산업을 연구함으로써 얻을 수 있다.

제록스는 빈과 초기 벤치마킹 파트너십 이후, 선두그룹 프로세스 벤치마킹을 더욱 사용하게 되었다. 또한, 코네티컷 주의 스탬퍼드에 본사가 있는 제록스 비즈니스 제품 및 시스템(Xerox Business Products and Systems, 이하 BP&S)은 '품질을 통한 리더십'이라는 전략을 수립하여 경쟁력 회복을 도모했다. 제록스 BP&S는 우선 고객이 제품과 서비스에서 무엇을 원하는지를 파악했다. 이들은 5만 5천여의 제록스 장비 소유자들을 매달 조사하는 등 막대한 노력을 통해 다양한 자료를 수집, 분석하여 고객의 요구를 규명하고 있는데, 이 정보는 기업의 사업계획과 측정 가능한 품질향상의 목표를 개발하는 데 이용된다. 제록스 사의 2개 사업부문 중의 하나인 BP&S는 미국 내 83개 지역에 5만 2백 명의 종업원을 두고 있다. 이들은 250종 이상의 문서처리 장비를 생산하는데, 1988년에 이미 미국 내에서 60억 달러의 매출을 기록했다. 복사기 및 기타 복사장비들이 BP&S 수익의 70%를 차지하고 있으며, 나머지 30%는 프린터, 타이프 장치, 네트워크, 워크스테이션, 소프트웨어 등이 차지하고 있다. 최고경영자인 데이비드 컨스와 임원진의 주도하에 자사의 상품 및 서비스의 위치와 상태를 측정하기 위해 제록스 BP&S는 벤치마킹 시스템을 개발했고 바로 이것이 새로운 경영모델의 하나가 되었다. 약 240개의 상품 및 서비스의 경영성과를 측정하고, 국제적 연구를 통해 도출된 각 부문별 목표를 업종에 상관없이 전 세계적 리더의 수준으로 달성하는 노력을 기울였다. 지속적인 품질향상전략의 실천결과도 빨리 나타났다. 1985년에서 1989년 사이의 기간 동안, 100대당 불량률이 78%나 감소되는 성과를 거두었고 비정기적 고장수리의 40% 감소로 제품의 신뢰성이 향상되었으며, 복사품질도 세계 최고 수준으로 올라섰다. 또한, 고객 반응시간을 27%나 감소시켰고 인력과 자재에 관한 간접비도 감소시켰다. 이러한 향상은 제록스 BP&S를 경쟁자와 확연히 차별화시켰다. 아울러 업계 최초로 3년간의 품질보증을 하는 기업이 되었다. 말콤 볼드리지 품질대상을 수상한 1989년 무렵 제록스는 230개 이상의 업무 분야에서 벤치마크를 했고 항상 다른 산업에서도 뛰어난 회사들을 참고해왔다고 말했다.

이어 1991년 말콤 볼드리지 품질대상(Malcolm Baldrige National Quality Award)이 포상에 관한 지침서를 공표하면서 벤치마킹에 대한 관심이 급격히 커지게 됐다. "…… 세계적 수준의 벤치마크를 선택하는 기업의 노력을 가리킨다."로 끝나는 이 조항은 벤치마킹에 대한 인식을 대중적으로 높이게 되는 결정적인 역할을 하게 된다. 그밖에도 단순히 개념적으로만 알려져 오던 벤치마킹의 실제가 1989년 『Benchmarking : The Search for Industry Best Practices That Lead to Superior Performance』라는 책이 출간되면서 구체화된 것도 한 계기가 됐다. 이 책은 말콤 볼드리지 상을 수상했던 제록스의 벤치마킹 역사와 활동을 담고 있는 책이다.

얼마 후, 제록스 사람들은 회사가 더 이상 벤치마크를 하는 횟수를 세지 않는다고 말했다. 너무 많아서 추적하기가 힘들게 된 것이다. 다시 말해서,

벤치마킹은 제록스에서 근본적인 비즈니스 프로세스가 되었던 것이다. 모든 제록스 사원들은 회사 전체에 배포된 교육 자료들을 통하여 벤치마킹에 대해서 배우며, 벤치마킹을 위해 10가지의 질문을 바탕에 두고 개선을 시도한다. 한편 제록스 회장 David Kearns와 사장 Paul Allaire는 향후 경영계획 수립에 있어서 자체의 내부 데이터인 과거 실적에만 의존하지 말고 타 회사의 가장 뛰어난 점을 기준으로 하라고 모든 부서에 지시하여 벤치마킹을 지속적으로 추진하도록 하였다.

〈벤치마킹을 위한 제록스의 10가지 질문〉

1. 현재 나의 부서나 회사의 성공을 이루기 위해서 가장 중요한 요소는 무엇인가?
2. 가장 문제를 일으키는 요소는 무엇인가?
3. 어떠한 제품 혹은 서비스가 고객에게 제공되는가?
4. 고객에게 만족을 주는 요소는 무엇인가?
5. 기업 내에서 구체적으로 제기되는 문제는 무엇인가?
6. 기업 내에서 경쟁적인 압력이 느껴지는 곳은 어디인가?
7. 기업 내에서 가장 비용이 많이 드는 것은 무엇인가?
8. 어떤 기능부서가 비용 측면에서 가장 높은 점유율을 나타내는가?
9. 어떤 기능부서가 발전의 여지가 가장 많다고 생각하는가?
10. 어떤 기능부서가 경쟁자들과 차별화시키기 위해 노력하는가?

벤치마킹의 발달역사

벤치마킹의 발전단계를 크게 나누면 다음의 4세대로 분류할 수 있다.

1. 1세대 벤치마킹(제품 벤치마킹)

1세대 벤치마킹은 일반적으로 2차대전 이후부터 1970년대 중반까지의 제품 위주의 벤치마킹으로 정의될 수 있다. 즉 1세대 벤치마킹은 경쟁사의 유사한 제품과 자사 제품과의 특성 및 성과를 비교하는 것을 의미한다. 이러한 제품 벤치마킹은 제품을 분해하여 각 부품의 기술적, 공학적 특성을 분석하고 재구성해 보는 역공학(reverse engineering)과는 다소 상이하나 일반적으로 역공학도 제품 벤치마킹의 일환으로 보는 경향이 있다. 포드 사의 토러스(Taurus)팀이 1980년대 각 기능의 최고수준을 파악하기 위해 경쟁사의 우수차종들을 구매하여 분해하고 부품 등을 분석한 벤치마킹 활동이 이 범주에 속한다고 할 수 있다.

2. 2세대 벤치마킹(경쟁적 벤치마킹)

2세대 벤치마킹은 경쟁적 벤치마킹(competitive benchmarking) 단계를 의미한다. 1970년대 중반부터 시작된 경쟁적 벤치마킹은 경쟁사의 제품을 비교하는 것에서 한 걸음 나아가 경쟁사의 프로세스와 비교하는 것을 포함한다. 경쟁적 벤치마킹을 현대적 의미에서 처음 수행한 제록스 사는 처음 자사 제품의 제조원가가 경쟁사 제품의 판매가와 비슷한 데서 자극을 받아 경쟁사의 프로세스를 이해하려는 노력을 기울이는 가운데 이 형태의 벤치마킹을 수행하게 되었다.

3. 3세대 벤치마킹(프로세스 벤치마킹)

3세대 벤치마킹은 1세대, 2세대 벤치마킹의 범위인 경쟁사에 국한하지 않고 이종 산업의 기업으로부터도 최우량 프로세스(best process)를 배울 수 있다는 개념으로 1980년대 초반부터 수행되기 시작하였다. 경쟁사에게는 제공하기 꺼려하는 정보들이 이종 산업의 기업들에게는 비교적 용이하게 전파될 수 있다는 점에 착안한 벤치마킹 기법으로 같은 혹은 비슷한 프로세스를 수행하는 이종 산업의 초우량 기업을 대상으로 수행할 수 있다. 제록스 사가 80년대 이종 산업인 엘엘 빈(L. L. Bean) 사의 물류부문 프로세스를 벤치마킹한 사례가 이 범주에 속한다고 할 수 있다. 이 단계의 벤치마킹을 기능형 벤치마킹(functional benchmarking)이라고도 한다.

4. 4세대 벤치마킹(전략적 벤치마킹)

4세대 벤치마킹은 전략적 벤치마킹(strategic benchmarking)이라 한다. 전략적 벤치마킹이란 경쟁사뿐만 아니라 전략적으로 제휴하고 있는 회사들의 전략을 이해하고 대응하여 대안들을 평가하고, 전략을 수행하고, 성과를 개선하기 위한 시스템적인 프로세스라고 정의할 수 있다. 전략적 벤치마킹은 단순한 프로세스의 변화 및 개선만을 추구하는 것이 아니라 기업의 비즈니스 전체를 변화시킬 수 있는 보다 기본적인 기업의 방향, 전략에 관한 벤치마킹 활동을 의미한다.

벤치마킹의 유형

1. 내부 벤치마킹

·같은 회사의 다른 부서를 대상으로 하는 벤치마킹

·모든 부서의 생산성이 같지는 않으므로, 그 차이의 원인을 분석하고 배우는 것

·자료 수집이 용이하고 내부의 유사한 기능의 혁신에 적용하기 쉬움

·내부적인 편견과 관점의 제한으로 발생할 수 있는 문제점에 유의

2. 경쟁사 벤치마킹

·자사가 포함된 시장에서 우수한 성과를 내는 경쟁자 대상

·세계적으로 동일 업종에서 최고의 성과를 달성하는 기업 대상

·실제 성과를 낸 사실에 근거하므로 설득력 있고 효과적인 대안 작성 가능

·경쟁사의 내부 데이터 확보가 어렵다는 한계

·동종기업 간에 벤치마킹 클럽을 통한 정보 공유

3. 타 업종 유사기능 벤치마킹

·자사와 경쟁관계에 있지 않은 업종의 기업을 대상

·타 업종이라 하더라도 우리 회사의 기능과 유사한 기능을 대상으로 벤치마킹

·예를 들어 자동차 산업과 가전 산업 간에 구매 프로세스나 고객 대응 프로세스는 상호 벤치마킹 가능

벤치마킹의 절차

앞에서 언급한 세 가지 벤치마킹은 모두 동일한 프로세스를 가지고 있다. 기능상의 차이는 있지만 과정상의 차이는 없는 것이다. 벤치마킹의 정의와 마찬가지로 프로세스에도 많은 모델이 있지만 가장 핵심적으로 일치하는 5개의 단계가 존재한다. 이 5단계의 프로세스가 벤치마킹을 시행하는 과정이 되는 것이다.

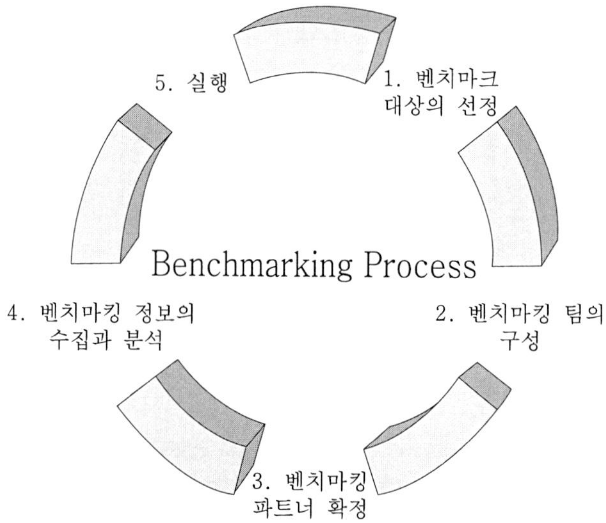

그림에서와 같이 벤치마킹은 벤치마크 대상을 결정하는 것으로부터 시작하여 벤치마킹 팀의 구성, 벤치마킹 파트너 확정, 벤치마킹 정보의 수집과 분석, 실행의 5단계를 거친다. 벤치마킹 프로세스가 원형으로 되어 있는 것은 벤치마킹이 '지속성'을 갖는다는 것을 강조하기 위한 것이다. 순환의 과정을 거듭하게 되면서 경쟁업체의 경쟁력을 발견하게 되고 최고의 기업이 갖춘 핵심 역량을 파악하게 되는 것이다. 더불어 시장과 경쟁의 양상을 파악할 수 있게 해 주는 다양한 정보를 제시해 준다.

벤치마킹의 원리 및 성공 포인트

벤치마킹은 자사의 개선활동을 위한 노력의 일환으로 진행되지만 여기에는 벤치마킹 대상 파트너(경쟁회사일 수도 있음)의 협조가 필수적이기 때문에 상호 이득이 될 수 있는 방향에서 예의 바르게 진행되어야 한다.

다음의 4가지가 벤치마킹에 있어서 필연적으로 요구되는 원리이다.

첫째, 성공적인 벤치마킹에서 중요한 것은 상호성의 원리이다. 벤치마킹은 상호 관련성을 기반으로 수행되어지므로 모든 참가자들은 파트너와 정보를 상호 교환함으로써 우승자가 될 수 있다. 따라서 기업들은 상호이득을 가져올 수 있는 상황의 창조를 위해 노력해야 한다. 또한 정보의 공유 정도와 데이터의 상호 교환 정도는 반드시 파트너와 협의되어야 한다.

둘째, 벤치마킹을 수행하기 위해서는 먼저 파트너 기업과의 프로세스가 비교 가능한 것이거나 유사성이 존재해야 한다는 전제가 있어야 한다. 조직의 문화와 구조, 경영 방식 등을 충분히 이해하고 자사의 환경에 맞게 잘 전달될 수 있다면 어떤 기업의 어떠한 프로세스도 벤치마킹의 대상이 될 수 있다. 벤치마킹 파트너 선정을 위한 기준을 잘 이해하고 유사성이 높은 기업과 프로세스를 선정하는 것이 벤치마킹의 성공여부를 결정하는 데 주요한 요소이다.

셋째, 프로세스의 측정은 자사와 파트너사의 프로세스 성과를 비교하기 위해서 반드시 수행되어져야 한다. 이를 위해서는 먼저 성과 측정의 단위를 결정하여야 할 뿐만 아니라 측정단위가 계량화될 수 있는 것이 필요하다. 유사한 프로세스에 대한 정확한 측정과 관찰만이 프로세스 동인을 파악하여 자사의 프로세스에 적용하는 데에 도움을 줄 수 있다.

넷째, 자사나 경쟁사의 프로세스 측정과 검사결과는 타당한 실적자료나 연구자료에 의한 근거를 갖고 있어야 한다. 이는 벤치마킹 업무수행의 신뢰성의 확보를 위하여 필수적이다. 따라서 영감이나 의견, 감정보다는 자료 위주의 접근법을 이용하여야만 벤치마킹에 대한 신뢰성과 타당성을 확보할 수 있으며, 성공적인 벤치마킹을 위해서는 다음과 같은 요건이 확보되어야 한다.

1. 최고경영자의 의지

최고경영자가 열정과 의지를 가지고 혁신을 이루기 위해 주도적인 역할

2. 명확한 목표

벤치마킹을 실시할 분야를 정확히 선정함으로써 목표를 명확히 해야 함

3. 학습적인 태도 필요

벤치마킹을 통해 획득한 정보를 우리 실정에 맞게 변형해 적용할 수 있는지를 분석해보는 학습적인 태도 필요

4. 대상선정에 유의

현실에 맞게 실현가능성이 높은 대상을 우선적으로 선정하고 실력이 늘어나면 점차 목표치를 높여감

5. 적극적인 의지

한정적인 정보만 얻을 수 있다는 소극적인 자세를 버리고 얻고자 하는 바를 획득하겠다는 적극적인 의지 필요

6. 개방적인 자세

머물러 있던 상자 밖으로 조직이 나가도록 자극함으로써 새로운 아이디어에 개방적인 자세가 되어야 함

7. 자사에 대한 이해

자사의 조직과 제품 프로세스를 철저히 분석

8. 프로세스에 초점

실적의 측정이나 수치에 고정되지 말고, 프로세스에 초점을 맞추어야 함

벤치마킹의 행동강령

벤치마킹은 기업들 간의 정보교류 및 인적교류를 전제로 하고 있기 때문에 양사 간의 행동을 원활하게 하고 때에 따라서는 규제할 수도 있는 행동강령이 필요하다고 할 수 있다. 벤치마킹의 행동강령은 미국 생산성 품질센터(American Productivity & Quality Center)의 국제벤치마킹협회(International Benchmarking Clearinghouse)와 전략계획원(Strategic Planning Institute)에 의해 합작으로 개발되어 파트너 간의 윤리적 지침을 제시하여 준다.

1. 합법성의 원리(Principle of Legality)

벤치마킹은 공정한 상거래를 저해할 수 있는 파트너 기업과의 시장분할, 가격담합, 기업비밀의 획득, 뇌물수수 등의 행위를 다루지 않는다. 비합법적인 벤치마킹 행위가 이루어지고 있다고 의심될 시에는 변호사의 협조를 구하는 것이 바람직하다.

2. 상호교환의 원리(Principle of Exchange)

파트너 간의 상호정보교환에 있어 정당한 교환을 위해 벤치마킹 실행 이전에 각자의 기대와 목표 등을 분명히 하여야 한다. 파트너가 밝히고 싶지 않은 정보를 요구해서는 안된다. 또한 상대방이 제공한 수준의 정보만큼은 최소한도 상대방에게 공개할 수 있어야 한다.

3. 비밀보호의 원리(Principle of Confidentiality)

모든 정보는 상호비밀이 보장된다는 원리하에 벤치마킹 파트너끼리 서로 공유하게 된다. 따라서 벤치마킹 파트너의 동의 없이 어떤 회사에게도 파트너의 정보를 유출하여서는 안된다.

4. 사용의 원리(Principle of Use)

벤치마킹 연구로부터 얻어진 정보는 단지 프로세스 향상을 위하여 사용되어야만 한다. 따라서 파트너의 동의 없이 광고 또는 마케팅, 판매를 위해서 벤치마킹을 통해 획득한 정보가 사용되어져서는 안된다.

5. 상대방 접촉의 원리(Principle of First-Party Contact)

파트너 회사의 공식적인 벤치마킹 창구를 통하여 접촉하여야 한다. 상호 접촉이 이루어진 경우에는 상호동의서를 교환하는 것이 바람직하다.

6. 제3자 접촉의 원리(Principle of Third-Party Contact)

벤치마킹에 참여한 파트너사의 직원이름을 동의 없이 제3자에게 누출하여서는 안된다.

7. 준비의 원리(Principle of Preparation)

벤치마킹 파트너와 접촉하기 위해서는 사전에 모든 준비가 완료되어 있어야 한다. 여기에는 자사의 품질 수준 등의 평가가 포함된다. 그리고 외부의 업체와 유사성을 찾기 이전에 내부 프로세스에 대한 연구가 충분히 이루어져야 한다.

8. 완료의 원리(Principle of Completion)

벤치마킹 연구는 모든 파트너들이 동의할만한 결과와 만족할만한 수준에 도달했을 때 완료되어졌다고 할 수 있다.

연습문제

1. 벤치마킹의 어원 변천과정에 대해서 논하시오.
2. 벤치마킹의 5단계 프로세스에 대해서 논하시오.
3. 말콤 볼드리지 상에서 제정한 벤치마킹의 평가요소를 기술하시오.
4. 벤치마킹의 발달역사에 대해서 논하시오.
5. 벤치마킹의 유형에 대해서 논하시오.

6. 벤치마킹으로 성공한 초우량기업의 사례를 제시하시오.
7. 벤치마킹의 행동강령에 대해서 논하시오.
8. 성공적인 벤치마킹을 위한 행동강령에 대해서 논하시오.
9. 동종업종과 이종업종에 대한 벤치마킹의 장단점에 대해서 논하시오.
10. 벤치마킹의 프로세스에 대해서 기업의 사례를 통해 논하시오.

참고문헌

서울 Q&I 포럼(1999), 「경영품질의 세계기준 말콤 볼드리지」.

신완선(1995), 「베스트 벤치마킹 : 최고 실행전략과 사례」, 창현출판사.

Michael J. Spendolini(1992), 「The Benchmarking Book」.

Robert J. Boxwell(1994), 「Jr. Benchmarking for Competitive Advantage」.

제 23 장

골드렛의 TOC (1984년)

TOC의 기본사상은 '시스템적 관점을 강조한다'는 것이다. 그리하여 TOC를 시스템 철학이라고도 일컫는다. 시스템은 전체적인 목적달성을 위하여 함께 작동하는, 서로 연계된 요소들로 구성된 것이라고 정의할 수 있다. 이러한 개념의 시스템을 설명하기 위해 TOC에서는 서로 연결된 사슬고리 또는 행군대형에 비유하고 있다. 시스템에서는 하나하나의 고리가 별개로 존재하지 않고 서로 연결되어 전체 목적을 달성하는데 필요한 상호의존적 기능을 강조하고 있는 것이다. TOC는 기업에서 우선목표를 비용절감보다 수익향상에 초점을 두는 경영 철학이다. 즉 '지속적으로 돈을 벌기 위하여 방해되는 제약을 찾고 이를 극복하기 위한 체계적 개선방법이다. 그러므로 생산성 향상, 고객만족도 향상, 매출 증대, 품질 향상 등은 이런 조직의 목표를 달성하기 위한 필요조건이지 결코 충분조건이 될 수 없다.'

Theory Of Constraints

TOC의 등장배경

Eliyahu M. Goldratt

산업사회가 발전함에 따라 생산시스템에 대한 관리기법도 지속적으로 발전해 왔다. 1970년대까지를 미국의 주도하에 수동적이며 종속적인 형태의 추진식(Push) 생산관리 기법인 MRP의 전성기라 한다면 1980년대부터는 일본의 주도하에 능동적이며 독립적인 특징을 가지고 도요타 자동차에서 큰 성과를 이룬 Pull 생산관리 방식의 JIT(Just In Time)가 세계적인 이슈로 부각되면서 전성기를 누리게 되었다. 최첨단을 달리는 현대 산업에서도 위의 두 방식은 여전히 널리 활용되고 있으며 산업혁명 이후 지금에 이르기까지도 제조업 분야에서 괄목할 만한 성장을 이끌어온 견인차 역할을 해왔다. 그러나 위의 두 가지 방식에 대한 각각의 장·단점이 드러나면서 산업일선에 종사하는 실무자들과 생산방식을 연구하는 많은 학자들은 새로운 생산체제의 탄생을 기대하며 지속적인 연구를 수행해 왔다.

1970년대 중반에 제창된 후 꾸준히 발전해 온 TOC(Theory Of Constraints : 제약이론)가 그 대표적인 방식이다. 골드렛(Eliyahu M. Goldratt) 박사에 의해 창안된 이 방식은 '시스템의 목표를 달성하는 데 제약이 되는 요인을 찾아 집중적으로 개선함으로써 단기간에 가시적인 경영 개선의 성과가 나타나고, 장기적으로는 지속적인 경영개선을 추구하며 시스템의 전체적 최적화를 달성하는 프로세스 중심의 경영기법'이라고 정의된다. 1990년대 들어서면서 세계 유수기업들이 TOC를 도입하여 엄청난 성과를 거두자 세계적으로 TOC 도입의 바람이 불기 시작했으며 미국의 GM, GE, Boeing 사 등에서 리드타임과 재고의 감소, 납기준수율과 수익의 괄목할만한 성과를 거둔 것이 그 좋은 사례라 하겠다. 일본에서도 TOC의 도입바람은 예외가 아니어서 당시까지의 대표적인 생산방식인 JIT 생산체제를 거부하고 몇몇 기업들은 TOC 생산방식을 채택하였다.

골드렛과 TOC 발전과정

Eliyahu M. Goldratt 박사는 1947년 이스라엘에서 출생하여 텔아비브 바일란 대학에서 물리학 박사 학위를 받았다. 1974년 이스라엘에서 친지의 공장 스케쥴링 문제에 대한 자문을 요청받았을 때 골드렛은 물리학 연구를 통해 얻은 유체흐름에 관한 최적화 이론을 공장의 물류개선 스케쥴링 방법에 응용하면서 새로운 패러다임인 TOC가 시작되었다. 이 유체흐름에 관한 최적화 이론을 물류개선 스케쥴링에 적용함으로써 공장의 생산량은 40~50% 증대되는 성과를 얻게 되었고 골드렛은 이때부터 본격적인 스케쥴링 연구에 착수하게 된다. 1976년 Creative Output 사를 설립하여 유한자원 생산일정계획 소프트웨어인 OPT(Optimized Production Technology)를 개발하게 된다. 1978년에 미국으로 이동해서 동일 회사를 설립하고 첫 고객인 GE의 방위시스템사업부에 OPT를 적용하여 Throughput을 30% 증가시키면서 재고는 반감시키는 성과를 올린다. 이처럼 공장의 생산성을 높이는 데 큰 기여를 하였지만 스케쥴링 소프트웨어가 고가로 판매되고, 1982년 미국경제의 불황과 당시에 유행하던 JIT에서 강조하는 재고의 중요성을 더욱 인식하는 상황에서, 제약이론기반 생산관리의 이론적 개념 정리의 부족은 OPT 보급의 급감으로 이어졌다. 그래서 골드렛은 OPT를 널리 보급하기 위해 제약기반의 생산관리개념을 쉽게 설명할 취지로 1984년 『The Goal』이라는 기업소설을 출간하게 되었다. 이 기업소설은 발매와 동시에 300만 부 이상 판매된 베스트셀러가 되었고 현재 다수의 미국 대학에서 교재로 사용 중이다.

이 책의 줄거리는 알렉스 로고라는 주인공이 공장장으로 등장하여 폐쇄직전의 공장을 구해 나가는 내용이다. 그는 스승 요나로부터 스케쥴링 기반의 공정개선 아이디어를 얻어 일을 추진해 나간다. 이 책은 OPT의 핵심을 알기 쉽고 재미있게 설명하며 생산경영에 대한 독창적인 통찰이 돋보이는 작품으로 평가 받고 있다. 『The Goal』은 많은 독자로부터 찬사를 들었으며 Creative Output 사의 중요한 판매 촉진도구가 되었다. 또한 많은 독자들이 소설 속의 상황이 자기 공장과 같은 상황이라는 데 흥미를 느꼈으며 실제로 소설과 같이 했더니 똑같이 좋은 성과가 나왔다고 했다. 그 후 골드렛은 OPT의 배후에 있는 원리를 제약이론(Theory Of Constraints)이라 명명하고 이를 포괄적인 경영원리로 발전시키기 시작한다. OPT 스케쥴링을 공장 내의 병목공정, 즉 생산제약 공정에 집중적으로 활용하는 방법으로 생산경영 전반에 응용한 것이다. 이로서 단순한 스케쥴링 기법에 그치지 않고 제약조건에서 개선활동을 집중시키는 생산경영 기법으로 발전하게 된다. 1986년, 골드렛은 단순한 소프트웨어를 보급하는 것보다 제약이론의 개념을 이해하는 인력을 양성하는 것이 더 시급하고 중요하다고 보고 Creative Output 사를 떠나 Avraham Y. Goldratt Institute(AGI)를 설립하여 인력양성에 주력한다. 1987년에 Jonah Program(JP)을 개설하여 제약이론의 핵심인 사고프로세스(Thinking Process : TP)에 대한 전문가 육성 프로그램을 창안하고 1990년 재고 및 보충에 관한 내용의 생산일정 계획 시스템 이론서 『The Haystack Syndrome』을 발간한다. 1994년에는 일반적 문제해결 도구인 사고 프로세스에 대한 기업소설 『It's not luck』을 출간하고 1995년 APICS(미국생산재고관리협회) 내 Constraint Management Special Interest Group(CMSIG)을 결성하여 첫 TOC 심포지엄을 개최하게 된다. 1997년에는 프로젝트 관리 분야의 새로운 접근방법을 제시한 기업소설 『Critical Chain』을 발간하였으며 또한 제조업 일정계획 solution APS에 대한 기업소설에서 TOC와 IS의 결합을 시도하는 『Necessary but not Sufficient』를 발간한다. 최근의 Goldratt Group은 교육컨설팅, 마케팅 등의 수익사업과 TOC for Education을 설립하여 교사 및 학생 등 TOC 관련 교육에 따른 전 세계적인 보급을 위한 비영리사업을 하고 있다. 미국의 경우는 기업 규모와 관계없이 한 기업의 생산을 비롯하여 기획, 관리, 회계, 영업, 품질, R&D, 구매, 프로젝트관리 등 모든 분야에서 활용될 뿐만 아니라 병원, 학교, 군대 등 비영리기관에서도 적용되고 있다. 일반적으로 말한다면 인간에 관여하는 시스템의 모든 제약조건관리에 활용되고 있다.

TOC 개념

사람들이 행진을 한다고 할 때 이 집단의 행진속도는 집단 중 걸음이 가장 느린 어느 한 사람의 속도에 의해서 저하될 것이나. 따라서 집단의 행진속도를 높이기 위해서는 가장 느린 사람을 집중적으로 관리하는 것이 필요할 것이다. 즉 다른 사람들은 가장 느린 사람보다 평균속도가 빠르므로 비록 부분적으로 행진속도에 지장이 있어도 집단의 속도에 영향을 주지 않겠지만 가장 느린 사람의 행진에 장애가 생길 경우에는 그만큼 집단의 속도가 느려지게 된다. 집단의 속도를 최대로 유지하려면 다른 사람들이 가장 느린 사람의 배낭을 대신 들어준다든지 하는 방법을 통해 가장 느린 사람이 자신의 최고 속도를 유지하도록 조치를 취하는 것이 필요할 것이다. 여기서 우리는 이 집단을 하나의 시스템으로 볼 수 있다. 이 집단의 목표는 정해진 시간에 정해진 목적지까지 가는 것이다. 그렇게 하기 위해서 대원들 각자가 최선을 다해야 할 것이다. 하지만 모든 대원들이 최선을 다한다고 하더라고 집단 내에 목표를 이루는 데 제약이 되는 것이 존재할 경우 전체시스템의 흐름은 제약이 되는 부분에 의해 결정된다. 즉 전체 시스템이 목표를 이루기 위해서는 시스템 내 제약이 되는 부분을 집중 개선할 필요가 있다. 여기서 부분의 최적합이 시스템 전체의 최적을 이루는 것이 아니라는 것을 알 수 있다. TOC는 이런 이야기와 관련해서 전개된다.

이처럼 TOC의 기본사상은 '시스템적 관점을 강조한다'는 것이다. 그리하여 TOC를 시스템 철학이라고도 일컫는다. 시스템은 전체적인 목적달성을 위하여 함께 작동하는 서로 연계된 요소들로 구성된 것이라고 정의할 수 있다. 이러한 개념의 시스템을 설명하기 위해 TOC에서는 서로 연결된 사슬고리 또는 행군대형에 비유하고 있다. 시스템에서는 하나하나의 고리가 별개로 존재하지 않고 서로 연결되어 전체 목적을 달성하는 데 필요한 상호의존적 기능을 강조하고 있는 것이다. TOC는 기업에서의 우선목표를 비용절감보다 수익 향상에 초점을 두는 경영 철학이다. 즉 '지속적으로 돈을 벌기 위하여 방해되는 제약을 찾고 이를 극복하기 위한 체계적 개선방법이다. 그러므로 생산성 향상, 고객만족도 향상, 매출 증대, 품질 향상 등은 이런 조직의 목표를 달성하기 위한 필요조건이지 결코 충분조건이 될 수 없다.' TOC에서는 제약이 아닌 부분을 비제약이라고 부르는데 비제약의 개선은 시스템 전체의 성능 향상에 아무런 기여를 하지 못하는 신기루와 같은 것이라고 본다. 그리고 시스템적인 관점에서 강조되고 있는 원칙 가운데 매우 중요한 개념으로 '시스템 전체의 최적해가 반드시 각 요소들의 부분적 최적해의 합으로 이루어지는 것은 아니다.'라는 점을 강조한다.

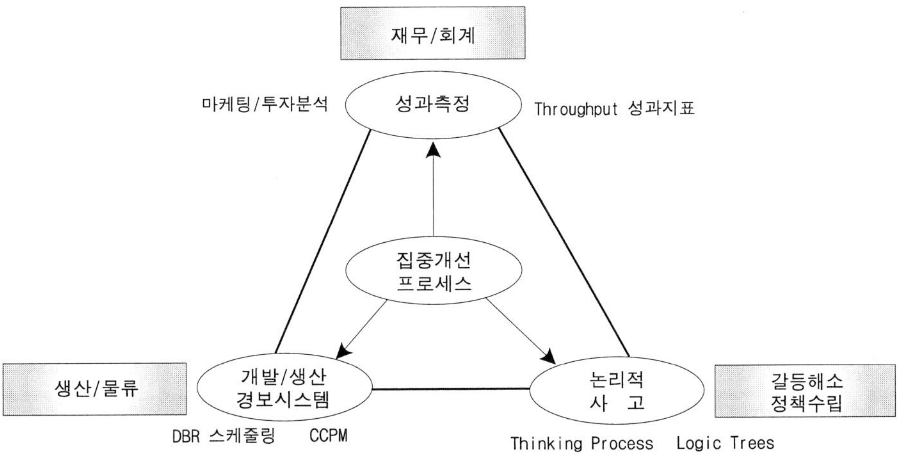

[그림 23-1] 집중개선 프로세스와 적용되는 3가지 분야간의 관계

TOC는 흐름 개념의 경영의사결정을 위한 포괄적인 원칙으로 발전되었으며 생산/물류분야, 재무분야, 그리고 문제해결에 의한 정책수립을 중심으로 시스템 개선에 활용된다. 시스템 개선활동을 뒷받침하는 기본틀을 우리는 '집중개선 프로세스'라 하며 다양한 도구를 제공한다.

TOC에서는 우선 시스템의 목적과 시스템 성과평가척도를 정의한 후 제약에 집중하여 시스템의 성과를 개선하기 위하여 다음과 같은 5단계의 과정을 반복적으로 적용한다.

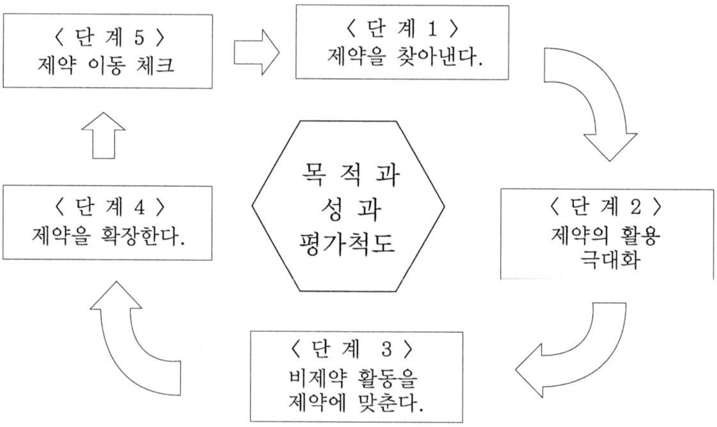

[그림 23-2] 집중개선 프로세스 5단계

TOC가 매우 많은 분야에서 폭 넓게 활용되는 것을 보면, 물리학의 기초적인 방법이 모든 실생활에 유익하게 적용된다고 말할 수 있다. 결국 물리학은 간단하고 정교한 자연의 법칙을 화학, 전기, 생물 분야에서 찾아내듯이 조직을 움직이고 개인의 발전을 위한 경영기술을 찾는 데 활용된 것이다.

FORD 자동차 Electronics Division의 TOC 도입

TOC의 적용효과는 Ford Electronics(라디오, 센서, 디스플레이 등의 전자부품을 Ford에 납품하는 업체)의 Markham 공장의 사례로 확인할 수 있다. 이 공장은 제약이론의 요소 중 DBR Scheduling과 프로젝트 관리인 애로사슬(Critical Chain)을 적용하였다. 기본적으로 DBR Scheduling은 제약을 인정하고, 시스템 전체의 목표를 최대한 달성하기 위해 제약의 활용을 극대화하며 비제약자원의 가동률을 제약자원에 종속시키는 TOC 기반의 생산/공정관리 방식으로

1) 생산 order의 납기를 확인한다.
2) 시스템의 CCR(Capacity Constraint Resource 능력제약자원)을 찾아낸다.

3) Time Buffer의 위치와 크기를 결정한다.
4) CCR의 활용을 극대화하는 Drum(주일정계획)을 작성한다.
5) 첫 공정들의 Rope를 설정한다. 즉, 원자재의 투입시기 계획을 작성한다.
의 5단계로 이루어진다. 기존의 많은 MRP 또는 ERP 시스템에서 제약, 비제약 사이의 구분이 없이 모든 공정 전체를 대상으로 일정계획을 일시에 작성하며 모든 공정의 운영을 일일이 제어하려던 것과 비교하여, TOC 방식은 제약 중심으로 계획함으로써 상대적으로 신속하게 일정을 작성할 수 있으며, 제어대상공정의 개수는 훨씬 적다. 또한 혼란요인의 발생에 따른 계획을 수정하는 경우에도 기존의 방식 하에서는 조그만 혼란요인에 대해서도 일정이 많이 바뀌는 현상이 있는데 반해, TOC 방식은 제약 중심의 분석을 하기 때문에 시스템의 안정적 운영이 훨씬 쉽게 된다.

애로사슬(Critical Chain)은 기존의 PERT/CPM이 간과하고 있는, 한 자원이 프로젝트의 여러 업무나 여러 단계를 맡는, 또한 여러 프로젝트를 맡아야 하는 multitasking 문제를 해결하는 명쾌한 프로젝트의 일정 수립과 통제로서 한정된 자원과 시간 내에 일회성 업무인 프로젝트를 예정대로 원활히 수행하기 위한 효과적 관리기법이다. 이 기법의 목표는 다음과 같다.

1) 프로젝트 기간 단축
2) 예정기간 준수

물론 프로젝트 예산 수립과 실행비용 통제 그리고 프로젝트 결과의 질적인 면도 중요하나, 애로사슬(Critical Chain)에서는 일정을 지키지 못한 프로젝트의 비용이나 결과의 질은 평가 가치가 매우 떨어지는 결과로 인해 일정문제에 집중한다. 기존의 일반적인 진도관리는 각 단계의 예정시간 대비 진도를 통제하는 것으로 TOC의 관점에서 본다면 부분최적화의 전형이다. 또한, 참여한 모든 사람들의 가동률이 100%에 가깝지 않으면 안된다는 사고방식으로 선행단계가 완료되어야 후속 단계가 시작될 수 있는 프로젝트 업무의 특성을 간과하므로 전체 최적화의 관점과 거리가 멀다. 따라서 프로젝트 관리자는 애로사슬(CC)상의 작업단계가 최우선순위의 작업이므로 이 일정에 나머지 작업 일정을 종속시킨 뒤 각 단계 작업의 지연과 조기완료에 따른 합류 버퍼 및 프로젝트 버퍼의 잔량을 지속적으로 감시 추적하여, 문제 여부를 판단해 적절한 조치를 취하여 일정을 통제하는 것이다.

기법	내용	적용 분야	효과
DBR (Drum Buffer Rope)	생산 흐름의 동기생산을 통하여 재고감축과 납품 서비스를 좋게 함	생산/물류	- 결품감소 - 재고감축 - 제조 리드타임 감축 - 납기준수율 향상 - 시장변화에 대한 대응속도 증진
Through-put 회계(TA)	현금 창출율 증대에 초점을 맞춘 회계 시스템으로 생산시스템에 대한 정확한 정보를 신속하게 제공	회계 성과 측정/평가	- 생산현장에 정확한 회계정보 제공 - 현금수지와 투자수익률과의 동기화 - 재고감축
사고 프로세스 (Thinking Process)	조직의 만성적 문제의 근본원인을 찾아 이를 극복할 수 있는 혁신적인 방안을 도출하고 그 실천 계획을 논리적으로 찾아냄	전 분야	- 방침 제약을 찾아 분석 - 조직 구성원들의 문제해결능력 향상 - 경영혁신 방안 도출 - 목표에 대한 이해와 공감대를 넓히고 의식의 동기화 이룸
Critical Chain 프로젝트 관리 (CCPM)	연구개발 프로젝트의 기획/관리를 개선하여 프로젝트의 납기 달성과 예산 절감	연구 개발	- 프로젝트의 납기 준수율 향상 - 프로젝트의 일정관리의 시스템화 - 제약관리를 통한 일정관리의 단순화

[표 23-1] TOC의 주요영역

이 공장은 자재투입에서 출하까지의 생산리드타임이 평균 10.6일이었다. 이를 개선하기 위하여 1990년에 JIT를 도입하였는데 도입 후 2년 만에 8.5일로 줄었다. 그런데 이 상황에서 TOC를 적용하니 생산리드타임이 첫 해인 1992년에 2.2일로 줄었고 다음해인 2000년에는 2교대 이하(93%)로 줄었다. 또한 1991년 DBR을 공장의 한 부문에 도입하고 이후 공장 전체로 확대하여 모든 시스템을 제약공정의 관점에서 재구성하고 제약공정을 최대한 활용하였다. 즉 전자기기의 제조 프로세스를 분석해서 제약공정을 찾아내고 원자재를 제약공정의 일정에 맞추어 투입한 뒤, 제약공정에 설치한 버퍼를 통해 제품의 흐름을 관리하였다.

1992년 Ford Electronics 사업부의 TOC-DBR의 성공에 고무된 경영진은 거대한 제품개발 부문 전체의 계획과 관리에 애로사슬(Critical Chain)을 적용하기로 결정함에 따라서 제품개발 프로세스를 상세히 조사한 결과 제약자원(CCR)이 작동시험을 위한 차의 테스트 부분에 있다는 것을 알게 되어 TOC 프로젝트 관리기법에 있는 Multi-Project 스케쥴링 기법으로 테스트 부문의 가동률을 최대화하도록 개발일정을 수립하였다. 또한 차의 제품개발의 프로세스가 가장 앞 쪽에 있는 특정 차종의 모델 체인지를 언제 할 것인가의 의사결정에도 CCR의 스케쥴을 반영하도록 하였다. 이렇게 Critical Chain으로 프로젝트를 관리한 결과 제품개발의 속도가 빨라지고 신제품 출시 예정일 준수율이 95%를 상회하는 큰 성공을 거두게 되었다. 또한 프로젝트 관리를 통해서 생산리드타임의 감소뿐만 아니라 재고 저장을 위해서 필요했던 하나의 재고 창고 전체가 불필요해짐에 따라서 제조현장에서 25%의 공간 확보에 따른 설비투자 감소로 1억 달러의 재고감소 효과를 가져왔다. 뿐만 아니라 고객 만족도가 75% 이상 개선되었고, 대응능력과 학습속도가 300% 빨라졌으며 원자재 관리 노력은 50%가 향상되고 스케쥴링 기간이 16일에서 5일로, 다시 5일에서 1일로 줄어드는 효과를 달성하였다.

TOC의 연구 필요성

TOC의 관점에서 볼 때 자동화나 정보화의 신기술의 도입은 그 자체가 생산성 향상을 의미하는 것이 아니라, 신기술이 시스템의 제약을 극복하는 데 기여할 때에 한하여 효용이 있다. TOC는 '전체≠부분의 합'이라는 시스템 이론에 입각하여 전체의 목표를 달성하는데 가장 영향이 큰 요소를 찾아내어 이 요소에 집중함으로써 전체를 개선할 수 있다는 사고에서 출발하고 있다. 시스템 목표의 달성도를 제대로 반영하는 시스템 성과의 측정방식으로의 전환과 생산/공정관리에 제약 중심의 집중화된 관리와 지속적 개선을 위한 사고 프로세스의 도입은 산업생산방식의 변화에 따라 점점 더 시급하다고 판단

된다. 국내의 경우 TOC 경영의 보급이 막 시작한 단계라고 볼 수 있는데 앞으로 본격적인 활용을 위한 시도와 연구가 있어야 하겠다.

구 분	D B R	J I T
목 표	전체 최적화	낭비의 제거
사고방식	제약중심	약점의 노출 & 극복
공정능력	차이를 인정	평준화
공정재고	CCR 앞에 적정량	모든 재고의 최소화
자재투입	첫 공정제어	Karban 순차제어
Buffer 관리	CI의 기본	재고는 악
개선활동	CCR에 집중	모든 공정
적용범위	주문생산, 흐름생산	흐름생산
혼란의 영향	국지화	전체에 영향
난 이 도	단기간에 효과	전사적 준비, 훈련

[표 23-2] DBR과 JIT의 비교

연습문제

1. TOC의 개념에 대해 설명하시오.
2. DBR의 원리에 대해 설명하시오.
3. 집중개선 프로세스 5단계는 무엇인가?
4. TOC의 기법과 함께 그에 따른 효과에 대해 논의하시오.
5. 표준원가와 Throughput 회계의 근본적인 차이에 대해 설명하시오.
6. 일상생활에서 겪은 갈등 문제를 사고프로세스를 통해 풀어보시오.
7. DBR, JIT, TOC에 대해서 서로 비교해 보시오.
8. 흐름의 제약에 초점을 맞추는 TOC 의사결정과정에 대해 설명하시오.
9. TOC 적용사례를 들어보시오.
10. TOC의 연구 필요성에 대해 논의하시오.

참고문헌

정남기(2002), 「TOC 골든룰」, 한·언.

Eliyahu M. Goldratt(1984), 「The Goal 번역본」, 동양문고.

Eliyahu M. Goldratt(1994), 「It's not luck 번역본」, 동양문고.

Eliyahu M. Goldratt(2003), 「Necessary But not sufficient 번역본」, 동양문고.

손명규외 5명(2000), 「경영혁신 기법과 사례」, 경문사.

고재석(2004), 「TOC 경영의 핵심」, 2004 한국 TOC 경영컨퍼런스.

정남기(1999), 「TOC 제약경영」, 대청.

강성룡(2004), 「TOC의 개념과 응용에 관한 연구」, 충북대학교.

대한산업공학회(2002), 「한국 TOC 연구」.

최원준(2001), 「생산/공정관리의 Paradigm shift TOC 중심으로」, 한국생산기술원.

정남기(2002), 「TOC 성공사례모음」, 전남대학교 산업공학과.

제 24 장

모토롤라 사의 6시그마 (1987년)

세계경제를 리드해 나갈 것만
같았던 미국이 일본에 그 자리를
내어 줄 것이라고는 아무도 예측하지
못했을 것이다. 단지 꾸준히 품질관리
활동을 실천해오고 노력해온 일본은
그 예상을 했으리라 생각된다. 그러나
세계 경제의 움직임이 다시 변하기 시작했다.
1990년대 이후 미국이 다시 세계 경제를
리드해 나가는 시대가 된 것이다.
바로 그 핵심적인 무기가 6시그마인 것이다.

Six Sigma

Mikel Harry

미국의 어느 한 목장에 세계최고의 기업 경영자들, 월스트리트 분석자 등 겉으로만 보아도 대단해 보이는 이들이 모여 있었다. 말의 채찍이 통나무집의 벽을 장식하고 있으며, 이 목장의 창문을 통해 만 평 정도 되는 관목이 우거진 숲이 보인다. 한눈에 보아도 집주인이 돈이 아주 많은 사람이라는 것을 알 수 있었다.

이 많은 사람들을 데려다 놓고 한 남자가 앞에서 손님들에게 강의를 하고 있으니 얼마나 대단한 사람인지 짐작할 수 있다. 그의 말투는 남부 사람 특유의 액센트를 가지고 있으며, 그의 구레나룻은 마치 악한의 모습을 연상시키고, 그의 발표하는 스타일은 교회의 목사님이 설교를 하는 것과 같은 인상을 준다. 또 그는 여러 사람 앞에서 통계학적으로 감탄을 시키고 헷갈리게도 한 후 그들을 밖으로 초대하여 철로 만든 숫송아지를 밧줄로 옭아매는 연습을 하도록 시키고 정작 그는 진짜 사나운 숫송아지를 올가미 밧줄로 잡는 연습을 하며 휴식을 취하고 있다. 그리고 다음날에는 카우보이 복장에 먼지투성이의 부츠를 신고 피묻은 손을 한 그를 볼 수 있었다. 그는 과연 누구인가?

그는 바로 6시그마 프로그램을 만들고 6시그마 경영기법을 세계의 여러 기업들에게 전파한 마이클 해리(Mikel Harry) 박사이다. '6시그마 경영연구소'라는 컨설팅 회사의 회장을 맡고 있으며 몸값 또한 매우 비싸다.

그는 1973년에 볼 주립대학교 전자공학과를 졸업하고 1981년 볼 주립대학 전자공학 석사학위를 취득했으며, 1984년 애리조나 주립대학에서 박사학위를 받았다. 애리조나에서 박사학위를 받으면서 모토롤라 사의 정부용 전자기기 사업부에 근무하게 되었고 모토롤라 사의 선임 엔지니어가 되어 생산시간과 비용을 감소할 수 있는 상세한 통계프로그램을 개발·발전하던 중 당시 모토롤라 사의 회장이었던 로버트 갤빈(Robert Galvin) 회장의 주도하에 6시그마를 만들고 회사 내에 보급하게 되었다. 그리고 1990년, 모토롤라 사 내의 대학에 '모토롤라 6시그마 연구소'를 세워 고급 6시그마 공학기법을 개발하였고 그 주제에 대해 여러 권의 책을 쓰면서 다른 회사에서도 그 기법을 쓸 수 있도록 하였다. 그리하여 6시그마 경영기법을 공히 자기 것으로 만들었다.

1993년에는 6시그마가 다른 업종에서도 적용될 수 있다는 가능성에 고무되어 동료인 슈뢰더와 모토롤라를 떠나 스위스의 ABB의 변압기 부서에 합류하였다. 그리고 둘은 스위스의 이 거대기업을 재건하는 데 크게 기여하였다. ABB에 근무하는 동안 두 사람은 6시그마의 초점을 결함관리에서 비용절감으로 전환함으로써 혁신전략을 더욱더 다듬었다.

1994년에 해리박사는 애리조나 주 스콧스데일에 '6시그마 아카데미'를 설립하였고 자신들을 6시그마 전문 컨설턴트라고 불렀다. 거기서 그는 그의 기법을 인증해주고 블랙벨트 핵심요원들을 훈련시키면서 6시그마 경영을 계속 전파하였다. 이때의 첫 번째 고객이 현재 6시그마기법을 도입해 가장 강력히 추진하였고 가장 성공하였으며 가장 존경받는 최고경영자로도 뽑힌 잭 웰치 회장이 이끄는 GE 사였다.

하지만 아무리 많은 돈을 줘도 첫 번째 수업시간에 기업의 최고경영자가 자리에 없으면 강의를 하지 않을 정도로 품질철학은 뚜렷하고 대단하다.

현재 그는 품질경영연구소 SSMI(Six Sigma Management Institute)를 운영하며 '3세대 6시그마'를 개발·전파하기 위하여 전력을 기울이고 있다.

6시그마의 도입배경

1970년대까지 세계시장에 있어서 미국의 경쟁력은 막강하였다. 그러나 1970년대 중반에 접어들면서 미국의 세계적 경쟁력이 저물어가게 되었고, 이 자리에 급부상한 것이 바로 일본이었다. 시장지배 구조의 변화가 일어난 원인은 무엇인가? 또한 세계대전으로 경제회복이 더디던 일본이 어떻게 세계시장의 중심에 서게 되었는가? 이에 대한 해답은 바로 품질의 중요성에서 찾을 수 있다.

1980년 미국 MIT 대학의 교수들은 이러한 원인이 바로 미국의 품질경쟁력 약화에 있다고 하였다. 놀라운 것은 Arman Feigenbaum, W. Edwards Deming, Joseph M. Juran 등은 품질관리의 석학들로서 이들이 만든 품질관리 기법들은 미국에서 처음 시작되었다는 것이다. 세계의 품질관리 정석이라고도 할 수 있는 이러한 기법들이 왜 미국의 경쟁력을 살리지 못한 것인가?

산업혁명 이후 세계적인 경제의 급성장은 성장 위주의 생산에 초점이 맞추어져 있었다. 미국의 기업들에는 이러한 흐름과 함께 품질보다는 생산량을 증가시키기 위한 붐이 일게 된 것이다. MRP(Material Requirements Planning) 시스템과 능률을 중시하는 전문성에 초점을 맞추고 성장해 온 결과 조직은 비대해지고 외형적 성장을 이루게 되었다. 그러나 일본은 미국의 Deming 박사 등의 조언을 겸허히 받아들이고 품질의 중요성을 국가적으로 확산시키기 시작하였다. JIT(Just In Time) 시스템과 데밍상 등이 품질을 중요하게 생각하는 일본의 대표적 예라고 할 수 있다. 세계경제를 리드해 나갈 것만 같았던 미국이 일본에 그 자리를 내어줄 것이라고는 아무도 예측하지 못했을 것이다. 다만 꾸준히 품질관리 활동을 실천하고 노력해왔던 일본은 그 예상을 했으리라 생각된다. 그러나 세계 경제의 움직임이 다시 변하기 시작했다. 1990년대 이후 미국이 다시 세계 경제를 리드해 나가는 시대가 된 것이다. 그 핵심적인 무기가 바로 6시그마이다. 1980년대 초부터 미국은 품질의 중요성을 인식, 충격에 휩싸였고 적극적으로 품질에 대한 열정을 갖기 시작했다. 이에 TQM(Total Quality Management) 등 막대한 투자를 앞세워 품질관리 활동을 시작한다. 미국의 NBC 방송에서 '일본은 가능한데 미국이 왜 못하는가?'라는 주제로 품질관련 특집 프로그램을 방영하였고, 미국인의 신분으로 일본에서 품질분야의 선두적인 역할을 한 Deming 박사를 초청해 품질의 중요성에 대해 미국 국민에게 알리기 시작했다. 결국 이 시점을 계기로 미국은 세계의 선두 자리에 다시 오르기 시작하였다.

모토롤라의 6시그마

경영혁신은 위기에서부터 시작한다는 말이 있다.

모토롤라가 1980년대 초 일본의 무선호출기 시장에서 품질로 고전을 면치 못하고 회사가 위기에 빠져있었을 때의 일이다.

1979년 어느 모토롤라의 한 회의에서 임원인 아트 선드리(Art Sundry)가 자리에서 일어나 다음과 같이 말했다. "모토롤라의 진짜 문제는 품질이 형편없다는 점입니다." 선드리의 말은 결국 모토롤라 내에서 새로운 불꽃을 밝혔고 제품생산에 있어서 고품질과 저비용 간의 중요한 상호관계를 밝히게 되었다.

미국의 모든 기업들이 품질을 향상시키기 위해서는 비용이 많이 든다고 믿고 있던 때에 모토롤라는 제대로만 한다면 품질개선이 오히려 비용을 절감할 수 있다는 사실을 인식하게 된다. 그들은 고품질 제품을 생산하는 데 비용이 더 많이 들지 않고, 오히려 더 적게 든다는 사실을 믿게 되었다. 그래서 그들은 최고품질의 생산자가 최저비용의 생산자라고 믿게 되었다. 그 당시 모토롤라는 불량품을 시정하는 데 연간 5~10%, 어떤 경우는 20%까지 지출하고 있었다. 이것은 매년 약 8~9억 달러에 달하는 엄청난 금액이었고, 만약 공정에 문제가 없었다면 곧바로 회사의 순이익이 될 수 있었던 비용이었다.

이에 1981년에 로버트 갈빈 회장은 5년에 걸쳐 10%가 아닌 10배의 개선을 달성하라고 명령을 내렸다. 모토롤라의 임원들은 회장의 명령을 달성하기 위해 모든 아이디어를 짜냈다.

모토롤라에서 낭비를 감소하는 방법을 찾고 있는 동안, 커뮤니케이션 부서의 엔지니어 빌 스미스(Bill Smith)는 제품의 수명과 생산 중 수리 횟수와의 관계를 연구하고 있었다. 1985년에 그는 다음과 같은 보고서를 제출하였다. "생산 공정 중에 어떤 결함이 발견된 제품이 고쳐져서 소비자에게 판매되었을 때, 그 결함 때문에 보지 못했던 다른 결함들이 소비자가 제품을 사용하는 초기에 발생한다. 그러나 처음부터 제품을 잘 만들면 사용 초기에 아무런 문제도 발생하지 않는다."

스미스의 보고에 대한 반응은 비록 회의적이었지만, 공정 중 결함이 있었던 제품을 실제로 구입한 고객들의 불만이 상당히 높은 것도 사실이었다. 결과적으로 스미스의 결함을 발견하고 시정하는 방식을 선택해야 할까? 후에 조사한 데이터에 의하면, 결함을 발견하고 시정하는 노력에 의해서 모토롤라는 겨우 4시그마 밖에 도달하지 못했다. 이것은 다른 미국 기업들보다 단지 평균적으로 약간 앞서는 정도에 불과했다. 그와 동시에 모토롤라는 외국경쟁자들이 제조공정 중에 수리나 재작업을 요하지 않는 형태로 제품을 생산하고 있음을 발견했다.

모토롤라에서는 스미스의 연구결과를 다시 한 번 분석하기 시작했다. 만일 공정 중에 발견되지 않는 결함이 사용초기에 발견되어 고객의 불만이 증가한다면, 무엇인가 제조공정을 개선하여야 하지 않을까? 그래서 결과적으로 모토롤라는 제품설계와 제조방법에 초점을 두고 품질개선과 함께 생산시간을 단축하고 원가를 절감하기 위해 노력하기 시작하였다.

그러나 모토롤라의 경영층이 스미스의 보고서를 인정은 했지만, 이 결론을 구체적으로 실천하기에는 많은 어려움이 따랐다. 그 이후 마이클 해리(Mikel Harry) 등이 주축이 되어 1987년에 처음으로 6시그마 경영기법이 탄생하게 된다.

같은 해 모토롤라는 그때까지 유지해온 회사의 10대 목표를 버리고 '총체적 고객만족(Total Customer Satisfaction)'이라는 단 하나의 목표를 선택하기에 이르렀다. 그 이유는 당시 로버트 갈빈 회장에게는 '다른 경쟁회사보다 소비자를 더 잘 모신다면 사업은 저절로 잘될 것'이라는 신념이 있었기 때문이다. 여기서 총체적 고객만족이란 '고객이 제공된 제품이나 서비스에 만족하고도 남는 것' 또는 '모든 고객의 모든 요구조건을 다 들어주고도 넘치는 것'을 말한다. 따라서 '총체적 고객만족' 상태가 되려면 기업은 고객과 접하는 부분에서 아무런 문제가 발생하지 않도록 해야 한다. 기술적 지원은 물론 계산서 처리, 영업자의 자질 등 모든 측면에서 고객에게 절대적으로 불편을 끼쳐서는 안된다. 이렇게 모토롤라는 6시그마의 목표를 달성하기 위해 고객만족에 중점을 두었다. 그래서 조직을 수평적인 조직으로 변화시켰고, 수평적인 조직은 팀웍을 촉진시켰다. 또 팀웍은 고객의 욕구를 충족시키기 위해 각 부서간의 협조를 촉진시켰다. 특히, 설계의 초기단계에서부터 이러한 협조가 실행되었고 계량화된 기업의 모든 활동을 고객의 관점에서 평가하였다.

1992년 모토롤라는 모든 분야에서의 6시그마 목표를 전부 달성하지는 못하고, 일부 분야에서만 달성하였다. 이렇게 결함이 감소되고, 제조시간이 단축되면서 모토롤라에서는 6시그마로 인한 재무성과가 나타나기 시작했다. 다시 말해 모토롤라는 보다 우수한 품질의 제품을 생산하고, 고객들은 보다 저렴한 비용으로 더 큰 만족을 누리게 되었다. 모토롤라는 4년 동안 6시그마로 22억 달러를 절감하였고, 6시그마 설계자들은 대다수의 회사들이 불가능하다고 생각했던 성과들을 달성하였다. 그리고 6시그마는 짧은 기간 동안에 다른 산업으로, 즉 제조사업부 이외의 분야로 산불처럼 번지기 시작했다. 여기에서 그치지 않고 모토롤라는 계속 목표를 상향 조정하였다. 그래서 매 2년마다 열 배씩 목표를 증가하였다. 그 결과 6시그마 운동을 도입한 지 10년 후인 1998년에는 거의 전 사업장에서 6시그마 수준을 달성하였다. 즉, 불량품 99.7% 감소, 제품단위당 품질비용 84% 감소, 생산성 20% 향상, 매출 17% 증가, 그리고 주가가 6.6배 증가되었다.

이로써 모토롤라는 1980년대 초에 일본의 무선호출기 시장에서 품질로 고전을 면치 못하고 위기에 빠져있던 것을 6시그마 경영기법을 도입함으로써 위기를 타개하고 한 단계 더 성장하게 된 것이다.

6시그마의 개념

고대 알파벳 24개의 글자 중 18번째 글자의 이름으로 알려진 시그마는 'σ'로 표기되고 영어의 알파벳 'S'에 해당된다. 이는 통계학의 표준편차를 의미하는 것으로 6시그마는 정규분포에서 평균을 중심으로 양품의 수를 6배의 표준편차 이내에서 생산할 수 있는 공정의 능력을 정량화한 것이다.

6시그마는 제품 백만 개당(ppm) 0.002개 이하의 결함을 목표로 하는 거의 무결점 수준을 목표로 하고 있다. 가령 책에서 '오자'가 나올 경우를 생각해보면 6시그마 수준이 어느 정도인지 감을 잡을 수 있을 것이다. 3시그마의 경우 보통의 책의 한 페이지 당 1.5개의 오자가 나온다면, 4시그마는 한 권의 30페이지 당 1개의 오자, 5시그마인 경우 백과사전 한 세트 당 1개의 오자를 포함하는 것을 의미한다. 그러나 6시그마의 경우 소규모 도서관에서 1

개의 오자를 포함하는 것을 의미하게 된다. 이처럼 6시그마는 당시 믿을 수 없는 도전에 대한 시작이었으며 기업에 커다란 이익을 가져다 준 핵심 요소라고 할 수 있다.

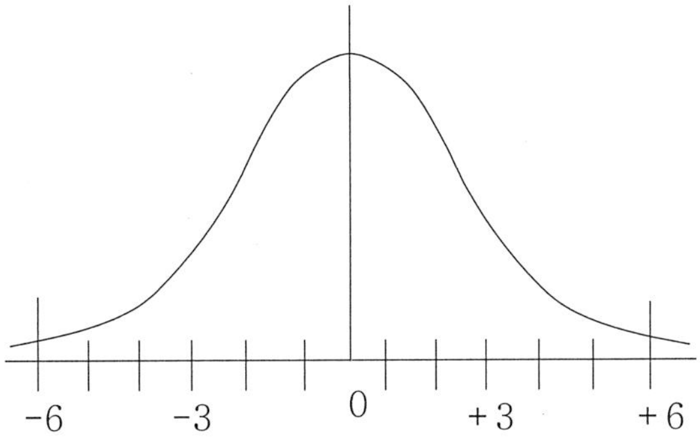

[그림 24-1] 정규분포상의 시그마 위치

6시그마는 이론적으로 백만 개 중 0.002개의 결함을 가지는 것을 말하지만 현실적으로 3.4ppm, 즉 백만 개 당 3.4개의 결함을 가지는 것을 말하기도 한다. 이것은 센터링 에러(Centering Error)라고 하기도 하는데 초기에는 프로세스가 아주 안정적인 상태에서 출발하지만 시간이 흘러갈수록 기계의 마모와 환경요인, 준비시간 등의 영향으로 프로세스의 중간값이 이동하게 된다. 이 때문에 처음 출발한 안정상태의 불량률을 넘어서 점차 그 가능성이 증대하게 되는 현상이 나타나게 된다. 즉, 1.5시그마 정도의 오류를 가지게 된다는 것이다. 그러나 이 변동의 수준은 모토롤라를 기준으로 연구된 것이기 때문에 각 기업의 환경에 맞는 변동 수준을 정하는 것이 중요하다.

[그림 24-2] 전체 수율과 시그마 수준(1.5시그마 편기)

#of Parts (Steps)	±3σ	±4σ	±5σ	±6σ
1	93.32%	99.379%	99.9767%	99.99966%
10	50.09	93.96	99.768	99.9966
50	3.15	73.24	98.84	99.983
100	0.10	53.64	97.70	99.966
500	-	4.44	89.02	99.830
1,000	-	0.20	79.24	99.661
5,000	-	-	31.24	98.314
10,000	-	-	9.76	96.66

6시그마의 추진절차

막연히 무결점에 대한 인식으로는 6시그마 기법이 성공할 수 없다. 때문에 6시그마에서는 이를 올바르게 추진하는 기본틀을 제시하고 있다. 바로 이것이 DMAIC이다. 일반적으로 6시그마는 현재의 프로세스에 대해 문제를 정의(Define)하는 단계, 주위의 현상에 대하여 측정(Measure)하는 단계, 문제에 대한 원인을 분석(Analyze)하는 단계, 이를 해결하기 위한 방안 개선결정(Improve) 단계, 그리고 적용 후 성과를 분석하고 그것을 유지(Control)하는 단계로 구성된다.

먼저 주위 현상을 측정하는 단계(Measure)에서 현재 기업이 처한 위치와 어느 정도의 위치에 있는가를 측정하게 된다. 혁신적인 프로세스를 진행하기 위해서는 현재의 위치를 파악하는 것이 무엇보다 선행되어야 할 부분으로 고객의 요구사항 중 가장 핵심적인 CTQ(Critical To Quality)를 도출하게 된다. 고객을 위한 고객 중심적인 사고가 무엇보다 중요한 6시그마에서 고객의 소리를 반영한 핵심 전략이 무엇인지 세운 후 이에 필요한 주위 현상을 분석하는 단계라고 할 수 있다. 즉, 고객의 요구가 무엇인지를 파악하여 목표를 정의하고 지표화하여 목표수준점수와 기대점수를 세우게 된다. 다음의 절차로 문제의 원인을 분석하는 단계(Analyze)를 거치게 되는데 이 단계에서는 현재의 성과가 어느 정도인지를 분석하여 주요 정책의 우선순위를 정하게 된다. 원인 분석 단계에서는 결함이 언제, 어디서, 왜, 누구에 의해 발생되었는가를 세부적으로 파악함으로서 개선대상이 무엇인지를 다시 한번 확신시켜 주게 된다. 이러한 분석단계에서는 문제의 근본원인과 잠재원인이 무엇인가를 찾아낼 수 있게 된다. 주요인 분석 및 요인 간의 관련짓기를 통하여 다양한 각도의 문제원인을 분석해내는 데 초점을 두게 된다. 이 부분에서 분석은 주로 미니탭(MiniTab)이라는 프로그램을 이용하여 분석하게 된다. 원인에 대한 분석이 이루어지면 이러한 문제를 개선하기 위한 개선단계(Improve)를 거치게 된다. 이 때에는 기존의 사고의 한계를 넘어선 새로운 발상의 전환이 필요하게 되며 브레인스토밍, 벤치마킹, 실행 조직화 등 다양한 방법을 이용하여 개선방안을 모색하고 실시하게 된다. 마지막으로 이러한 문제해결 단계를 통하여 개선된 성과를 유지하는 단계가 관리(Control)이다. 개선을 이루었더라도 일시적으로 성과가 나타난다면 상당한 시간과 노력을 투자한 것이 손해일 수 있다. 개선의 주체가 바뀌게 되면 개선의 방법과 성과는 사장될 수 있고 일정기간 후 다시 같은 방법의 노력을 들여야 할 경우가 생길 수 있다. 이러한 문제점을 보완하기 위하여 6시그마 기법에서는 지속적인 관리가 이루어지게 하고 있다. 이 단계에서는 개선 프로세스를 문서화하고 표준화하는 것이 중요하다. 한 번의 노력으로 끝나는 것이 아니라 임원을 비롯한 전 직원이 지속적으로 모니터링하고 적극적으로 참여하려는 의지가 중요하다고 할 수 있다. 따라서 이러한 개선 프로세스를 기업문화에 정착화 시키는 것이 필요하다.

이러한 6시그마의 추진은 전문적인 지식과 열정을 가진 사람들에 의해 추진되고 운영되어야 한다. 따라서 6시그마에서는 최고경영자, 챔피언, 마스터 블랙벨트, 블랙벨트, 그린벨트 등으로 구성된 조직체계를 제시하고 있다.

[표 24-1] MAIC의 절차와 주요내용

<table>
<tr><td rowspan="4">MAIC</td><td>기초 통계처리</td><td>결과를 읽을 수 있도록 변환가공</td></tr>
<tr><td>목표의 지표화</td><td>어느 지표로 측정하는가?</td></tr>
<tr><td>평가기준 설정</td><td>목표점수, 기대점수 설정</td></tr>
<tr><td>정보수집</td><td>VOC평가 기준에 따라 수집</td></tr>
<tr><td rowspan="4">MAIC</td><td>우선순위 결정</td><td>주요 테마, 자사의 약점에 우선순위 부여</td></tr>
<tr><td>요인 간의 관련짓기</td><td>전사 최적화와 부분 최적화의 조정</td></tr>
<tr><td>목표달성을 위한 주요인 분석</td><td>원인/결과 관련성 평가</td></tr>
<tr><td>코어평가</td><td>강점을 살리고 약점을 보강</td></tr>
<tr><td rowspan="4">MAIC</td><td>Assign</td><td>개혁의 조직화</td></tr>
<tr><td>개혁의 방향 결정</td><td>전문가 지원</td></tr>
<tr><td>마일스토의 설정</td><td>달성시기, 평가기준, 추진책임자</td></tr>
<tr><td>개혁의 실행</td><td>챌린지, 현장의 연구</td></tr>
<tr><td rowspan="4">MAIC</td><td>검토</td><td>검토방법, 타이밍, 결과의 수량화</td></tr>
<tr><td>Critical Factor 배제</td><td>관리도 평가, 자원재배분, 블랙벨트 서포트</td></tr>
<tr><td>개혁레벨 유지</td><td>시스템화, 체크포인트</td></tr>
<tr><td>도전적인 계획책정</td><td>정착화, 스텝바이스텝</td></tr>
</table>

[표 24-2] 6시그마 구성원과 역할

구 분	역 할
최고경영자	6시그마 경영혁신 선포, 총괄적 지휘, 전반적 계획 수립, 조직 결성
챔피언	프로젝트 진도 점검, 자원 확보, 비전과 전체적 방향 제시
마스터 블랙벨트	블랙벨트와 팀을 지도, 프로젝트 지원, 변화관리에 대한 컨설팅
블랙벨트	실무를 리드하는 핵심적 역할
그린벨트	6시그마 이해의 입문단계, 파트타임으로 참여하며 6시그마 추진 지원

이러한 수직적 조직을 바탕으로 한 최고경영자의 강력한 의지로 거대한 6시그마의 조직이 움직이게 된다.

6시그마 경영전파 현황

1981년 : 모토롤라 사의 6시그마 기법을 생산공정에 적용 트라이얼(Trial)
1987년 : 모토롤라 사의 밥 갤빈 회장의 주도하에 6시그마 품질 선언
1992년 : 모토롤라 사의 6시그마 달성 공표
1992년 : T.I./ IBM 6시그마 운동 시작
1993년 : ABB(마이클 해리와 리챠드 슈뢰더 보급) 6시그마를 전사적인 개혁운동으로 발전
1994년 : Allied Signal(리챠드 슈뢰더 : 제조담당 부사장)
1995년 : G.E. 잭 웰치 회장 6시그마 도입 결정
(전 세계적으로 확산시킨 장본인)
1998년 : SONY 이레이 노부유키 회장의 6시그마 도입 결정
(도입이유 "기합만으로는 미국을 이길 수 없다.")
1999년 : NOKIA 6시그마 도입
2001년 : 3M 6시그마 도입

국내의 경우, 1996년 삼성SDI와 LG전자를 선두로 하여 시작되었는데 특히 LG의 경우는 LG화학을 기점으로 해서 LG투자증권, LG텔레콤, LGEDS(지금의 LGCNS), LG칼텍스정유 등 LG그룹의 비제조부문에도 확대가 되었다. 그 밖에 포스코, KT, KIA, DAEWOO 등에서 6시그마를 도입하기 시작했으며, 2000년 삼성전자의 6시그마 도입으로 우리나라 여러 대기업 및 중소기업 등에서 가장 급변하게 확산되고 불타오르는 계기가 되었다.

해리 박사가 말하는 3세대 6시그마와 향후 전망

6시그마 경영연구소(SSMI : Six Sigma Management Institute) 회장을 맡고 있는 해리 박사는 전 세계의 기업을 상대로 제3세대 6시그마를 전파하기 위해 온 힘을 기울이고 있다.

해리 박사가 말하는 제1세대 6시그마는 1980년대 모토롤라 사의 연구진이 제조업 관점에서의 품질 개선의 일환으로 추진했던 활동이다. 하지만 이런 활동도 기업의 전략적 목표에 부합하지 못하면서 전사적 차원에서는 큰 효과를 보지 못하였다. 1990년대 들어 6시그마를 기업의 수익 제고와 직결시키는 2세대 활동을 펼친 것도 이 때문이다. 이 2세대 6시그마 활동은 Top-down 방식으로 진행되었는데 GE 사, 포드와 같은 기업들은 큰 성과를 거두었다. 문제는 이런 프로세스는 대기업에 적합한 것이라는 것이다. 따라서 해리박사는 회사 규모에 관계없이 모든 기업이 6시그마로 성과를 내기를 희망했고 연구 끝에 모든 기업에 적용할 수 있는 3세대 6시그마를 개발하게 되었다. 해리 박사에 의하면 프로세스 개선에 주로 적용돼 온 6시그마는 이젠 성숙단계에 이르러 과거의 개선 속도만큼 효과를 내기는 어렵다고 봤기에 새로운 전략이 절실한 시기에 3세대 6시그마를 개발하게 되었으며 3가지 핵심 요소를 도입하였다고 했다.

첫째, 협력업체까지 포함해서 기업의 가치사슬에 연관된 사람들을 최대한 참여시키는 것, 둘째, 인터넷과 같은 신기술을 적극 활용해 광범위하고 신속하게 6시그마를 전파해야 한다는 것, 셋째, 6시그마가 불러올 강력한 힘은 블랙벨트와 같은 소수의 전문가들이 아니라 '모든 직원들'로부터 나오도록 해야 한다는 것이다.

이런 제3세대 6시그마는 혁신(Innovate), 형성(Configure), 인식(Realize), 약화(Attenuate)로 구성되며 '파워씽킹'이라는 틀을 이용해 지원한다.

이 3세대 6시그마가 확산되면 과거의 품질개선의 도구에서 벗어나 사고방식의 전환을 불러올 것이며 특히 비용문제로 6시그마 도입을 망설여 온 중소기업에 도움이 될 것이라고 했다.

그러나 현재 잘하고 있는 조직에서 변화를 추구하는 것은 쉬운 일이 아니다. 특히 우리나라와 같은 변화를 즐겨하지 않는 기업문화에서는 이러한 6시그마가 오히려 위험요소로 작용할 수 있다. 우리 기업은 6시그마를 도입하기 위해서 구성원의 가치관을 바꾸고, 무조건 좋다고 따라하기보다는 미국이 일본의 TQC를 모방하여 6시그마를 도입했듯이 기업의 환경에 맞는 효과적인 도구로 자리잡도록 노력해야 할 것이다.

연습문제

1. 6시그마 도입시 어려운 점에 대해 기술하시오.
2. 6시그마의 기본원리에 대해 설명하시오.
3. 6시그마 도입시 각 단계별로 많이 사용되는 통계적 툴에 대해 기술하고 설명하시오.
4. 모토롤라 사와 GE 사가 6시그마를 도입하게 된 배경에 대해 설명하시오.
5. 6시그마의 측정단위에 대해 설명하시오.
6. 우리나라의 현 6시그마 도입현황에 대해 설명하시오.
7. 6시그마가 사회 이슈가 되는 이유를 기술하시오.
8. GE 사의 6시그마 도입에 대해 알아보고 설명하시오.
9. 6시그마 운동과 100ppm 운동의 유사점과 차이점을 설명하시오.
10. DFSS에 대해 알아보고 앞으로의 6시그마의 발전방향에 대해 설명하시오.

참고문헌

마이클 해리, 리처드 슈뢰더, 「6시그마 기업혁명」, 김영사.

안영진, 「경영품질론 : 6시그마와 TQM」, 박영사.

백재욱, 「6시그마 경영」, 자유 아카데미.

Mikel J. Harry, PH. D., 「The Vision of Six Sigma : A Roadmap for Breadthrough」, Fifth Edition Volume 1.

제 25 장

마쓰시다 사의 RIAL (1990년)

생산성 추구는
기업의 영원한 과제로서 각
현장마다 개별적으로 생산성 향상에
임하는 데에는 한계가 있으므로 전체적
으로 효율을 꾀하는 방향으로 나아가는
것이 최선의 해결책이라고 말할 수 있다.
이에 근래 전체 효율을 높인다는 측면에서
CIM이 도입되고 있지만, 그러한 경우 낭비
적인 부분을 포함한 채로 머리 속으로만 생각한
자동화, CIM화를 추진하고 있는 면도 없지 않다.
기본적으로 현장에 더욱 밀착하여 낭비를 제거하고
슬림화를 꾀하는 것이 중요하며 이러한 측면에서
마쓰시다 사에서 RIAL의 사고가 탄생하게 된 것이다.

Redesign & Improvement through Analysis of Line-System

RIAL이란

여기서 RIAL(Redesign & Improvement through Analysis of Line-System)이란 중지를 모아서 물건 제조의 원점에 서서 상품 및 생산 시스템 전체를 분석·해석하고 철저한 상품 및 생산 시스템을 재검토함으로써 그 안에서의 불필요, 불합리, 불균형을 모두 배제하고 새로운 상품 구성과 생산 시스템을 재설계하여 이익을 향상시키는 실천 기법, 즉 없앨 수 있으면 없앰으로써 생산성을 증대시키는 무화사고(無化思考)를 체계화한 것이다. 이는 고 마쓰시다 고노스케가 주장했던 "발상의 전환을 꾀하고 혁신적인 생산 체질을 만들어 내라.", "현장 현물주의에 철저하라.", "사원 가업에 철저하라."와 같은, 말로만 받아들이고 실행하지 않던 훈시에 대한 모든 의미를 체득한 후, 여러 사람의 지혜를 모아 상품과 생산 재검토를 철저히 하여 물건을 제조하고자 하는, 실천 철학으로의 재정립이었던 것이다.

RIAL 개발의 계기

1980년대에 들어서 일본 경제는 두 번의 오일 쇼크를 겪으면서 종래의 대량생산 대량판매에 의해서 이익을 창출하는 경영 체질에서 다품종 소량생산으로 이익을 얻는 체질로의 전환은 요원하므로 다양화, 개성화에 즉응할 수 있는 체질로 변환하지 않으면 안되었다. 특히 엔화 절상으로 인해 북미 시장에서의 신흥 공업국과의 가격 경쟁에서 패배한 이후로 즉효적인 기법의 개발이 당면 과제가 되었다.

이때 일본능률협회에서 'ORDLX'라고 하는 공수 절감 기법을 발표했는데, 이는 작업 현장에는 40%의 불필요한 공수가 존재하고 있으며 현상 분석을 하면 이 불필요한 공수를 삭제할 수 있음을 제시하였다. 한편 마쓰시다 사의 우에다(上田) 씨는 마쓰시다 생산 라인에 대해 진지하게 검토를 해 보았다. 이러한 검토 전에 우에다 씨는 당시 사장으로부터 "우에다 군, 자네 회사의 종업원은 휴식 시간을 제외하고 전원이 몇 보를 걷고 있는가?"라는 질문을 받았고 그 즉시 조사하여 전원이 반 보 이내의 움직임으로 작업할 수 있는 설비·생산 시스템·공급 등을 재설계함으로써 연간 3,600만 엔 정도를 절약한 적이 있었다. 단순히 작업자의 행동을 반 보 이내로 규제하는 생산 시스템만으로도 그와 같은 이익을 창출할 수 있었던 것이다. 또 석유보일러의 비등 방지를 위해 섭씨 85도의 물을 보일러에 채워서 서머스타트를 체크했는데 이 과정은 보일러를 완성시켜 물을 채우고 버너에 점화한 후 물의 비등 테스트를 행하고 보일러 내의 뜨거운 물을 방출하면 정지 마개를 장착하고 포장 작업을 행하는 방식이었다.

이 검사의 소요 시간이 조립 라인의 텍트타임과 달라서 한 개 라인에 대해서 8개의 검사 스테이션을 설치하지 않으면 안되었고, 결국 1개 흐름과 8개 흐름이 혼재하는 시스템이 존재하게 된 것이었다. 여기서 새로운 검사 기법을 찾게 되었는데, 서머스타트와 버너를 조립한 후에 동시에 테스트하는 것보다는 서머스타트는 서머스타트대로 검사하고 버너는 버너대로 따로따로 검사하면서 번잡한 테스트 공정을 단순화시켜 직선적인 생산 시스템을 완성함으로써 생산성을 대폭적으로 증대시킬 수 있었다.

이것은 보일러는 비등점 테스트를 해야 한다는 고정관념을 타파한 결과로 생산 라인은 되도록 간단한 것이 좋다는 것을 실증한 예이다. 또다른 성과의 예로는 결체(結體)의 품질 보증과 코스트 다운에서도 용접 길이를 가능한 한 짧게하고 용접개소를 줄이는 방법을 모색한 결과, 결체의 벌지(bulge) 성형법을 개발해서 크나큰 원가 절감 효과와 품질 향상을 실현하였다. 이러한 성과는 일일이 열거하기 어려운데 특히 자재과와 생산부 사이에서 두터운 벽을 헐고 원재고 절감에 성공함으로써 공장 내의 불필요한 재고를 없애고 공장의 생산량을 배가하는 높은 성과도 거두었다.

그 동안에도 마쓰시다 사는 물건 제조의 1인자라 불리워지고 있었지만 이상과 같은 결과를 토대로 단순히 제조뿐 아니라 설계를 포함한 상품의 재검토부터 생산 시스템의 전반에 걸친 재검토까지 한다면 커다란 효과가 창출될 것을 확인하게 되었다. 생산 기술의 영역을'설계된 제품을 어떻게 효율적으로 생산할 것인가?'를 모색하는 협의의 개념에서 탈피해서'제품 자체를 생산 시스템의 입장에서 어떻게 합리화할 것인가?'로 업무의 영역을 확대함으로써 단순히 공수 삭감이 아니라 재료비 절감을 포함한 대폭적인 코스트다운을 마쓰시다 내에서 실현할 수 있다는 결론에 도달하게 된 것이다.

RIAL의 시행 일지

이러한 발상을 기초로 1980년 6월, 마쓰시다 주설기기(住設機器)에서 시험 라인 개선에 착수하여 현상 부정을 기초로 일을 없앤다, 재료를 없앤다, 즉 '없앤다'라고 하는 발상의 원점에서 그 라인상에서 생산되고 있는 제품과 생산 시스템의 재검토에 들어갔다. 그 결과'58% 공수 절감, 재료비 4% 절감, 설비 2대 불필요'라는 결론에 도달하게 되었다. 또 설계 개선을 하지 않고도 36%의 공수가 절감될 수 있음을 알게 되었다. 이와 같이 하여 3~4개 부서의 샘플 라인에 상품과 RIAL을 시행하며 뜻을 같이 하는 사람들을 모아 상품 재설계와 생산 시스템 재설계의 단계를 하나의 시스템으로 완성하도록 노력하였다. 이러한 성공 사례를 축적하던 중 1981년 3월경 마쓰시다 본사의 인사부장이던 야마모또 상무의 제의로 전사 보급의 결의를 다진 후 교육 훈련 센터의 도리이 소장에게 이를 교육하도록 조처하였다.

1981년 6월, 마쓰시다 주설기기에서 전사적으로 보급하기로 결정하였지만 그 때까지는 이름이 없었으므로 친밀감을 주기 위한 이름을 공모하여 전자레인지 사업부의 해외 영업 사원이 제안한 RIAL로 명명하게 되었다. 전체적인 활동면에서 보면 만족할 만한 명명은 아니었지만 대체적인 요점이 표현되고 게다가 실천의 의미를 갖는 Real/Reality 등과 흡사해서 결정하였다.

1981년 6월부터 야마모또 상무의 지시에 따라 마쓰시다 전기교육훈련센터를 창구로 3개월 실천 연구를 개시하였으며, 그 이후 아베 상무 그리고 히라다 부사장의 강력한 지원 아래 계속 실시되었다. 1985년 2월, 이러한 성공을 확인한 다니이 사장의 약속에 따라 1985년 3월에는 마쓰시다 그룹의 제조 현장의 기본 이념으로 채택되었고, 1986년부터는 전사 RIAL 성과대회를 연 1회 개최하여 기술 내용, 성과 또는 구조 체제 등의 관점에서 그 내용의 우열을 가리게 되었다.

1988년부터는 해외 공장도 참가하는 이벤트가 되었는데, 이는 최고 간부의 이해와 추진, 그리고 연수 종료 후 RIAL 리더가 각자의 사업부에서 힘을 발휘해서 경영 성과를 창출한 덕분인 것이다. RIAL 리더 연수 수료자는 1990년 10월까지 500명에 달하였다.

1990년 11월 1일, 이러한 마쓰시다 그룹의 성공을 배경으로 『마쓰시다전기의 RIAL 시스템』이라는 책자를 발행하여 일본 전역에 보급함으로써 RIAL 기법이 비로소 일본 전역에 보급되었다.

RIAL의 내용 변천사

1981년에 나온 최초의 RIAL의 개념은 주지한 바와 같이 공정 삭감에 중점을 둔 상품 구성과 생산 시스템 검토의 영역으로 한정된 것이었다. 그러나 이것이 1983년 3월, 환경 변화에 따라서 단순한 공수 절감에서 경영 체질 개선을 목적으로 한 경영 개선 기법으로 발전되었다. 그러다가 1985년 2월 다니이 사장에게 RIAL의 개념을 설명하는 과정에서 RIAL이 생산성 향상뿐 아니라 품질 향상에도 효과적임을 수학적으로 입증하였다.

1986년 RIAL의 최종안 실시 현황을 조사하였던 바 60~65%에 머물고 있었다. 이에 RIAL의 기본 사상의 구조·내용의 충실을 꾀함과 동시에 제품 구성 구상의 순서, 즉 구상의 방침 결정에 이르는 정보 수집·정보 해석·정보 추출에 관하여 개선을 가하고 새로운 단계를 설정하여, 기획·영업·기술 등을 사고하는 방침과 힘을 결집하여 RIAL의 향상에 성공하였다. 그 결과 90% 이상을 실시하도록 하는 데 성공하였다.

1989년에는 상품 구성과 생산 시스템 및 수주에서 출하에 이르는 기획·영업·생산 기술의 토털 시스템으로 변모하게 되었고, 토털 리드타임 및 생산 과잉에 의한 로스 코스트의 배제에 도전할 수 있는 체제를 갖출 수 있게 되었다.

RIAL의 성과

RIAL의 성과는 이미 언급한 생산 라인에서의 공수 절감을 지적한 바 있지만 [그림 25-1]에서 보는 바와 같이 RIAL을 처음 실시한 1981년 6월에는 부품의 수가 343점, 1대당 소요 공수가 56분이나 되고, 재료비가 31,063엔이었는데 8회의 RIAL를 실시한 결과, 매년 기능과 성능이 향상되어서 부품 수는 130점으로 1/3로 축소되고 소요 공수도 18.6분, 재료비는 10,570엔으로 각각 1/3로 축소되는 획기적인 효과를 얻게 되었다.

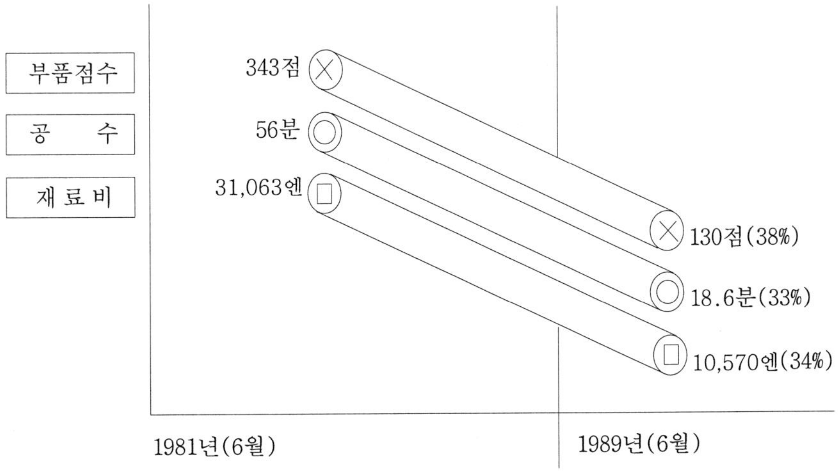

[그림 25-1] RIAL 실시에 따른 전자 제품에서의 성과 예

[그림 25-2]는 RIAL이 실시되던 첫 해의 상품 체적, 중량, 재료비, 부품 수, 공수를 100으로 하고 7회의 RIAL을 실시한 결과의 수치를 지표화한 것이다. 체적은 49.8%, 중량은 41.8%, 재료비는 33.1%, 부품 점수는 18.3%, 공수는 16.9%로 축소되었다. 게다가 기능도 4기능으로부터 5기능으로 확대되고 제어 방법도 시퀀스제어에서 마이크로컴퓨터제어로 그 기능이 획기적으로 향상되면서 얻어낸 결과였다.

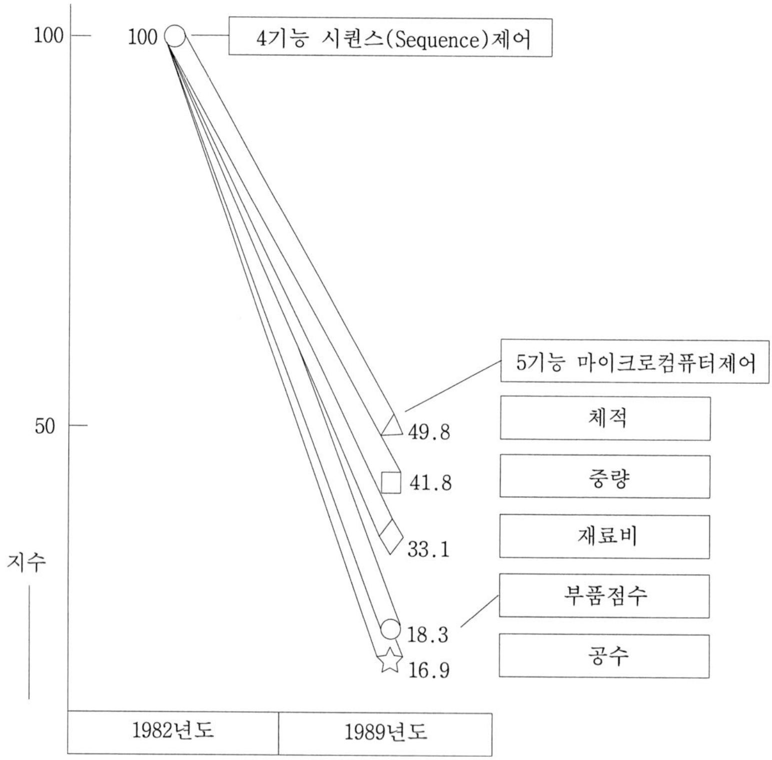

[그림 25-2] RIAL 실시에 따른 개선 사례

RIAL의 추진방법

1. RIAL과 의식 개혁

RIAL이 성공적으로 수행되기 위해서는 발상의 전환이 급선무인데 무엇보다도 추진 그룹의 의식 개혁이 완성되어야 하는 것이다.

2. 정확한 현상 파악

현장 현물주의에 철저하라는 마쓰시다 고노스케의 가르침에 따라 현행의 상품, 생산 시스템, 사람의 기능, 사람의 움직임, 물건의 흐름, 가동상황, 품질의 추이, 작업자의 생각 등에 초점을 맞추고 각각의 의도, 존재가치, 이유 등에 관하여 올바르게 판단할 수 있는 기반 구축을 행한다.

3. 발상의 원점을 무화사고(無化思考)로

RIAL은 현상부정을 철저히 하고 그것을 기반으로 지금까지 필요로 했던 부품이나 일을 없애는 데 전력을 쏟고 정열을 기울여 목표 달성에 힘쓴다. 즉, 사용하고 있는 부품 하나하나에, 또한 발생하고 있는 사건 하나하나에 대하여

· 없앨 수 없는가?
· 없애기 위해서 무엇이 필요한가?
· 없애기 위해서 무엇을 해야만 하는가?
· 없애버리면 무엇이 일어나는가?

라는 의문을 끊임없이 하는 것이다.

4. 중지의 결집과 활용

RIAL의 대상은 상품 전체이며 공장 전체이므로 이를 공략하기 위해서는 관계자의 중지와 협조를 필요로 하는 것이다.

5. 집념을 갖게 한다.

집념을 가진 사람은 가능성을 기초로 발상을 전개하는 사람이며, 집념이 없는 사람은 불가능성을 기초로 발상을 하는 사람이다. 긍정적 사고를 기본으로 하여 집념을 갖고 RIAL을 실시하도록 장려한다.

6. 반성과 자각

업무의 성과를 반성하여 기존사고와 RIAL사고의 차이를 확인하도록 한다.

7. 실천과 사후관리

RIAL은 시작도 실천이며 마지막도 실천이라는 인식 아래 실천 철학을 주입하여 이를 체질화하고 이에 대한 추적관리를 통해서 입증하도록 한다.

결과적으로 RIAL은 작업자가 이 점을 바꾸면 조립하기 쉬울텐데! 이것을 바꾸면 정밀도가 높아질텐데! 이 설비를 이렇게 바꾸면 피로가 덜해질텐데! 하면서도 서로의 장벽에 막혀서 개선되지 않던 것을 RIAL이라는 의사소통 매체를 통해서 경영 체질을 획기적으로 개선하는 것이다.

연습문제

1. RIAL이란 무엇인가?
2. RIAL의 기본목표 및 궁극적인 목표는 무엇인가?
3. 무화사고(無化思考)란 무엇인가?
4. RIAL의 실시 순서에 대해 알아보시오.
5. RIAL을 통해 생산성 향상을 이룬 기업사례에 대해 조사해보고 어떤 성과를 가져왔는지를 토론해 보시오.
6. RIAL의 변천사에 대해 정리해 보시오.
7. RIAL을 다른 경영기법들과 비교·설명하시오.
8. 다품종 소량생산 공장에서의 RIAL 추진방식에 대해 논하시오.
9. RIAL 추진상의 문제점에 대해서 논하시오.
10. 주 5일제 실시에 따른 생산성 향상을 위해 이루어져야 할 방안을 RIAL 방식에 의해 자유롭게 토론하시오.

제 26 장

마이클 해머의 리엔지니어링 (1990년)

"글쓰기는 당신의 이마에 핏방울이
맺힐 때까지 빈 원고지를 주시
하는 행위이다."라고 말한 헤밍웨이,
그는 창작이라는 활동이 주는 스트
레스와 두려움에 대해서 위와 같이
이야기하였다. 이것은 현재 변화하는
기업 환경에 맞게 새롭게 프로세스를
설계해야 할 필요성을 가지고 있는
많은 기업들의 모습을 적절하게 나타내고
있는 말이라 할 수 있다. 그들은 자신에게
"어떻게 하면 일을 더 빨리 할 수 있을까?"
또는 "어떻게 하면 일을 더 잘할 수 있을까?",
"어떻게 하면 더 적은 비용으로 일을 할 수 있을까?"
라고 묻지 않고
"우리가 하는 일은 도대체 왜 해야 하는 것인가?"
라고 묻는다.
이러한 단순한 논리에 빠져 있는 기업들에게 마이클
해머의 Reengineering의 개념이 그 해답을 주고 있는 것이다.

Reengineering

마이클 해머

Michael Hammer

마이클 해머(Michael Hammer)는 세계 최고의 기업 사상가 가운데 한 명으로 미국 MIT 대학에서 박사 학위를 받고 MIT 대학의 컴퓨터 교수를 역임하였으며 소프트웨어 분야에서 전문 컨설턴트로 활동하고 있다. 최근 한국에 방문한 것은 1997년 1월로 롯데 호텔에서 열린 한국능률협회 주관 세미나에 참석하여 강의를 한 적이 있다. 이때 그의 강연료는 약 4만 달러로 알려졌으니 마이클 해머의 위치가 어느 정도인지 언급하지 않아도 알 수 있을 것이다. 1996년에는 미국의 가장 영향력 있는 인물 25명 가운데 한 명으로 선정되기도 하였다.

리엔지니어링이라는 단어는 1990년 7월에 『Harvard Business Review』 잡지에 "Reengineering Work : Don't Automate, Obliterate!"라는 논문을 발표하면서 처음 사용되었다. 마이클 해머는 자동화보다는 타성을 먼저 타파하여야 하며 이러한 방법론으로 정보처리기술을 이용하여 프로세스의 혁신을 이룩하는 방안을 제시하였고, 이러한 경영혁신 방법론을 '비즈니스 리엔지니어링'이라고 명명하게 된 것이다. 그는 최근까지 많은 분야에서 활동을 하고 있고 여러 책을 집필하였는데 그 가운데 리엔지니어링에 대해서는 『리엔지니어링 기업혁명(1993)』, 『리엔지니어링 혁명(1995)』, 『리엔지니어링 이후(1996)』가 대표적이며 2002년에는 『AGENDA : 기업혁신을 위한 21세기 행동 강령』

을 집필하였다. 이러한 책들은 그의 사상을 잘 보여주고 있으며 다른 경영혁신 이론에 관하여 많은 이론을 이야기하고 있다. 이러한 그의 사상은 현대의 기업세계를 변혁시키고 있다.

리엔지니어링까지

지난 백 년 이상의 기간 동안 미국의 기업들은 제품의 개발, 생산, 분배를 통해 기업조직을 형성하고 이를 통해 세계를 주도하여 왔다. 그리고 이러한 기업모델이 전 세계적으로 공통적으로 사용되었다. 하지만 불황이 시작되고 불황이 깊어갈수록 기업들은 생존하기 위해 몸부림을 치며, 생존전략 또한 강도를 높여 갔다. 그들은 기본적인 기술혁신을 할뿐만 아니라 과감한 구조조정도 실시하였다. 이러한 경영의 변천을 살펴보면 1930~1940년대 대량생산 방식이 사용되면서 시스템을 보다 안정적으로 유지·관리하는 것이 중요하게 여겨졌다. 하지만 대량 생산방식이 전세계적으로 보급되고 사람들의 지식수준과 소득수준이 높아지자, 이제 더 이상 근로자들의 육체적 노력만으로 생산성을 향상할 수 없게 되었다. 대량 생산방식 대신에 어떤 다른 생산방식이 요구되었고, 또한 관료제에 의한 경영방식 대신 새로운 관리기법이 요청되었던 것이다.

2차대전 후 일본은 경영 시스템의 발전으로 생산방식의 우위를 점하게 되었다. 미국은 산업사회의 물결을 주도적으로 이끌어 갔다. 그러나 산업사회가 그 사명을 다하고 새로운 사회로 전환하는 시기에 미국은 대응이 느렸다. 미국은 오랫동안 대량 생산과 대량 소비에 익숙해 있었고, 또한 이를 가능케 하는 대량 설비는 쉽게 전환할 수 없었으므로, 새로운 사회가 요구하는 변화에 둔감했던 것이다.

그 반면 일본은, 미국과 유럽에서 모방해 온 정치제도와 경제제도, 그리고 제품과 기술들을 자기들에게 적합하게 바꾸었고, 에드워드 데밍과 같은 미국의 학자들을 초빙하여, 제2차세계대전 후 완전히 파괴된 국가를 재건하기 위해 조금씩 점진적으로, 그리고 끊임없이 개선해 나갔다. 전 후 일본은 처음부터 모든 것을 아끼지 않을 수 없었다. 부족한 물자를 절약하지 않을 수 없었을 뿐만 아니라, 미국과 유럽을 따라가기 위해서는 시간을 낭비할 수도 없었다. 일본은 인건비를 변동비로 취급하지 않고 인적자산으로 취급하였다. 이러한 끊임없는 개선의 노력으로 품질 관리 분임조(QCC), 전사적 품질관리(TQC), JIT 등을 창안하여 실천하였고 1970년대가 되자 드디어 일본은 세계 시장에서 두각을 나타내기 시작하였으며, 1980년대에 와서는 뚜렷하게 성과가 나타나게 되었다. 산업사회가 후기 공업사회·정보사회·지식사회로 넘어오면서 일본식 경영과 생산방식이 경쟁적 우위를 차지하게 된 것이다. 때를 같이해서 전 세계에서 일본을 배우고자 하는 붐이 일어났다.

1980년대 중·후반이 되자 미국은 반성하기 시작했다. 미국의 최우수 기업들은 고객만족경영(Customer Satisfaction Management)의 필요성을 인식하였으며, 일본기업을 벤치마킹하였다. 이러한 과정 속에서 미국은 과거의 경영방식을 포기하는 획기적인 프로세스가 필요하게 된 것이다. 쇠퇴기에 접어든 산업사회, 그리고 새로운 지식사회에서 주도권을 쟁취하기 위해 일본은 점진적이고 지속적인 개선 전략을, 미국은 1980년대 후반부터 일본에 뒤쳐진 것을 따라잡기 위해 획기적인 리엔지니어링 전략을 사용하게 된 것이다. 이 리엔지니어링이란 용어는 마이클 해머에 의해 처음 사용되었다.

리엔지니어링이란?

리엔지니어링을 업무 재설계(Business Reengineering)라고도 부른다. 즉, 간단히 '새로 시작하는 것'이라고 말할 수 있다. 이미 존재하는 것을 어설프게 수선하거나, 기본적인 구조는 건드리지 않은 채 점진적인 변화를 이루어 나가는 것을 의미하는 것이 아니고, 오랜 시간에 걸쳐 확립되어 온 절차를 생략하고 기업의 제품이나 서비스를 다시 만들고 가치를 고객에게 전달하기 위해 필요한 일을 새로운 시각에서 보는 것을 의미하는 것이다. 즉, 새로 하는 것과 같이 완벽하게 하도록 하는 것이다. 마이클 해머는 리엔지니어링에 대해 다음과 같이 이야기를 하였다. "리엔지니어링은 비용, 품질, 서비스, 속도와 같은 핵심적인 성과에서 극적인 향상을 이루기 위해 기업 업무 프로세스를 기본적으로 다시 생각하고 근본적으로 재설계하는 것이다." 이러한 리엔지니어링의 정의에는 중요한 네 가지 관점이 있다.

기본적인(Fundamental)

리엔지니어링을 수행함에 있어서 기업인들은 그들의 기업에 대해 가장 기본적인 질문부터 다시 생각해 보아야 한다. "우리가 지금 하고있는 일은 무엇인가?", "왜 우리는 지금 이러한 일을 하고 있는가?" 그리고 "왜 우리는 이 일을 이러한 방법으로 하고 있는가?" 리엔지니어링은 아무런 가정과 사전에 주어진 명제 없이 시작한다. 종전의 일하는 방법 및 사고방식에 매달리지 않아야 하는 것이다.

활성화(Radical)

리엔지니어링에서 근본적인 재설계라는 것은 어떤 업무의 근간에 이르는 것, 즉 현존하는 모든 구조와 절차를 버린 무(無)에서부터 출발하여 완전히 새로운 업무처리 방법을 만들어내는 것을 의미한다. 기존의 업무를 개선시키는 것도 아니고 향상시키는 것도 아니다. 바로 다시 만들어내는 것이다. 마이클 해머는 리엔지니어링을 실시하면서 가장 위험한 적을 다음과 같이 이야기하였다. "변화를 두려워하고 지금의 상황이 유지되길 원하는 사람들 모두가 내부의 가장 위험한 적이다. 가장 위험한 외부의 적은 비즈니스 환경 내에 도사리고 있는 온갖 종류의 일시적인 개선이다."

극적인(Dramatic)

리엔지니어링의 목적은 점진적인 변화를 이루는 것이 아니라 업무성과를 극적으로 높이는 것이다. 단지 기업의 목표 5%, 10%를 달성하기 위해서 리엔지니어링을 할 필요는 없다. 이것은 전통적인 방법으로도 점진적으로 품질개선을 할 수 있는 것이다. 결국 확실한 개혁이 필요할 때에만 사용하는 것이 리엔지니어링이다.

프로세스(Process)

리엔지니어링의 가장 중요한 단어 가운데 하나이다. 대부분의 기업들은 프로세스를 잊은 채 과업, 직무, 사람, 구조에 초점을 맞추고 경영을 하고 있다. 프로세스를 간단히 정의하면 '하나 이상의 입력을 받아들여 고객에게 가치있는 결과를 산출하는 행동들의 집합'이라 할 수 있다. 리엔지니어링에서는 프로세스를 이해하는 것이 중요하다. 하지만 일반적으로 이를 상세히 분석하려고 하는 오류를 범하기 쉽다.

[그림 26-1] 프로세스 개념도

리엔지니어링의 사례

리엔지니어링의 사례가 아직 많지는 않으나 초기의 결과들은 상당히 고무적이다. 또한 그 효과는 놀라울 정도여서 많은 기업들의 관심을 끌고 있다. IBM Credit은 컴퓨터 구입을 위한 대출신청의 처리 프로세스를 리엔지니어링을 한 결과 처리에 소요되는 시간이 1~2주 정도 되던 것을 1일 이내 4시간으로 줄였고, 처리 건수를 10배나 늘려 처리할 수 있게 되었다. 대규모 자동차 부품업체인 페더럴 모굴(Federal Mogul)은 20주 걸리던 새로운 부품개발을 20일로 줄일 수 있었다. 모든 부품을 카탈로그를 이용하여 새롭게 제작하지 않고 과거 제품의 설계를 이용하도록 하였고 그 결과 고객의 만족도를 3배나 높일 수 있게 되어 판매량과 시장 점유율을 높일 수 있었다. 보험회사인 Mutual Benefit Life는 보험증 발급업무인 보험계약 시간을 2달에서 2일로, 비용은 1/2로 감축시키는 성과를 가져왔다. 이 회사에서는 18단계를 거쳐 수행되던 작업을 1인이 컴퓨터를 이용하여 수행하도록 하였다. 일반 기업에서

뿐만 아니라 국가 정부 기관인 미국 국세청(IRS)에서도 리엔지니어링을 사용하여 인원을 33% 정도 줄이면서도 33% 높은 징세율을 올릴 수 있었다. 물론 리엔지니어링을 수행하는 모든 회사가 성공하는 것은 아니다. 종전의 개선과는 달리 급속한 변화를 수반하기 때문에 실패하는 경우도 많이 있다. 그러나 리엔지니어링의 성공 그 자체는 매우 놀랍고 효과적이므로 이를 위해 문제점을 극복해 가는 세심한 운영이 필요하다.

회사명	대상 프로세스	전	후
Bell Atlantic	장거리 고속통신망 연결	30일	3일
Ford	외상매입	500명	125명
IBM Credit	신용대출	6~14일	4시간
MBL	보험청약, 증서발급	5~25일	4시간
Motorola	주문접수, 생산, 포장	1개월	2시간
Otis Elevator	애프터서비스 접수처리	18%	24%
Xerox	주문처리	33일	6일
Xerox	신제품개발	2년	6개월
삼성생명	보험청약, 증권발급	16일	6일

[표 26-1] 리엔지니어링의 대표적 사례

포드 사의 사례

1980년 초기 미국 자동차 사업이 침체기일 때, 포드 사의 최고경영자는 비용절감을 위한 방법을 찾기 위해 많은 연구를 하였다. 여러 부서와의 협의를 통해 기존의 외상매입 부서의 업무 프로세스에 문제점이 있음을 발견하였다.

그 당시의 업무 프로세스는 다음과 같았다. 먼저 구매부서에서 구매요청서를 공급자에게 낼 때, 외상매매 부서에 그 서류의 복사본을 보낸 후 물품관리부가 제품을 받으면 외상매입 부서에 인도확인서의 복사본을 보낸다. 한편 공급자는 외상매입 부서에 대금청구서를 보내게 된다. 그런 다음 구매요청서, 인도확인서 및 대금청구서의 일치 여부를 확인하는 것은 외상매입부가 할 일이다. 확인이 되면 외상매입 부서는 대금청구서의 금액을 지불한다.

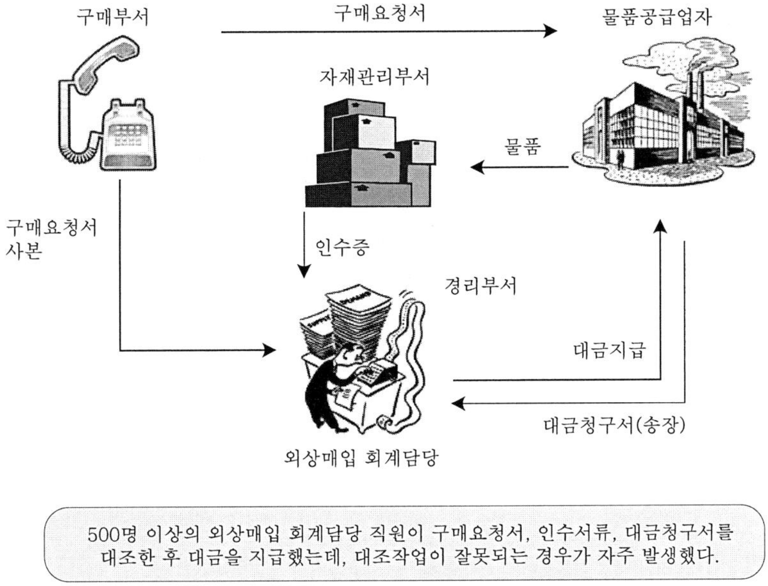

[그림 26-2] 리엔지니어링 개선 전 프로세스

하지만 이러한 업무 프로세스는 복잡하고 시간 효율이 떨어졌다. 외상매입 부서에서는 서류의 일치여부 확인에 대부분의 시간을 보내게 되고 오류가 빈번하게 발생되면서 업무의 효율성이 떨어졌다.

이를 개선하기 위해 합리적인 처리와 새로운 컴퓨터 시스템을 설치하여 기존의 인원을 20% 정도 감축하였다. 이러한 과정 중에 포드 사는 일본의 마쓰다 자동차 회사의 한 보고서를 보고 충격을 받았다. 그 당시 포드 사는 인원 감축을 통해 외상매입 부서의 인원을 400명으로 줄이려고 노력하고 있었는데, 마쓰다 사는 외상매입 업무를 담당하는 인원이 단 5명이었다. 이에 포드 사는 더욱 획기적인 프로세스 개선이 필요하게 되었다.

결국 포드 사는 청구서 없는 처리 시스템을 만들었다. 구매부서가 주문을 시작하게 되면 정보를 온라인 데이터베이스로 입력하고 기존의 복사본을 보내지 않았다. 그리고 창고에 상품이 도착하게 되면 직원은 구매요청서와 일치하는지를 데이터베이스로 확인하면 되었다. 기존의 외상매입 부서는 공급자에게 대금이 지불되기까지 14개의 데이터 항목이 일치해야 하였으나 새로운 프로세스 체계는 부품번호, 개수, 공급자번호의 3개의 항목만 일치하면 되었다. 여기서 보는 것과 같이 리엔지니어링이라는 것은 기존 업무 시스템에서 전산화로 바뀌는 것을 대비하여 프로세스를 다시 설계하는 것으로 볼 수 있다.

처음 이러한 개선은 많은 변화를 주지 못하였지만 포드 사의 철저한 계획과 노력을 통해 급진적인 향상을 이루게 되었다. 처음 프로세스 개선 당시에는 목표를 비용의 20% 감소로 잡았지만 결과적으로 75%의 비용감소를 달성하게 되었다.

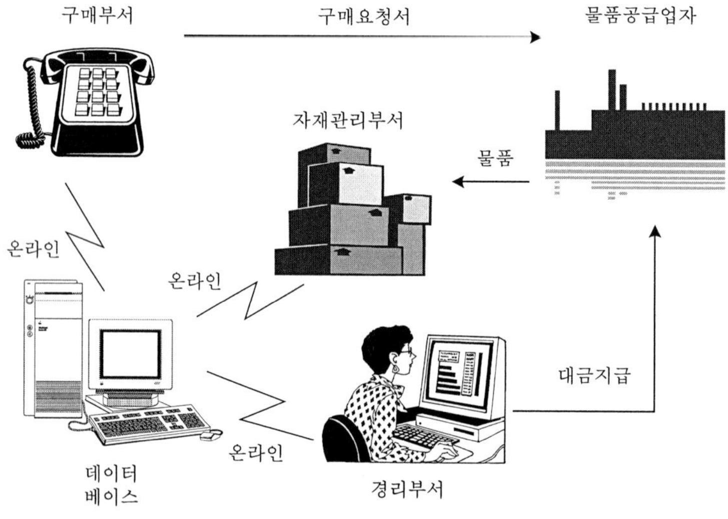

새로운 업무방식은 외상매입 회계직원을 75% 이상이나 감축시켰고, 대금청구서를 없앴고, 업무의 정확성을 기할 수 있었으며, 서류대조업무를 전산화했다.

[그림 26-3] 리엔지니어링 개선 후 프로세스

리엔지니어링의 추진방법(해머 방법론)

1. 리엔지니어링의 준비

리엔지니어링의 기본원리에 대해 전 종업원에 교육을 시킨다.

2. 리엔지니어링 추진조직 구성

리더, 프로세스 오너, 리엔지니어링 팀, 조정위원회, 리엔지니어링 차례로 구성된다.

3. 핵심 프로세스의 열거

프로세스의 현 상태 및 혁신이유를 명백히 기술한 상태분석 자료(Case for action)를 통해 핵심 프로세스를 열거한다.

4. 프로세스의 선정 및 실행 우선순위 결정

장애(Dysfunction), 중요도(Importance), 가능성(Feasibility)의 세 가지 기준평점을 통해 프로세스를 선정하고 수행 우선순위를 결정한다.

5. 비전 설정

기업 내의 종업원들에게 전달되는 리엔지니어링의 필요성에 관한 메시지를 설정한다.

6. 프로세스의 이해

고객의 입장에서 인터뷰를 한다거나 팀 구성원이 직접 현업을 수행해 보는 방법을 통해 기존 프로세스를 이해한다.

7. 프로세스의 재설계

창의적이고 혁신적인 아이디어 창출과 정보기술을 활용하여 프로세스를 재설계한다.

8. 프로세스의 운영

변화에 대한 저항을 줄이고 문제점을 관찰하면서 재설계된 프로세스를 운영해 본다.

리엔지니어링이라는 용어를 잘못된 생각을 가지고 사용하기도 하는데, 종종 다운사이징(downsizing)의 또 다른 표현이라고 생각하고 사용하기도 하고 또는 구조조정 혹은 조직개편, 업무개선이라고 생각을 하기도 한다. 하지만 이들은 단지 현재 줄어든 수요에 대처하기 위하여 생산능력을 축소하는 것을 듣기 좋게 표현한 것이다. 쉬운 이야기로 만약 자동차에 대한 시장의 수요가 줄어든다면 회사는 더 줄어든 수요에 적응하기 위하여 회사 규모를 줄인다. 이렇게 다운사이징이나 조직구조 개편은 단지 업무의 효율을 높이기 위해 기존의 업무를 쪼개서 복잡성을 낮추는 방법이라 할 수 있다. 예를 들어 A라는 전자회사에 사장을 1명이 아닌, 부서별 혹은 다른 분야별로 4명으로 하게 되면 기존의 업무의 복잡도가 1/4배로 감소되어 업무의 효율성이 높아질 수 있다. 즉 지방 자치 혹은 지방 분권으로 그 의미를 이해하는 것이 쉽다. 반면에 리엔지니어링은 기존의 수작업의 프로세스를 전산화된 이후의 프로세스로 바꾸는 것이라 할 수 있다. 쉽게 이야기하여 다이아몬드 1캐럿이 400만원이라 가정을 해보자. 그러면 다이아몬드 0.5캐럿은 얼마라고 생각하는가? 200만원이 아닌 100만원, 0.25캐럿인 경우 25만원이 되는 것과 그 의미를 같이 한다고 할 수 있다. 즉 시스템이 2배 증가하면 복잡도가 2배 증가가 아닌 4배 증가를 나타내고 반대로 시스템이 2배 감소하면 업무의 복잡도는 4배 감소하게 되는 것이다.

리엔지니어링을 고객중심의 열린 기업으로 만들어가기 위한 수단으로서 활용해야지, 목적이 되어서는 안된다는 핵심적인 메시지를 전하고 있는 것이다. 즉, 고객과의 커뮤니케이션 채널을 활짝 열어 고객이 필요로 하는 것을 찾아 개발하고, 고객의 주문부터 생산 및 사후관리로 이어지는 전체 프로세스가 막힘이 없도록 업무 흐름을 만들며, 프로세스의 성과향상을 위한 도구로 합리적인 평가체계를 만들어가는 것이 진정한 리엔지니어링이다. 또한 여러 경영혁신 기법들을 현재 기업이 가지고 있는 문제를 모두 해결하는 만병통치약이라고 생각하지 말고 고객중심의 기업을 만들어 가기 위한 프로세스 리엔지니어링을 추구하는 것이 필요하다.

리엔지니어링은 품질향상, 전사적 품질관리(TQM)나 다른 현대적인 품질관리 운동의 선언과 동일하지 않다. 분명 품질향상 프로그램과 리엔지니어링은 꽤 많은 주제를 공유한다. 이들은 모두 프로세스의 고객의 요구로부터 출발하여 거기에서부터 거꾸로 일을 해 간다고 볼 수 있다. 하지만 리엔지니어링은 기본적으로 애덤 스미스가 산업시대의 패러다임에 내재한 가정들, 예컨대 노동의 분업, 규모의 경제, 계층적 통제, 그리고 경제 발전 초기의 다른 모든 산물들을 부정한다. 리엔지니어링은 일을 조직화하는 새로운 모형을 찾는 것이다. 결국 리엔지니어링은 기존의 관념을 탈피하고 새롭게 시작하는 것이라 할 수 있다.

연습문제

1. 리엔지니어링이란 무엇인가?
2. 리엔지니어링의 성장배경에 대하여 설명하시오.
3. 리엔지니어링 정의의 중요한 4가지 관점에 대해 설명하시오.
4. 국내 기업의 리엔지니어링의 사례를 들어 설명하시오.
5. 리엔지니어링의 추진방법에 대해 간단히 설명하시오.
6. 리엔지니어링과 다운사이징의 차이점에 대해 설명하시오.
7. 리엔지니어링에 대한 직급별에 따른 일반적인 견해에 대해 논하시오.
8. 리엔지니어링을 성공하기 위해 필요한 것이 무엇인지 논하시오.
9. 리엔지니어링 추진시 문제점에 대해 논하시오.
10. 리엔지니어링의 궁극적인 목적은 무엇인지 논하시오.

참고문헌

김영한(1995), 「고객만족 리엔지니어링」, 성림출판사.
김희진(1994), 「리엔지니어링의 함정」, 第三企劃.
박옥구(2000), 「리엔지니어링 가이드북」, 전략기업컨설팅.
유소림(1994), 「리엔지니어링 : 사고방법, 기법, 진행방법, 그 효과」, 사민

서각.

남중헌(2003), 「리엔지니어링 조직재설계」, 울산대학교 출판부.

김계철(2002), 「데이터 리엔지니어링」, 전자신문사.

Hammer, Michael(1997), 「리엔지니어링 그 이후」, 경향신문사.

Hammer, Michael(1994), 「리엔지니어링 기업혁명」, 김영사.

소미민부(1995), 「정보통신 리엔지니어링」, 한국통신출판부.

이봉진(1994), 「한국식 리엔지니어링 = Reengineering」, 한국경제신문사.

이순철(1994), 「우리 기업의 리엔지니어링 사례」, 명진출판.

이순철(1993), 「(경영세계의 新 혁명론) 비즈니스 리엔지니어링 = Business Reengineering」, 명진출판.

장병진(1995), 「한국기업의 리엔지니어링 실태와 성공전략에 관한 연구」, 한양대학교.

권병수(1994), 「비즈니스 리엔지니어링 추진방법론에 관한 연구」, 한양대학교.

이재규(1994), 「리엔지니어링과 카이젠」, 21세기북스.

히라시마야스히 사(1994), 「60분에 돌파하는 리엔지니어링」, 고려원.

Hammer, Michael(2002), 「AGENDA : 기업혁신을 위한 21세기 행동 강령」, 한국경제신문.

Howard Smith, Peter Fingar(2004), 「BPM(프로세스 경영과 정보기술의 미래)」, 시그마인사이드컴.

James Champy(2002), 「X-엔지니어링 기업혁명」, 21세기북스.

제 27 장

보잉 사의 CALS (1990년)

미국 시애틀에 있는 보잉 사의 컴퓨터 센터로부터 KDD(Kokusai Denshin Denwa : 일본 국제전신 전화주식회사)의 광화이버 케이블을 이용해서 일본의 나고야에도 컴퓨터 센터를 설치하고 나고야의 컴퓨터 센터에서 전용선을 이용하여 일본측 개발 5개 사에 네트워크를 구축하였으며 IBM에서 만든 대형컴퓨터 아래 각 사의 워크스테이션이 매달리는 형태의 정보시스템을 구축했다. 이로 인해 개발에 필요한 정보가 하나의 시스템상에서 공유되어 리얼타임으로 미국과 일본에서 동시적으로 개발 작업을 전개할 수 있게 되었고, 보잉777의 개발이 일본에서 1991년 2월에 시작되어 불과 3년 후에 첫 비행을 성공함으로 극적인 개발기간의 단축이 실현되었다. 이는 보잉747기 개발에 소요된 4년 11개월보다 무려 1년 6개월이나 빨라진 것이다.

경이적인 개발기간의 단축

1994년 6월 보잉777은 보잉747과 보잉767 사이를 채우는 차기 대형민간수송기로 개발되어 첫 비행에 성공했다. 격렬한 저가격 경쟁을 벌이고 있는 세계 각 항공회사의 요구에 대응하여, 보잉777은 수송효율이 높고 좌석당 운행코스트를 낮춘 신형 여객기를 목표로 하기 위해서 기체에는 각종의 복합재료나 신합금 등의 신소재를 다양화했다. 제어계의 전자시스템이나 설계에 이용된 컴퓨터도 최신의 기술을 도입한 하이테크 여객기이다.

이 보잉777의 개발에는 일본의 미쓰비시중공업, 가와사키중공업, 일본비행기 등 5개 사가 참가하여 몸체 주요부와 하부구조, 주날개 장치부 등 개발작업 전체의 약 20%를 담당하고 있었다. 종래의 개발에서는 각 회사 설계내용이 서로 영향을 미치기 때문에 각 사간에 도면의 교환이 빈번하게 행해졌었다. 그러나 방대한 수의 부품집합체인 항공기의 개발에서, 각 부품의 정보를 종이에 써서 교환한다는 것은 시간과 노력뿐만 아니라 비용도 많이 들 수밖에 없었다.

이와 같은 상황에서 새롭게 도입된 CALS와 같은 정보시스템이 극적인 효과를 발휘할 수 있었다. 즉, 미국 시애틀에 있는 보잉 사의 컴퓨터 센터로부터 KDD(Kokusai Denshin Denwa : 일본 국제전신 전화주식회사)의 광화이버 케이블을 이용해서 일본의 나고야에도 컴퓨터 센터를 설치하여, C&C시스템이라고 이름붙인 네트워크 시스템으로 미·일 양국의 개발기업을 직결했던 것이다. 나고야의 컴퓨터 센터에서 전용선을 이용하여 일본측 개발 5개 사에 네트워크를 설치하고, IBM에서 만든 대형컴퓨터 아래 각 사의 워크스테이션이 매달리는 형태의 정보시스템을 구축했다. 이로 인해 개발에 필요한 정보가 하나의 시스템상에서 공유되어 리얼타임으로 미국과 일본에서 동시적으로 개발 작업을 전개할 수 있게 되었고, 보잉777의 개발이 일본에서 1991년 2월에 시작되어 불과 3년 후에 첫 비행을 성공함으로 극적인 개발기간의 단축이 실현되었다. 이는 보잉747기 개발에 소요된 4년 11개월보다 무려 1년 6개월이나 빨라진 것이다.

CALS의 변천

CALS는 1982년에 미국 국방성이 막대한 국방예산과 운영 유지비의 절감방안을 강구하던 중, 무기체계 연구개발 장기화에 따른 문제점이나 서류관리를 포함한 물류지원상의 비합리적 절차와 제반관리 활동의 문제점 등 여러가지 사안에 대한 해결방안을 지원하기 위한 프로젝트로 출발했다. 당시는 아직 동서대립의 상태에 있었기 때문에 M1전차나 B1폭격기 등의 많은 신무기 개발이 계속되고 있었다. 이들 신무기는 전자기술의 발달과 더불어 보다 고도의 복합적인 기능을 갖추게 되었다. 이에 따라 고기능화된 이들 기기의 조작, 운용 및 필요기기의 조달, 필요한 부서로의 물류(병참) 등의 업무를 추진하는 과정에서 도면, 부품표, 매뉴얼 등의 방대한 서류가 필요하게 되었다. 급격히 증대하는 서류는 단지 중량이나 페이지 수 등의 물리적 문제에 그치지 않고, 그것들을 유지관리하기 위한 방대한 체제와 비용 절감의 필요성으로 연결되었다. 당시의 국방성이 어느 정도까지 서류관리에 쫓기고 있었는지는 다음의 표를 보면 알 수 있다.

[표 27-1] 미국방성의 서류관리

기술 매뉴얼	연간 20만 문서의 변경 (500만 페이지 상당)
기술 도면	연간 7,000만 문서의 변경 연간 8,000만 건의 복사
규정 · 표준	연간 5만 건의 타이틀 변경 연간 6,000만 페이지의 변경

이처럼 CALS의 개념은 군의 무기체계를 지원하는 개념에서 출발했지만, 이제는 제품의 생산계획으로부터 폐기에 이르는 모든 활동을 디지털 정보기술이 통합적으로 구현하는 산업화 전략이라는 표현으로 바뀌고 있다. 이에 따라 CALS의 개념도 다음과 같이 많은 변화를 가져 왔다.

CALS 관련 핵심 개념

CALS의 효과적인 구현을 위해서는 다음과 같은 개념의 이해가 필요하다.

· **동시공학**(CE : Concurrent Engineering) - 제품 개발의 여러 가지 활동을 가능한 동시 병행적으로 진행시킴으로써 개발기간 및 비용을 줄이기 위해 등장한 기법이다. 동시공학의 구현을 위해 크게 두 가지의 개념이 사용되는데, PDM(Production Data Management)과 정보공유가 그것이다. PDM이란 제품에 관한 정보, 설계시방서, 도면, 설계변경 지시서, 부품표, 실험 결과 보고서 등을 일원적으로 관리하여 관련 정보를 개발의 모든 프로세스에서 공유하기 위한 구조를 말하며, 정보공유란 필요한 정보가 물리적으로 분산되어 있다 하더라도 논리적으로, 일원적으로 관리되도록 하는 것을 말한다.

[표 27-2] CALS 개념의 변천

CALS 개념의 확대	설계·제조 →	조 달 →	부품, 소모품의 조달 →	상거래, 물류 자금결제 →
Computer-aided Logistic Support(1980) 컴퓨터에 의한 군수지원			O	
Computer-aided Acquisition and Logistic Support(1988) 컴퓨터에 의한 소날 빛 군수지원		O	O	
Continuous Acquisition and Life-cycle Support(1993) 계속적인 조달과 라이프사이클 지원	O	O	O	
Commerce At Light Speed(1995) 광속의 상거래	O	O	O	O

·**전자상거래**(Electronic Commerce) - 거래상에서 발생할 수 있는 견적 의뢰서나, 견적서, 발주서, 청구서 등의 거래관련 자료교환과 대금의 지불을 EDI(Electronic Data Interchange)나 E-mail, 또는 전자적 자금이체 등을 통해 해결하는 것을 말한다.

·**기업통합**(EI : Enterprise Integration) - 네트워크를 통해 기업간 정보를 공유하고 각자의 장점과 노하우를 상호 제공하여 협조적인 활동을 수행하는 것을 말하며 기업간에서의 현상뿐만 아니라 기업 내부적인 부문간, 더 나아가서는 기능 부문간의 현상까지도 의미한다.

·**가상기업**(VC : Virtual Corporation) - 네트워크를 통해 정보를 교환함으로써 그 네트워크에 참가하는 기업이 다양한 형태의 자원을 서로 제공하여 전체로서 하나의 완결된 사업을 하는 형태를 의미하며 고정적인 형태를 갖지 않고 여러 기업이 네트워크 상의 가상기업에 참여하고 필요할 때마다 선택적으로 프로젝트를 수행하게 된다.

CALS의 효과

오늘날의 CALS의 개념은 제품의 설계, 생산, 공급, 조달 및 운용지원의 과정에서 발생하는 문제 및 그래픽정보 등을 정해진 표준에 따라 디지털화하여 컴퓨터와 네트워크를 통해 교류하는 통합된 정보시스템으로 설명할 수 있으며 궁극적인 목표는 설계에서부터 생산, 유지·보수에 이르기까지 제품 라이프사이클에 이르는 전 과정을 표준화된 데이터로 통합하고 이를 통해 전자상거래를 실현함과 동시에 가상기업(VC : Virtual Corporation)을 만들어 전 세계에 산재된 기업을 마치 자사 생산라인 또는 자회사처럼 활용하는 것이다. 이를 좀 더 구체적으로 표현하면 다음과 같다.

·**종이 없는 사무실의 구현** - 이제까지 사무실에 산재되어 있던 각종 기술자료 및 데이터들을 공통된 표준안에 의거해 통일시키고 이를 디지털화함으로써 이와 관련된 데이터를 통합 운영하는 업무환경을 구축하는 것이다.

·**시스템 획득 및 개발 기간의 단축** - 생산성 향상을 위한 방안 중 하나로 현업의 요구사항 및 변경사항을 적시에 수용하고 조달, 보급, 정비 등의 대기시간을 없애는 등 적시생산(JIT : Just In Time) 개념을 확대하는 것이다.

·**정보화 경영혁신 및 비용 절감** - 동시공학(CE : Concurrent Engineering)적 관점에서 접근하는 전략 정보서비스를 통해 문서관리 소요비용, 행정절차 간소화, 인력감소 등으로 생산성을 비약적으로 향상시키자는 것이다. 즉, 체계의 획득 및 운영유지와 관련한 정보를 단 한 번의 입력으로 다수의 사용자가 이용할 수 있도록 통합 데이터베이스화하고 화면을 통한 즉각적인 정보서비스를 제공함으로써 각종 비용을 절감하며 부수적으로 뒤따르는 각종 행정절차 및 관련 요원을 감소시키는 것이다.

·**종합적 품질향상** - 설계 및 제작시 발생하는 오류의 감소, 부적합한 운영개선, 정보의 일관성을 유지하기 위한 방안으로 시스템의 획득 및 군수지원을 위한 설계 등의 제작시 발생하는 도면작성의 오류, 기술제원의 결함, 운영 및 정비지원 개념의 부적합성을 감소시키며 일관성 있는 정보의 유지에서부터 종합적인 품질향상을 꾀하자는 것이다.

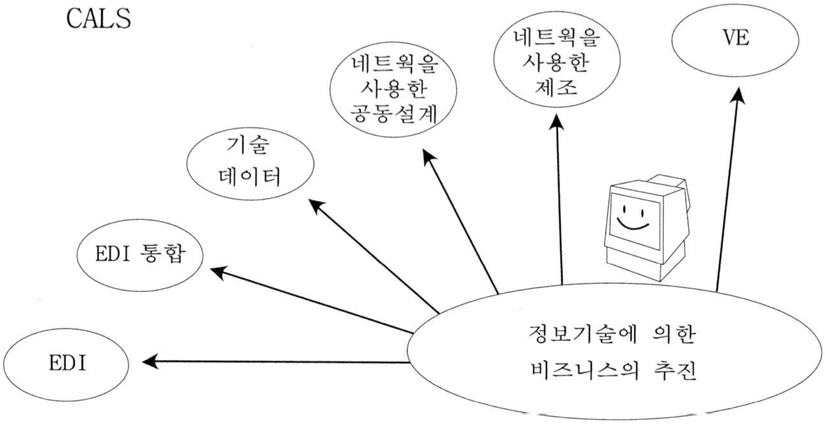

[그림 27-1] CALS에 의한 가상기업의 실현

이러한 CALS의 도입효과는 다음의 표에서 잘 나타나고 있다.

[표 27-2] CALS 도입의 효과

	관련공정	효과
설계 공정	개발기간 단축	82%
	설계도면 수 절감	평균 200 → 3
	설계변경 횟수 감소	80%
	설계자료 열람시간 단축	며칠 → 몇 분
	설계설비 장치	거의 소멸
생산 공정	조립공정	6주 → 2시간
	공정의 축소	7:1
	불량률 제거	6배
	수치제어 공정	40% 축소
	불량검사 축소	40%
	재고비용 절감	30%
	재작업 축소	80%
생산 정보 관리 및 전송	자료관리 인쇄비	70% 절약
	자료의 착오 제거	98%
	자료 수정시간 단축	30%
	설계서 작성시간 단축	70%

일본의 CALS

일본은 1993년부터 CALS 개념을 도입해 국내의 전시회와 세미나를 중심으로 전개하다가 1994년에 민간 부문에 직접 적용하는 전략을 세우고 사업을 진행하였다. 일본은 두 가지의 특이한 형태를 가지고 이를 전략화 하였는데, 그 하나는 PALS(Product Acquisition and Life-cycle Support)라고 하는 프로젝트로 민간 산업체 컨소시엄을 구성하였으며, 또 하나는 CALS 포럼을 구성해 이를 통해 모든 CALS 정보를 단일화하였다는 것이다.

한국의 CALS

➢ 대우정보시스템

대우정보시스템은 1995년부터 CALS 세미나를 통해 그룹 내 CALS 마인드를 확산하고 CALS 사업을 효과적으로 추진하기 위해 그룹계열사들과 공동으로 대우 CALS추진위원회를 구성하였다. 특히 대우정보교육센터를 통하여 대우정보시스템 내와 그룹 내에 CALS 인력을 양성하고 대우자동차(현재 GM대우), 대우전자 등, 세계전역에 현지법인과 생산라인을 갖고 있는 계열사들에 대한 CALS화를 실현하였다.

➢ 삼성그룹

삼성그룹은 일찍이 삼성전자, 삼성데이터시스템을 중심으로 급변하는 국제정세에 대처, 기업의 경쟁력 강화의 일환으로 자체 BPR을 하여 향후 비전 수립 및 정보인프라 구축계획을 완료하였다.

대부분의 삼성계열사는 이미 오래 전에 데이터의 디지털화가 완료된 상태이므로, 각 사의 방향은 이의 인티그레이션, 즉 부서와 부서, 그룹사 간, 더 나아가 협력회사 또는 해외협력사와의 데이터 교환을 전자 디지털화하는 데 있었다. 이의 실현을 위해 우선 데이터의 표준화를 실시하였고, 이를 지원하기 위한 툴로써 CALS의 개념을 도입하였다.

특히, 삼성전자는 1993년에 PI 추진팀을 구성하여 비전 설정을 위한 BPR을 추진하였으며, 이의 실현을 위한 툴을 선정하고 기본 추진계획을 완료하였다. 1994년에는 이의 적용을 위한 시범사업장을 영업, 물류, 생산공장 해외지점 중 한 곳을 정하여 시스템을 오픈하여 운영하였고, 1995년부터는 이의 확산 및 전체 통합을 추진하여 완료하였다.

➢ LG전자

LG그룹 경영층과 여러 분야의 전문가들은 LG를 경쟁력 있는 세계적 제조업체로 부상시켜야 하는 당면과제와 날로 발전하는 정보기술 및 시스템 도입의 긴요성, 국제 수준의 CALS 체제 환경 구현의 필요성을 동시에 인식하였다. LG그룹은 이미 기업 내외의 전 업무 분야에서 과거의 정보기술체제의 모순을 확인하고, 기존 업무 프로세스의 혁신과 이를 지원하는 정보시스템의 변혁을 시도하고 있었다. 이러한 모든 활동들이 CALS 전략의 기본적인 절차임과 동시에 정보기술 변혁을 위한 총체적 효과를 발휘할 수 있는 중요한 계기가 될 수 있다는 인식을 바탕으로 LG전자 내 모든 분야의 정보시스템 구현에 있어서 CALS를 기본축으로 하여 미래의 글로벌 통합 정보화를 추진하였다.

➢ 현대그룹

현대그룹은 1994년 CALS 체제 구축에 대한 검토를 시작한 이래 1995년을 CALS 도입 기반 구축 원년의 해로 정하고, 관련 네트워크의 확충, 데이터베이스의 통합성 강화, 다양한 정보처리기술 확보, 연구개발 및 주문, 생산, 인도까지 관련되는 모든 시스템을 정비하였다.

CALS 도입 환경 및 추진전략을 지원하는 현대정보기술은 현대그룹의 정보기반을 CALS 체제로 구축하기 위하여 회사 내에 별도의 CALS 팀을 구성하고 그룹 내의 시범업체를 현대중공업으로 설정하였다. 또한 현대중공업의 생산 및 관리 등의 전 업무 분야에서 발생하는 모든 정보를 통합하여 관리하고, 협력업체 및 부품 공급업체들 간의 납품정보, 주문정보 등의 교환을 CALS 네트워크를 통하여 이루어질 수 있도록 하였다.

연습문제

1. CALS의 용어에 대한 변천사를 기술하시오.
2. 시대에 따른 CALS의 개념과 그 핵심기술을 설명하시오.
3. CALS의 등장 배경은 무엇인가?
4. 미 국방성에서 CALS를 어떻게 적용하였는지 설명하시오.
5. 동시공학(Concurrent Engineering)에 대해 설명하시오.
6. 전자상거래(Electronic Commerce)에 대해 설명하시오.
7. 기업통합(EI : Enterprise Integration)에 대해 설명하시오.
8. 가상기업(VC : Virtual Corporation)에 대해 설명하시오.
9. CALS로 인한 대표적인 효과를 나열하시오.
10. 우리나라의 CALS 도입 현황을 조사하시오.

참고문헌

노형진, 홍성찬(1995), 「CALS혁명」, 21세기 북스.
노형진, 홍성찬(1997), 「CALS 한국·외국 사례 연구」, 한언출판사.

제 28 장

Dell 사의 SCM (1996년)

Dell의 CEO인 마이클 델이 추구하는 경영방침을 한 마디로 표현하자면 '간결한 경영' 이다. 다시 말해 기존의 소매 유통경로를 거쳐 판매하는 표준화된 PC 대신 Dell은 고객이 주문한 제품을 맞춤식으로 제조하여 판매함으로써, 고객의 욕구를 효율적으로 충족시키고 있다. 이제는 Dell 사의 전매특허가 되어버린 '직접판매방식(Dell Direct Model)'이 바로 이와 같은 그의 아이디어에서 나온 것이다. 이 아이디어는 재고비용과 재구매 비용이 없다는 것이 가장 큰 특징이다. 델은 "당신은 최종소비자와 실제적인 관계를 가지게 된다. 그리고 이것은 매우 가치 있는 정보를 창출한다. 이를 통해 우리는 공급자들과 고객 간의 관계를 보다 강화할 수 있다."라고 설명하고 있다. Dell은 직접판매방식을 개발하여 대규모 다국적기업, 정부, 교육기관, 중소기업, 개인을 대상으로 직접 판매를 실시하고 있으며, 서비스 신청 다음날 바로 현장서비스를 고객에게 제공하는 첫 번째 PC업체가 되었다.

불필요한 단계를 제거하자

초등학교 3학년인 한 아이가 "간단한 테스트 하나만 통과하면 고등학교 졸업증서를 취득할 수 있습니다. 지금 도전하십시오!"라는 광고를 보고 우편으로 테스트를 신청했다. 학교에 대한 반감이 있었던 것이 아니라, 만약 완성된 무언가를 좀 더 빠르고 쉽게 얻는 방법이 있다면 바로 해보고 싶은 아이의 왕성한 호기심과 욕구에 의한 것이었다. 따라서 학교에서 보내야 할 9년이라는 시간을 한 번의 간단한 테스트로 대체한다는 것이 너무나도 좋은 아이디어로 보였던 것이다. 어느 이른 저녁, 그 테스트 회사에서 근무하는 여성이 휴스턴에 있는 아이의 집 문을 두드렸고, 이어서 8살짜리 꼬마가 나타났을 때 그 여성은 무척이나 놀랐다. 부모님과 테스트 회사에서 나온 여성은 이 아이가 장난으로 테스트를 신청했다고 생각했다. 하지만 아이는 너무나도 진지했다. 어렸을 때부터, 무엇이든 불필요한 단계를 제거하는 일에 상당히 흥미가 있었던 이 아이가 바로 오늘날 불필요하고 쓸모없는 중간 단계를 제거하고 고객에게 직접 컴퓨터를 판매함으로써 세계적인 PC 제조 및 판매업체로 성장한 Dell 사를 창업한 마이클 델(Michael Dell)이다.

아이디어로 세계를 제패하다

12살이 된 델은 당시 휴스턴의 수집품 시장이 활성화되어 있음을 간파하고 우표 중개인을 자처해 '델의 우표'라는 광고를 싣고 생애 첫 사업을 시작하여 약 2천 달러를 벌었다.

또, 16세 때에는 '휴스턴 포스트'지 구독 예약을 받는 일을 하면서 신문을 새로 구독하는 사람들은 신혼부부이거나 새로운 입주자라는 것을 깨닫고 그들의 명단을 입수해 고객이 될 가능성이 높은 사람부터 차례로 찾아 나섰다. 오늘날 델의 중요한 전략 중의 하나인 '시장 세분화'를 이 때에 실행한 것이다. 이를 통해 델은 1만 8천 달러를 벌어들였고 이는 그 당시 델의 담임 선생님의 1년 연봉보다도 많은 금액이었다.

1983년까지만 해도 텍사스대학의 학생이었던 델은 소매상에서 PC를 저렴하게 구입하여 기능을 향상시킨다면, 더 좋은 가격으로 PC를 판매할 수 있다는 것을 알게 되었고, 이를 실천하기 위해 1984년에 학교를 그만두고 Dell 사를 설립하였다.

Dell은 인텔이나 마이크로소프트(MS)같이 화려한 원천 기술도 없으며, IBM이나 애플 같은 PC산업의 선구자도 아니다. HP처럼 거대 기업(컴팩)과의 인수·합병(M&A)을 통해 단기간 내에 규모를 늘리지도 않았다. 하지만 Dell은 2001년에 컴팩을 제치고 PC 시장 점유율 세계 1위를 차지한 이래 매년 고속성장을 거듭하고 있다. 세계적인 정보기술산업(IT)의 불황 속에서도 Dell은 2003년도 매출이 414억 달러로 전년 대비 17.1% 성장했다. 비결이 무엇일까?

Dell의 CEO인 마이클 델이 추구하는 경영방침을 한 마디로 표현하자면 '간결한 경영'이다. 다시 말해, 기존의 소매 유통경로를 거쳐 판매하는 표준화된 PC 대신 Dell은 고객이 주문한 제품을 맞춤식으로 제조하여 판매함으로써, 고객의 욕구를 효율적으로 충족시키고 있다. 이제는 Dell 사의 전매특허가 되어 버린 '직접판매방식(Dell Direct Model)'이 바로 이와 같은 그의 아이디어에서 나온 것이다. 이 아이디어는 재고비용과 재구매비용이 없다는 것이 가장 큰 특징이다. 델은 "당신은 최종소비자와 실제적인 관계를 가지게 된다. 그리고 이것은 매우 가치 있는 정보를 창출한다. 이를 통해 우리는 공급자들과 고객 간의 관계를 보다 강화할 수 있다."라고 설명하고 있다.

Dell은 직접판매방식을 개발하여 대규모 다국적 기업, 정부, 교육기관, 중소기업, 개인을 대상으로 직접 판매를 실시하고 있으며, 서비스 신청 다음날 바로 현장서비스를 고객에게 제공하는 첫 번째 PC업체가 되었다.

오늘날 Dell은 직접판매방식을 인터넷을 통해 널리 알림으로써 업계 선두를 달리고 있는데, Dell의 웹사이트인 www.dell.com은 40여 개 국의 사이트를 관리하고 있으며, 매주 수백만 명의 사용자가 Dell의 웹사이트를 방문하고 있다.

Dell은 전세계 5만 명의 직원이 33개국의 영업소에서 근무하고 있으며, 200개 국 이상의 지역에 제품과 서비스를 제공하고 있다. 또한 4개 국가에서 컴퓨터 시스템을 제조하는데, 중국의 Xiamen, 말레이시아의 페낭, 미국의 오스틴, 아일랜드의 Limerick 등이 그것이다.

2004년 7월부터 Dell의 CEO는 케빈 롤린스(Kavin Rollins)가 맡게 되었으며, 이로써 Dell은 회장과 CEO가 분리된 경영체제를 유지하고 있다.

Dell의 공급체인관리(Supply Chain Management)

➢ 직접판매방식

사업초기에 Dell이 추구했던 사업전략은 기업고객들에게 우편주문을 통하여 표준 PC에서 약간 고객화시킨 PC를 판매하는 것이었다.

[그림 28-1] 간접판매방식과 직접판매방식의 비교

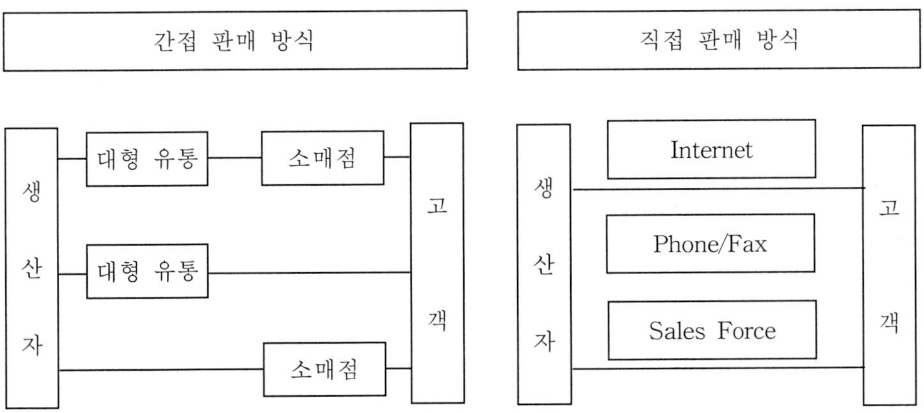

그러나 최근 10년간 Dell은 직접판매모델에 크게 주안점을 두고 사업을 시행하였다. 이 모델은 고객과의 직접관계를 통하여 얻어지는 높은 판매회전율, 낮은 원가의 물류시스템 개발과, 주문을 받으면 곧장 쉽게 조립해 주는 제조방식(build-to-order)과, 차별화된 고객집단을 위한 제품과 서비스를 제공해 줄 수 있는 특징을 갖추고 있다.

[그림 28-1]에서 본 바와 같이 지금까지 기존의 PC업체들의 공급방식은 대부분 간접판매방식에 의해 이루어졌다. 간접판매방식은 생산자로부터 고객에 이르는 과정 중에 각각의 대형 유통업자들과 소매상들이 연계되어 고객에게 제품을 공급하는 것이다. 따라서 이러한 과정 중에 고객에게 전달되는 리드타임은 길어지게 되었고, 또한 이러한 방식은 이미 생산된 제품을 소비자가 구매하는 것이기에 고객의 욕구를 전부 만족시킬 수는 없는 것이었다.

이러한 단점을 극복하고자 도입된 시스템이 바로 직접판매방식이다. 이는 생산자와 고객을 직접 연결시킴으로써, 공급 리드타임과 고객의 만족도를 다양하게 증대시킬 수 있는 것이다. Dell이 지향하는 전략적 방향이 바로 이러한 직접판매방식인 것이다.

Dell은 바로 이러한 직접판매방식을 이용, 인터넷과 전화 서비스 등으로 이용고객과 직접 대화하고, 그에 맞는 제품을 제조공장으로부터 고객에게까지 직접 전달하는 방식을 통해 성공을 거두었다.

➢ 수요충족 프로세스(Demand Fulfillment Process)

직접판매방식이 성공하려면 주문에서부터 고객에게 제품이 도달되는 데까지 고객의 니즈가 충분히 반영되어야 한다. 이를 위해 Dell은 다음과 같은 수요충족 프로세스를 운용하고 있다.

먼저 고객은 Dell과 제품 및 가격정보를 교환하고, 상담을 통하여 자신의 목적에 가장 부합되는 제품을 선정하게 된다. 그리고 이러한 과정을 통해 고객은 자신이 필요로 하는 제품을 인지하고 Dell에 이 제품을 주문한다. 이 과정에서 Dell은 고객과 재정적인 문제를 검토하고, 고객의 욕구에 확실히 부합하는지를 확인한다. 이렇게 하여 고객의 주문이 완료되면, 주문정보는

SCALA라고 불리우는 데이터베이스 시스템을 통해 곧바로 공장으로 전송되고, 공장에서는 바로 생산을 시작하게 된다. 생산이 완료된 제품은 바로 포장에 들어가고, Dell은 Invoice와 Packing-list를 작성하여 이후의 과정을 모두 공급업체에게 인계하고, 정보시스템을 이용한 제품의 통제에 들어가게 된다. 공장의 출하에서부터는 공급업체가 전담하는데, 공급업체는 통관서류를 작성하여 제품을 각국의 공항까지 운반한다.

➢ Outsourcing 및 재고전략

Dell이 추구하는 물류전략의 특징은 생산을 제외한 다른 부문들에 대한 Outsourcing 전략이다. 각기 전문화된 업체에 그 부문을 전담시킴으로써 더 효율적인 공급이 원활하게 이루어질 수 있다는 생각으로, 공장 외의 모든 부문을 전문업체에 맡기고 있다.

Dell은 현재 약 3,800명의 연구·개발 인력과 1,700개의 특허를 가지고 있다. 이는 결코 작은 규모가 아니지만, 이보다 더욱더 강조하는 것은 파트너십이다. 이미 시장에 나와 있는 훌륭한 기술을 가진 기업들과의 효과적인 파트너십으로 시너지 효과를 극대화하자는 것이다. Fedex, Bax Global 등이 Dell의 공급을 돕고 있는데 특히 Fedex의 공급전략과 좋은 융화를 이룸으로써 각 프로세스의 전문화를 이루고 고객에 대한 공급의 신속화를 달성하고 있다.

재고전략에서도 Dell은 다른 기업들과 차별화된다. 즉, 중간 경로를 없앰으로서 물류창고나 대리점 등이 제거되었으며, 시장의 급변하는 수요에 대응하여 2~3일, 최고 5일마다 한 번의 주문을 통해 재고유지에 효율성을 기하고 있다. 따라서 재고 회전율을 보면, 다른 경쟁사의 30~60일보다 훨씬 빠른 3~4일에 불과하다. 이것이 바로 Dell의 힘인 것이다.

SCM(Supply Chain Management)이란 무엇인가?

오늘날의 글로벌한 시장환경에서 치열한 경쟁, 짧아진 제품 수명 주기, 그리고 고객의 기대수준 향상 등으로 공급체인에 대한 기업들의 투자와 관심이 집중되고 있다. 이것은 통신과 수송기술의 지속적인 발전과 더불어 공급체인과 공급체인 관리기법의 지속적인 발전을 이룩하는 데 기여하였다. 흔히 공급체인이라 함은 기초 원자재 단계에서부터 최종 소비자에 이르기까지의 원료, 재화, 정보의 흐름과 변형을 구성하는 모든 활동을 포함한다.

공급체인 관리(SCM)는 고객 서비스 수준을 만족시키면서 시스템의 전반적인 비용을 최소화할 수 있도록 제품이 정확한 수량으로, 정확한 장소에, 정확한 시간에 생산과 유통이 가능하게 하기 위하여 공급자, 제조업자, 창고·보관업자, 소매상들을 효율적으로 통합하는 데 이용되는 일련의 접근법이다

[그림 28-2] Supply Chain의 구조

SCM의 등장 배경은 다음과 같이 요약된다.

첫째, 부가가치의 60~70%가 제조과정 외부의 공급체인에서 발생한다.

둘째, 부품 및 기자재의 수요와 공급에 대한 수요 및 품질의 불확실성을 제조업체 내에서 수동적으로 흡수하여 생산계획을 편성하고 재고를 관리하는 데에는 한계가 있다.

셋째, Bullwhip(소 채찍)효과라고 알려져 있는 정보전달의 지연 및 왜곡 확대 현상에 의해 공급체인의 가장 마지막 단계인 소매단계에서부터 발생하는 주문 및 수용의 변동에 관한 정보가 도매상, 지역 유통센터 등의 공급체인을 거슬러 올라갈수록 지연 및 왜곡되어 결국에는 납기지연, 결품, 과잉 재고 등의 문제를 야기한다.

넷째, 기업 전반의 활동이 글로벌화 됨에 따라 공급체인상의 리드타임이 길어지고 불확실해졌다.

다섯째, 종래의 표준화된 제품을 대량 생산하여 고객에게 밀어내던 방식에

서 탈피하여 고객의 다양한 요구에 맞추어 제조, 납품해야 하는 Mass Customization이 보편화되고 있다.

여섯째, 기업 간의 경쟁이 치열해짐에 따라 비용 및 납기의 개선이 시급해지게 되었다.

마지막으로, 최근 ERP 등에 의해 기업 내 프로세스가 정보화, 통합되고 EDI, Internet 및 WEB, 전자상거래 등의 기술이 급속하게 발전되고 있다. 공급체인 간의 정보공유 및 전달과정을 혁신하고 공급체인 간의 프로세스를 적극적으로 통합할 수 있게 됨에 따라 관련개념 및 기법의 보급이 확산되고 있다.

SCM의 성공적인 수행을 위해서는 공급체인 관련 프로세스 및 제품설계를 혁신하는 공급체인 리엔지니어링, 공급체인상의 업체 간의 전략적 제휴, 공급체인관리를 위한 조직의 개선, 공급체인 간의 정보공유 및 프로세스의 통합, 공급체인 네트워크의 전략적 설계, 공급체인 계획 및 관리 시스템 구축 등이 효과적으로 시행되어야 한다.

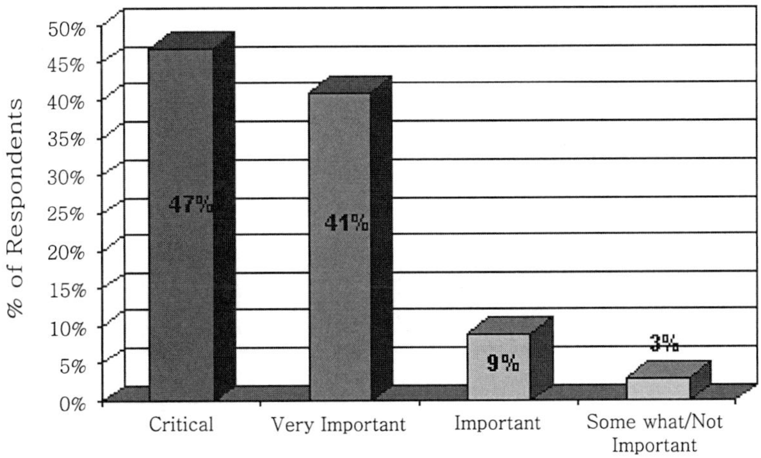

[그림 28-3] 사업성공을 위한 SCM의 중요성

SCM의 대표적인 기대효과로는 재고감소와 불필요한 작업의 제거를 들 수가 있다.

·재고감소 - 각 업체들이 공급망 내의 자사에 해당하는 부분을 연결된 공급망의 일부분으로 인식하여 필요한 물품을 필요한 시점에 필요한 곳에 공급함으로써 재고를 감소시킬 수 있다.

·불필요한 작업의 제거 - 전자상거래 환경에서의 업무처리를 통해 필요한 절차와 정보형식을 미리 약속하고 정해진 절차에 따라 자동적으로 진행되므로 업무절차의 간소화, 업무 처리시간 및 업무 비용의 감소를 이룰 수 있다.

SCM은 그야말로 오늘날 기업에서 가장 중요시하는 경영관리기법이라 할 수 있다.

SCM에 TOC를 접목하라

TOC(Theory Of Constraints)는 물리학을 전공한 골드렛(Eliyahu Moshe Goldratt) 박사가 1975년부터 꾸준히 추구하여 왔던 개념과 도구들을 한 곳에 집대성한 경영 패러다임이다. 이는 조직을 유한한 프로세스의 체인(Chain)이라고 보고, 연결된 체인들 중 가장 약한 부분에 역량을 집중함으로써 조직의 목적을 달성하고자 하는 혁신적인 기법이다. 그가 1984년에 발표한 『The goal』이라는 소설을 보면 제약을 관리하는 것이 조직 전체에 얼마나 큰 효율을 가져다 주는지 잘 나타나 있다. 각자 걷는 속도가 다른 스카우트 소년단 전체의 행진 속도는 가장 느린 소년의 걸음에 맞추어 걷는 것이 보다 효과적이다.

[그림 28-4] 'The goal'에 등장하는 스카우트 소년단의 행진

이러한 TOC의 기본 개념을 공급사슬경영에 적용시켜 보자. 공급망 전체를 하나의 가치사슬로 간주하면, 이 중 부하가 100%인 회사가 제약이 된다. 단일공장의 경우와 마찬가지로, 원재료 회사의 투입시기를 제약과 연결하고 그 앞에 버퍼를 두어 공급사슬 전체를 관리한다(자세한 내용은 23장의 TOC를 참조

바람). 공급사슬 내에서 제약의 위치를 파악하면 수요에 대한 공급 대책 수립이 용이해진다. 또한, 제약이 공급에 있는지, 우리 조직에 있는지, 유통 혹은 시장에 있는지를 판단하고 그에 따른 조치를 적절히 취함으로써 전체적인 성과를 더욱더 극대화할 수 있다. 결과적으로 주문에 대한 납기 준수 능력의 향상, 신속한 의사결정, 생산/물류 향상에 의한 현금 흐름 개선 등의 효과를 이룰 수 있다.

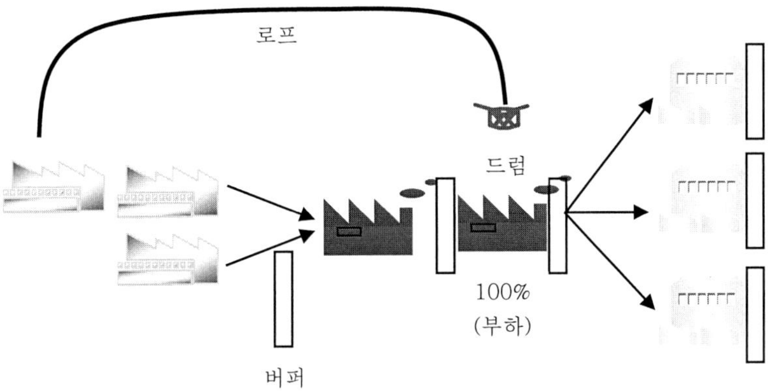

[그림 28-5] DBR이 적용된 공급사슬 모형

Dell의 경이적인 기록

1984년 창업자본 1천 달러로 마이클 델(Michael Dell)이 델 컴퓨터 회사(Dell Computer Corporation)를 세운 후, 컴퓨터 업계 최초로 PC제조회사가 제작한 컴퓨터를 최종 소비자들에게 직접 판매하는 시스템을 만들었다. 대량생산된 컴퓨터를 중간 판매상을 통해 판매하는 기존 시스템과는 전혀 다른 방식이었다. 그리하여 1992년에 20억 달러 이상의 매출을 달성함으로써 127%라는 놀라운 성장률을 기록하고 1996년에는 인터넷을 통해 고객맞춤형 컴퓨터를 판매하려는 회사의 조용한 시도가 금세 대중적인 혁명으로 발전한다. 'www.dell.com'을 통해 매일 1백만 달러 이상의 매출을 올리며 1999년에는 세계에서 가장 큰 PC시장인 미국에서 판매고 1위를 기록한다. 2001년에는 시장점유율 세계 1위에 오름으로써 세계 최대의 PC제조업체로 부상한다.

또한, 마이클 델은 『포춘』 선정 500대 기업에 오른 가장 젊은 CEO, 미국에서 가장 많은 재산을 소유한 e-CEO라는 기록을 세운 바 있다. 또한 1997년부터 1999년까지 3년 연속 『비즈니스 위크』가 뽑은 '올해의 매니저 탑 25'에 선정되었다. 2003년에는 연 매출액 400억 달러를 돌파했고 IDC Preliminary의 발표에 따르면 2004년에도 세계 PC시장 점유율 1위를 차지하였다.

연습문제

1. 공급망관리(SCM)의 정의를 내리고 활동범위를 기술하시오.
2. 공급망관리의 핵심 프로세스를 기술하고 각각의 핵심 내용을 정의하시오.
3. 성공적인 SCM 실행을 위한 3단계 전략을 설명하시오.
4. QR(Quick Response)에 대한 이점을 설명하시오.
5. AR(Automatic Replenishment), PR(Profile Replenishment)과 CR(Continuous Replenishment), VMI(Vendor Managed Inventory)을 각각 설명하시오.
6. Cross Docking에 대해 설명하시오.
7. SCM으로 인한 효과를 설명하시오.
8. SCM의 SCOR 모델 중 P(Plan), S(Source), M(Make), D(Delivery)의 지표특성을 설명하시오.
9. 현재 SCM을 유통산업이 아닌 제조산업 분야에서 적용하기 위하여 필요한 조건이 무엇인지 설명하시오.
10. IT기술을 통한 SCM의 효과에 대하여 설명하고 SCM을 IT로 구현하기 위하여 필요한 조건을 설명하시오.

참고문헌

마이클 델(2001), 「다이렉트 경영」, 동방미디어.

마이클 델(1999), 「직접팔아라」, 동방미디어.

정남기(2002), 「TOC 골든룰」, 한언출판사.

제 29 장

월마트 사의 CRM (1990년대)

월마트는 데이터베이스마케팅의 경영전략화를 통해 CRM의 성공을 더욱 원활하게 해주었다. CRM 경영은 데이터베이스마케팅의 본질을 업그레이드하는 과정이라고 볼 수 있는데, 대용량의 데이터웨어하우스를 운영하고 아울러 인공위성이나 최첨단 장비와 시스템 등을 도입하고 활용함으로써 고객과 정보를 근거로 데이터 분석과 예측을 정확히 할 수 있었다. 즉, 고객 정보와 거래정보를 하나로 묶는 데 성공했고, 나아가 고객과 일대일 커뮤니케이션이 가능해졌으며 목표고객의 설정을 더욱 유리하게 해주었다. 특히 데이터웨어하우스 기반의 CRM 시스템은 판매분석, 회계분석, 재고분석 등 회사 전반의 모든 부분의 데이터가 저장되어 점포별, 개인별, 부서별, 지역별 등등의 가능한 모든 영역의 분석이 의사를 결정하는 데 기초를 제공하고 있다.

세계의 시장이 글로벌화 되어 경쟁이 치열해지면 고객에 대한 관심과 능동적인 대처는 기업의 생명력과 직접적인 관련이 있다. 특히 대량의 고객을 대상으로 마케팅을 전개하는 금융, 유통, 통신, 항공 등의 서비스업 분야에서는 데이터베이스마케팅이라는 이름으로 발전하기 시작한 CRM을 기초로 고객을 분석하여 마케팅을 전개하고, 릴레이션십을 지속적으로 발전시키고 유지하여 고객의 충성도를 지속적으로 관리해 나간다는 마케팅 기법을 사용하고 있다. 이 CRM 구축에 있어 성공한 사례로 월마트의 CRM 성공사례를 살펴보기로 하자.

설립자 샘 월튼

샘 월튼은 1918년에 미국의 오클라호마 주 킹피셔에서 태어나 다섯 살 때까지 그곳에서 살았고 그 다음으로 미주리 주 스프링필드로 이사를 갔다. 그는 어려서부터 학교에서 돌아오면 우유병을 짊어지고 배달을 하며 동시에 수금을 하는 일을 했다. 일곱 살 때부터는 동네 아저씨를 도와 잡지 판매 일을 했고, 그곳에서 토끼와 비둘기도 길러 팔았다. 어린시절부터 대학 시절까지

Samuel Moore Walton

그는 그만의 배달 구역을 갖고 있었으며 신문, 잡지, 우유 등을 배달하면서 어린나이에도 불구하고 가족에게 도움을 주고, 그저 돈을 쓰는 사람이기보다는 집안에 도움을 주는 사람이 되어야 한다는 교훈을 일찍이 깨우쳤으며, 장사라는 것에 대해 차차 눈을 뜨기 시작했다. 그리고 자연스럽게 1달러를 손에 넣기 위해서는 얼마나 많은 노력을 해야 하는가도 깨달았고 노동의 가치도 배울 수 있었다.

샘이 최초로 소매업계에 발을 들여놓은 것은 그가 대학을 졸업한 1940년이었다. 콜롬비아대학에서 경영학을 전공한 그는 아이오와의 J.C 페니 사의 수습사원으로 취직하여 고객 서비스 철학을 배웠고 평생을 투신할 소매업계의 가능성을 예감하게 된 것이다. 그는 소매업계의 경쟁력은 판매원들에게 달려있다는 것을 피부로 느끼며 실감했다. 그 후 2차대전에 참전하게 되었고, 전역 후인 1943년에 2만 5천 달러의 자본으로 아칸소 뉴포트에서 벤 플랭클린 스토어를 개점하게 된다. 벤 플랭클린 스토어는 체인형식의 소매점으로 샘이 사업가가 되기 위한 좋은 학습장이 되었다. 그는 실제로 소매점을 경영하면서 사업가로서 그의 강점인 실험정신을 발휘하기 위해 종업원들에게 비록 작은 것일지라도 아이디어가 있으면 실험해보도록 독려했다. 그리고 그 실험이 성공하면 적극적인 지원을 했으며, 만약 실패로 끝나면 다른 것을 시도하도록 격려하였다. 그는 항상 실험을 멈추지 않았으며 결코 실패를 두려워하지 않았다. 그 결과 탄생한 것이 월마트인 것이다. 1962년 월마트를 만들었지만 처음부터 순조로운 것은 아니었다. 그 당시 할인점은 생소한 존재였고, 제조업체 주도하에 물건을 파는 시기였기에 싼 가격에 제품을 판매하는 할인점은 물건을 공급받기가 어려웠다. 이런 이유로 월마트는 설립 초기에 많은 어려움을 겪게 되었지만 샘 월튼은 난관을 맞이할수록 더욱더 종업원들과 힘을 합해 새로운 실험을 시도하였다. 그가 경영에서 가장 중요시하였던 부분은 직원들과 많은 대화를 나누는 것이었다. 수시로 매장을 돌며 직원들의 현장 소리를 경청하였고, 문제점이 있으면 즉시 의견을 반영했다. 즉,

그의 행동파적인 경영이 오늘날의 월마트가 있게 한 근본이 된 것이다. 그는 허름한 옷차림으로 보잘 것 없는 회장실에서 일했지만 월마트의 정보 시스템은 세기를 초월한 것이었다. 인공위성을 사용해 매장을 관리하는 첨단시스템을 업계 최초로 도입한 사람이 다름 아닌 샘 월튼이었다. 그는 돈을 써야할 때와 쓰지 말아야 할 때를 아는 사람이었다. 샘 월튼이 1992년 세상을 떠났을 때 종업원들은 눈물을 흘렸다. 그들의 믿을만한 동료인 미스터 샘을 잃었기 때문이다. 샘의 철학은 그가 죽은 후에도 월마트에 생생하게 살아남아 회사를 움직이는 힘으로 작용하고 있다.

그의 일생을 살펴보면 사치를 멀리했다는 것을 알 수 있다. 월마트의 성공으로 억만장자가 된 후에도 50달러짜리 상의와 16달러짜리 하의를 입고 다녔고 오로지 큰 사치라면 그의 집을 지을 때 사용한 10만 달러 외에는 자기 자신을 위해 큰 돈을 사용한 적이 없는 사람이었으며 월마트 개점 이후 40년 동안 벤톤빌과 아칸소 지방에서 살면서 매일 보통사람들과 함께 지역 호텔에서 식사하고, 하루도 빠짐없이 사무실에 출근하는 성실함을 보여주었다. 그리고 돈을 아끼기 위해 신문도 사서 보지 않고 빌려 볼 정도로 검약한 생활을 했다. 또한 지역의 젊은이들과 식사를 함께 하는 인간미를 가지고 있었다. 그리고 회사의 직원이나 그의 주변 사람들에게는 다른 호칭보다는 '미스터 샘'이라고 불러달라며 항상 직원들과 함께 했다.

월마트

1962년 미국 로저스에 샘 월튼에 의해 월마트 매장이 최초로 설립되었는데 그 후 물류센터를 최초로 오픈하고 슈퍼센터를 출점했으며 멕시코와 브라질, 아르헨티나 등을 거쳐 한국에도 그 뿌리를 내렸다. 월마트가 미국외의 지역에 첫번째 매장을 오픈한지 얼마 안됐지만, 월마트는 급격한 성장과 고객과의 만남을 이루어왔다. 오늘날, 전 세계 10여 개 지역의 4,600개 이상의 매장에 있는 고객들은 월마트의 'Every Day Low Price'정책이 각국의 언어로 명확하게 이해되고 있음을 증명하고 있다.

현재 월마트는 아르헨티나와 브라질, 캐나다, 중국, 독일, 한국, 멕시코, 푸

에르토리코, 영국 그리고 일본에서 300,000명 이상의 동료들이 월마트 매장과 클럽을 운영하고 있다. 1998년에 이미 최초로 1억 달러의 매출 달성을 초과하는 기록을 세웠으며 2000년에는 '전 세계 최고 100개 기업' 중 80위로 선정되었고 2002년에는 미국 소매업계 사상 하루 판매액으로 최고기록인 14억 3천만 달러의 매출을 올렸다.

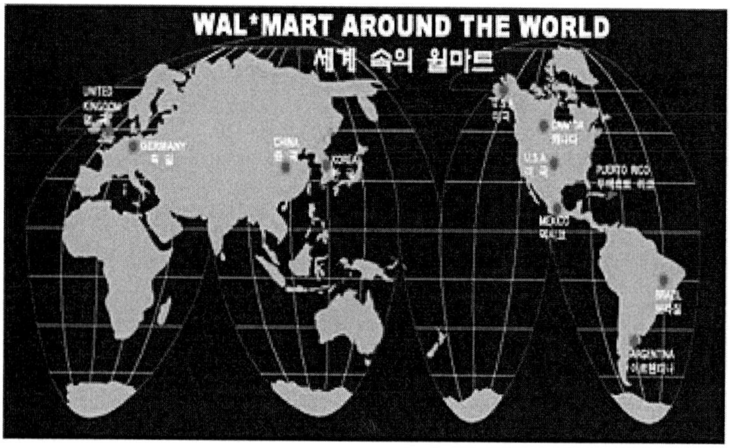

[그림 29-1]

그런데 이런 기록보다 놀라운 것은 월마트는 자사의 자체적인 생산 능력이 없이 단순히 유통만을 담당하는 업체임에도 이런 기록을 세웠다는 것이다. 미국의 한적한 시골 구석에서 소매점으로 출발한 월마트는 이제 미국은 물론 세계 최대의 유통업체로 우뚝 섰다. 세계경제가 불황과 호황을 거듭하는 동안에도 월마트는 꾸준한 고속성장을 거듭했는데, 이는 월마트가 추구한 경영 전략의 우수성을 말해준다. 특히 그들은 앞서 언급한 바와 같이 생산되는 제품이 없이 단순히 유통만을 담당하여 타사 제품을 판매하는 기업으로서 오로지 마케팅 전략을 통해 고객에게 제품을 전달하는 중간 매매상 역할을 하고 있는 기업이다.

월마트의 CRM 구축

인터넷의 폭발적이면서도 무서운 속도의 보급은 전통적인 마케팅의 영역에 많은 변화를 가져왔다. 그 결과 기업 마케팅의 핵심 전략인 CRM이 등장하게 되었다. CRM(Customer Relationship Management)이란 고객관계관리를 말하는 것으로, 선별된 고객으로부터 수익을 창출하고 장기적인 고객관계를 가능케 하는 솔루션을 말한다. 즉 CRM은 고객과 관련된 기업의 내·외부 자료를 분석, 통합하여 고객특성에 기초한 마케팅 활동을 계획하고, 지원하며, 평가하는 과정이다.

과거 마케팅의 주류는 대중 마케팅(Mass Marketing), 세분화 마케팅(Segmentation Marketing), 틈새 마케팅(Niche Marketing) 등으로 전반적인 마케팅을 차지하고 있었다. 하지만 컴퓨터와 인터넷통신의 급속한 발달에 의해 데이터베이스 기술이 발달하면서 이를 이용한 마케팅이 새롭게 부각되기에 이르렀다.

이에 따라 CRM은 데이터베이스마케팅의 한 영역으로 등장하게 되었다. 이제 CRM은 현대경영의 한 축으로 자리잡으면서 그 위치를 확고히 하고 있다. CRM을 다시 한번 간단히 표현하면 모든 고객을 똑같이 보지 않고 개별 고객의 회원정보, 구매이력, 홍보 및 광고의 반응에 대한 데이터를 축적시켜 타사와 차별화된 고객서비스를 펼치는 것이다. 즉, 자사의 고객을 영원히 유지시키기 위한 방법인 것이다. 현재 많은 기업들이 이 CRM의 위력을 인식하고 앞다퉈 도입을 서두르고 있는데 이미 CRM 경영을 실시해 그 성과를 톡톡히 보고 있는 세계의 초우량 기업들이 여럿 있고 그 중 대표적인 예로 월마트를 들 수 있다.

월마트에서는 'Neighborhood Retailing…'이라는 말을 쓴다. 월마트는 전 세계에서 가장 큰 유통업체로서 가장 많은 고객을 확보하고 있으면서 모든 고객을 유일한 고객인 것처럼 원투원 서비스를 하고 있고, 가장 많은 점포를 갖고 있으면서 모든 점포를 단일 점포 운영과 같은 시스템으로 운용하고 있다. 또 가장 많은 상품을 취급하면서 마치 단일 상품을 취급하는 동네 구멍가게와 같은 고객과의 릴레이션십 관리를 위하여 끊임없이 많은 투자를 하고 있다.

월마트는 다음 4가지의 전략을 중심으로 CRM 경영을 실시하고 있다.

· Every Day Low Price
· Low Cost Operation
· 고객만족
· 사원만족

실제로 매일매일 가장 싼 가격을 유지하기 위하여, 또한 가장 저렴한 비용으로 구매를 할 수 있는 시스템과 이와 같은 전략을 통하여 고객만족과 사원만족을 실현할 수 있었다.

이러한 것을 가능하게 하는 것이 바로 월마트가 전 세계에서 가장 큰 약 120테라바이트 규모의 데이터웨어하우스를 운영하고 있고 인공위성 3대를 이용한 전 점포의 획기적인 네트워크와 시스템을 구축하고 있기 때문이다. 또한 보다 정확한 고도의 고객 분석을 위하여 고객의 구매 이력도 요약 데이터가 아닌 상세 데이터를 그대로 가지고 분석한 결과라고 할 수 있다. 월마트는 세분화 경영을 통해 고객과 사원의 만족을 극대화 하고자 했다. 특히 CRM 자산화가 이를 가능하게 했는데 이는 CRM 경영 가치의 발굴과 CRM 경영의 행동화 전략으로 나누어 실행한 CRM 경영의 자산화를 통해 월마트의 세분화 경영을 엿볼 수 있다.

첫째, CRM 경영의 가치를 발굴한다.

기업은 기업의 목적을 효율적으로 달성하기 위해 경영을 하는 것이다. 그런데 이 같은 기업의 고효율성은 기업들이 노력하다고 해서 이루어지는 것이 아니다. 기업이 성장하고 번영하기 위해서는 목표를 달성하기 위해 수립한 전략이 기업 내부의 자원과 조직의 특성뿐만 아니라 외부환경과도 적절한 조화를 이루어야 한다. 그렇기에 월마트는 고객과의 열린 커뮤니티를 통해 항상 고객의 요구를 수용하고 귀기울임으로써 고객에게 최대한 가까이 다가설 수 있었고 성공한 기업경영이라 평가를 받는 것이다.

둘째, CRM 경영의 구체적인 행동화 전략을 세움으로서 현실적인 CRM 경영이 가능했던 것이다. 월마트는 무조건 제품이나 서비스 등을 생산해 놓고 판매한다는 생각은 이미 구식의 사고방식라고 여겨 이제는 제품이나 서비스 등을 생산하기에 앞서 고객 요구의 정확한 파악을 통해 제품을 기획하고 설계하며 이에 따라 마케팅을 해야 성공할 수 있다고 평가했다.

고객의 요구를 충족시키기 위해서는 먼저 고객이 누구인가를 정확히 파악해야하고, 철저한 분석을 통해 목표시장을 확인한 후 이 목표시장의 고객들이 과연 무엇을 원하는지를 알아야 한다. 즉, 듣기 좋은 말이나 그럴듯한 몇몇 자료만으로 고객을 현혹시켜 구매를 유도하는 방식의 마케팅 방법은 효과가 없다는 것을 월마트는 간파하고 월마트의 최하위 직원에서부터 회장까지 모두가 고객의 요구가 무엇인지를 묻고 연구하며 이에 따른 그들의 행동화 전략을 세워 실행했기에 고객 만족을 넘어 고객 감동까지 이어져 성공한 CRM 경영으로 평가 받고 있는 것이다.

월마트의 데이터베이스마케팅

월마트는 데이터베이스마케팅의 경영전략화를 통해 CRM의 성공을 더욱 원활하게 해 주었다. CRM 경영은 데이터베이스마케팅의 본질을 업그레이드하는 과정이라고 볼 수 있는데, 대용량의 데이터웨어하우스를 운영하고 아울러 인공위성이나 최첨단 장비와 시스템 등을 도입하고 활용함으로써 고객과 정보를 근거로 데이터 분석과 예측을 정확히 할 수 있었다. 즉, 고객정보와 거래정보를 하나로 묶는 데 성공했고, 나아가 고객과 일대일 커뮤니케이션이 가능해졌으며 목표고객의 설정을 더욱 유리하게 해 주었다.

특히 데이터웨어하우스 기반의 CRM 시스템은 판매분석, 회계분석, 재고분석 등 회사 전반의 모든 부분의 데이터가 저장되어 점포별, 개인별, 부서별,

지역별 등등의 가능한 모든 영역의 분석이 의사를 결정하는 데 기초를 제공하고 있는 것이다.

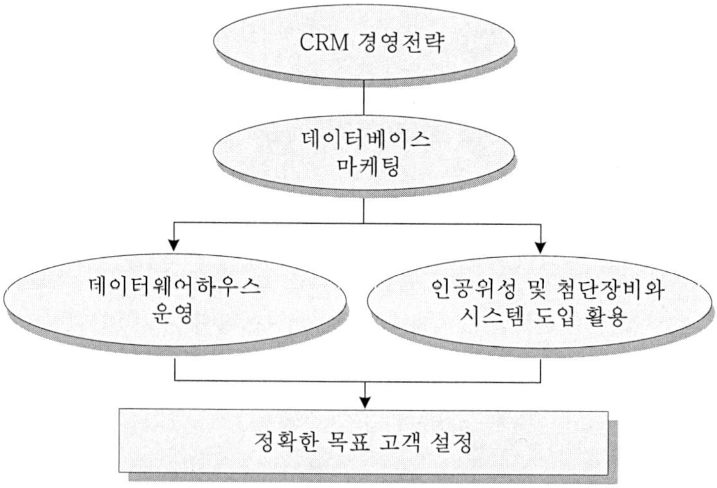

월마트의 CRM 성공을 위한 조건들

현재의 기업 경영에서는 아무리 좋은 시스템이라도 CEO의 적극적인 참여의식이나 지원이 이루어지지 않을 때, 그 시스템은 무용지물과 다름없다. 그러나 월마트의 전 CEO인 데이비드 그라스 씨는 적극적인 경영에의 참여로 월마트의 성공의 발판을 만들어 주었다. 특히 점포 내 재고상품의 효율화와 활성화를 위해 지역별, 점포별로 상품구성을 새롭게 했고, 구매동향분석이나 경향분석으로 탄력있는 수요예측도 가능하게 했다. 그리고 공급사슬 내 재고의 효율화를 위해서 운송이나 배송의 효율화 등에서 많은 노력을 기울였다. 바로 리더십이 CRM 성공의 조건임을 보여주는 사례이다.

다음으로 CRM의 발생 동기에 대해 다시 한번 생각해보면, CRM은 보다 많은 고객의 요구를 충족시켜 결국 고객에게 만족을 주고 이를 통해 고객과의 원활한 관계를 유지해 경영을 성공적으로 하자는 데 목적이 있다. 그러면 월마트는 고객의 요구 등을 어떠한 방법으로 수집하고 정리했으며 최종적으로 고객에게 어떻게 만족을 주고 있는가?

월마트는 고객 정보가 무엇보다도 중요하다는 것을 깨닫고 고객의 정보를 모으는 데 과감히 비용을 투자했다. 성별이나 연령, 주소조차 제대로 기재되어 있지 않은 과거의 설문조사로는 부족함을 많이 느껴 고객에게 포인트 카드와 같은 할인 혜택을 제공하는 대신 고객으로부터 정밀도가 높은 회원 정보를 수집했다. 단순히 가격 할인에 의한 차별화를 추구한다면 저가격 경쟁에 매달리는 꼴이 되어 경영 환경을 악화시킬 뿐이다. 그러나 고객 정보의 분석에 의해 고객 요구를 파악하고, 상품과 서비스를 충실히 하는 경쟁력을 강화함으로써 고객 정보 수집 비용을 회수하는 길을 열었던 것이다.

다음으로 현재의 경영환경은 급속도로 변화하고 있다. 변화에 적응하지 못하거나 이를 따라잡지 못한다는 것은 곧 기업의 도태를 의미한다. 월마트는 이를 극복하기 위해 행동 데이터를 통합하는 방법을 제시했다. 이는 성별이나 연령 같은 기본 속성뿐만 아니라 행동 유형에 따른 세분화 등에서 나온 특징적인 고객 정보가 CRM의 요소가 된다는 것을 보여준다. 행동 유형의 데이터를 수집하기 위해서는 업무별로 각각 모아 둔 고객과의 관계 데이터를 통합해야만 하는데 이는 영업사원과 접촉한 이력, 구매이력, 캠페인이력, 홈페이지 접속 기록 등을 통합하는 것이다.

CRM의 미래

마지막으로 요즘 들어 CRM이 eCRM으로 한층 더 성숙해지고 변화하는 모습을 볼 수 있다. 여기서 eCRM은 Electronic Customer & Relationship Management의 약자로 e비즈니스 환경 아래에서 전개되는 CRM을 말한다. 인터넷고객관계관리라고도 한다. 곧 인터넷상에서 발생하는 모든 데이터와 오프라인 데이터를 이용하여 고객정보를 구축하고, 이를 바탕으로 재구축한 고객관계관리이다. CRM이 마케팅 분야에서 중요한 역할을 하게 되고, 인터넷을 통한 전자상거래가 급성장하면서 등장하게 되었다.

이는 장기적 고객관리를 가능하게 해주는 CRM과는 달리 실시간으로 고객의 성향에 따라 차별화된 서비스를 신속하게 제공한다. 특히 쌍방향 커뮤니

케이션을 통한 일대일 마케팅으로 고객의 행동 패턴을 더욱 용이하게 분석할 수 있으며, 초기 구축비용이 적게 든다. 또한 관리비용도 줄일 수 있고, 시간과 공간의 한계도 탈피할 수 있다. 기존 사업을 강화함은 물론, 신규 사업으로의 진출도 쉽게 해주는 가치네트워크를 지원하는 필수적인 기술로도 손꼽힌다. 대표적인 예로 야후나 아마존 등이 기존 사업에 머물지 않고 쇼핑몰 사업 등으로 영역을 넓힌 것을 들 수 있다. 물론 월마트도 eCRM을 통해 효과를 보고 있으며, 그 효과를 몇 가지로 요약해 본다.

· 광고비 절감
· 특정 캠페인의 효과를 파악하기가 용이
· 제품개발과 출시과정에 소요되는 시간을 절약
· 가격이 아닌 서비스를 통해 기업 경쟁력 확보
· 특정 고객의 요구에 초점을 맞춤으로써 표적화가 용이
· 고객이 창출하는 부가가치에 따라 마케팅비용을 사용하는 것이 가능
· 고객 채널의 이용률을 개선함으로써 개별고객과의 접촉을 최대한 활용

월마트는 CRM과 최근 들어 eCRM을 도입해 고객접촉비용을 절감하고 수익성과 지속적인 매출성장을 이루었다. 그러나 앞으로 eCRM이 완벽한 성공의 전략으로 자리잡기 위해서는 마케팅과 테크놀로지 그리고 구성원이라는 요소를 통합해야 할 것이다. 즉, 기존의 채널과 첨단 인터넷 채널을 어떻게 통합할 것인지, 기존 채널 파트너들과의 갈등을 어떻게 해결할 것인지, 새로 구축될 인터넷 채널이 단순히 전통 채널을 잠식하는 것이 아니라 신규고객 유치의 새로운 매개체라는 사실을 어떻게 입증할 것인지에 대해 곰곰이 생각

해 볼 필요가 있다.

CRM과 eCRM은 혁신적이면서도 고객중심적인 마케팅이라 할 수 있다. 그리고 혁신의 매개체는 테크놀로지이다. 따라서 우리는 CRM과 eCRM의 성과는 투자한 비용과 노력을 충분히 했을 경우에 극대화된다는 것을 명심하고 아낌없는 투자와 노력으로 성공하는 기업이 되도록 해야 할 것이다.

연습문제

1. CRM의 어원에 대해 설명하시오.
2. CRM의 이론에 대해 설명하시오.
3. 월마트의 CRM 구축에 대한 효과에 대해 설명하시오.
4. 월마트의 4가지 전략은 무엇인가?
5. 데이터베이스마케팅이란 무엇인가?
6. CRM의 미래 모형에 대해 설명하시오.
7. 국내 CRM의 도입에 대해 설명하시오.
8. 국내 CRM 구축 성공 사례를 조사하시오.
9. 해외 CRM 구축 성공 사례를 조사하시오.
10. 대학 내에서 실현이 가능한 CRM은 어떤 것이 있는지 설명하시오.

참고문헌

스탠리 브라운(2001), 「세계최고 기업들의 CRM 전략」, 21세기북스.
사와노보리 히데아키(2000), 「e-CRM 마케팅」, 국일증권경제연구소.
딕 리(2001), 「돈되는 CRM, 성공하는 CRM, 실패하는 CRM」, 물푸레.
김병도(2001), 「CRM을 이끄는 세계적 기업 21 : 성공적인 CRM 구축을 위한 솔루션」, 서울대학교출판부.

한동철(2001), 「고객관계관리 = Customer Relationship Management : CRM」, 우용.

이화직(2000), 「CRM의 이론과 사례」, 한국능률협회.

장 정(2000), 「아마존이냐 e-Bay냐?」, 해일.

http://www.walmartstores.com

http://www.crmpark.com

제 30 장

P&G 사의 ERP (1999년)

1991년 미국의 시장조사 컨설턴트 회사인 '가트너 그룹(Gartner Group)'에서 기존의 MRPII 시스템을 능가하는, 정보기술면에서 우수한 차세대 생산관리 시스템이 탄생하였다. MRPII의 확장된 개념인 ERP는 생산 분야뿐만 아니라 인사, 회계, 영업, 경영자 정보 등 경영관점에서 전사적(Enterprise)인 자원(Resource)의 효율적인 관리(Planning)가 주목적이다. 1990년대에 들어 글로벌 경쟁체제에 돌입하면서 급변하는 경영환경과 보편적인 컴퓨터의 사용 및 시장구조가 생산자 중심에서 소비자(고객) 중심으로 전환되어 가고 있는 가운데 기업체들은 살아남기 위해서 IT자원을 활용한 첨단의 경영기법을 도입해야 하는 상황에 처하게 되었고 자연스럽게 ERP(Enterprise Resource Planning : 전사적 자원관리) 시스템이 주목을 받게 된 것이다.

ERP로의 확장

인터넷 시대에 들어와 있고 경영 프로세스 시스템에 큰 변화가 일어나고 있으므로 최상의 프로세스, 고객지향 시스템 구현과 새로운 패러다임의 프로세스 구축으로 환경에 능동적으로 대처하는 방식이 21세기에 기업이 살아남을 수 있는 생존 방식이다.

1991년 미국의 시장조사 컨설턴트 회사인 '가트너 그룹(Gartner Group)'에서 기존의 MRP II 시스템을 능가하는, 정보기술면에서 우수한 차세대 생산관리 시스템이 탄생하였다. MRPII의 확장된 개념인 ERP는 생산 분야뿐만 아니라 인사, 회계, 영업, 경영자 정보 등 경영관점에서 전사적(Enterprise)인 자원(Resource)의 효율적인 관리(Planning)가 주목적이다. 1990년대에 들어 글로벌 경쟁체제에 돌입하면서 급변하는 경영환경과 보편적인 컴퓨터의 사용 및 시장구조가 생산자 중심에서 소비자(고객) 중심으로 전환되어 가고 있는 가운데 기업체들은 살아남기 위해서 IT자원을 활용한 첨단의 경영기법을 도입해야 하는 상황에 처하게 되었고 자연스럽게 ERP(Enterprise Resource Planning : 전사적 자원관리) 시스템이 주목을 받게 된 것이다.

P&G 사의 ERP

P&G는 1837년 미국 오하이오 주 신시내티에서 영국의 양초 제조업자였던

William Procter & James Gamble(1837)

윌리엄 프록터(William Procter)와 아일랜드의 비누 제조업자였던 제임스 갬블(James Gamble)에 의해 설립되었으며 처음에는 양초와 비누 제품을 생산, 판매하는 소규모 제조업체였다. 현재는 세계 140여 개국 이상에 진출해서 현지 법인 및 공장을 보유하고 있으며 유아용품, 모발용품, 여성위생용품, 식·음료품, 세정 및 가정용품, 종이 관련 제품 등 6개 제품 분야에서 약 300여 개의 제품을 생산하고 있는 대규모 기업이다. 그리고 『포춘』지가 선정한 세계 500대 기업에 속해 있으며 2003년의 총매출액이 434억 달러, 순수익 52억 달러, 종업원 11만여 명, 현지 법인이 80여 개국에 있는 기업이다.

P&G는 유통업체의 입장에서 보았을 경우에는 공급업체의 위치에 있는 동시에 P&G 자체가 외부 공급업체에게 하청 및 자재발주를 하므로 구매업체의 위치를 동시에 지니고 있는 기업이다.

산업특성상 산업 집중도가 높기 때문에 지속적인 제품 판매량의 증가에도 불구하고 경쟁 제품과의 치열한 가격경쟁은 불가피하며 이로 인해 공급업체의 원가 절감이 필요했다. 그리고 여러 공급업체와 단기 계약을 맺고 있어서 업체 간 품질 수준 및 생산 일정의 차이가 있기 때문에 회사에서 원하는 제품을 안정적으로 공급받지 못하는 결과를 가져왔다. 또한 판매 전략이 다양하다보니 시장의 전체 수요에 맞는 예측이 사실상 어렵게 되는 문제점이 나타났다. 결국 제조업체와 유통업체들의 효과적인 생산계획과 판매계획을 수립하기 어렵고 이러한 현상은 공급사슬 내의 구성원들에게 보다 많은 재고를 부담시키는 결과를 초래하였다.

이러한 문제를 해결하기 위하여 P&G는 1990년대에 유통형태의 변형을 시도하였다. 그 가운데 하나는 공급사슬 내에 있는 구성원 상호 간에 보다 협력적이고 생산적인 관계를 재구축하는 것이다. 이전에는 우월한 위치를 이용하여 자사의 비효율성으로 인해 발생되는 비용까지 공급업체에 일방적으로 부담시키고 각종 원가, 품질 등에 대한 정보 제공도 이루어지지 않았었다. 이러한 문제점을 개선하여 구성원들의 협력 관계가 증대되면 공급사슬의 효율성이 향상되었고, 제품의 시장 점유율을 높이기 위해서는 공급사슬 구성원 간의 정보공유가 필요하다는 인식을 지니게 되었다. 그리고 정보흐름의 향상을 위해서 공급사슬상에서 불필요하게 원가 증대를 가져오는 왜곡된 업무 프로세스를 전면 수정하고자 하였다. 이를 통해 창출된 이익이 공급사슬상의 구성원들에게 다시 돌아갈 것이라 생각하였다.

이러한 인식을 가지고 P&G는 공급업체 및 구매업체 간의 정보흐름을 원활하게 하기 위해서 IT기술을 수단으로 이용하여 공급사슬 프로세스를 전면 수정하고자 하였다. 이에 1999년 ERP 패키지의 하나인 SAP R/3를 도입하여 1년에 걸친 구축 프로젝트를 실시하였다. ERP 시스템의 도입으로 자사의 전체 업무 프로세스의 최적화를 기본 목표로 하여 궁극적으로는 자사와 자사의 공급업체 및 구매업체까지도 하나의 공급사슬라인으로 생각하고 공급사슬의 최적화에 초점을 맞추고자 하였다.

[그림 30-1] ERP 시스템의 진화과정(자사 최적화 → 공급사슬 최적화)

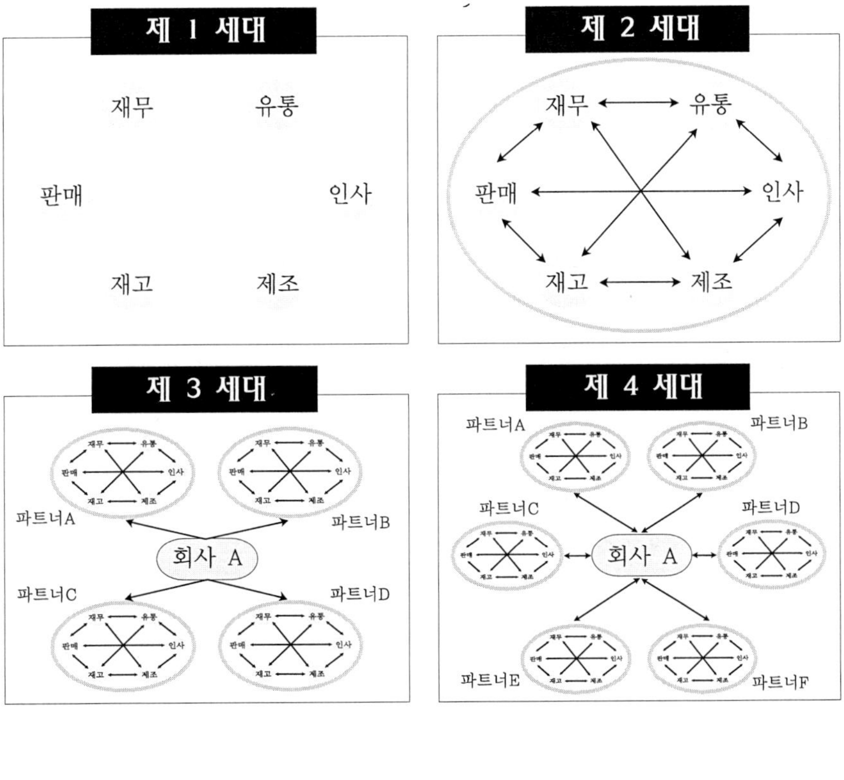

그리고 자재의 안정적인 수급을 위하여 원가, 납기, 품질과 기술 등 4부분으로 분류하고 공급업체를 재평가하여 소수의 공급업체와 계약을 실시하였는데 기존의 단기적인 계약이 아닌 장기 계약을 하였다. 그리고 P&G의 내부 구성원들에게 준하는 정보 제공을 실시하여 공급업체가 실시간으로 ERP 시스템을 통해 P&G의 재고수준을 파악할 수 있게 하였다. 이를 통해 공급업체와 자사의 생산 일정을 보다 안정적이고 탄력적으로 운영할 수 있게 되었다. 또한 P&G의 입장에서도 자사의 재고 수준을 공개함으로써 공급업체로 하여금 생산 일정을 이에 맞추어 사전에 미리 대응할 수 있게 함으로써 자재의 안정적인 공급을 확보할 수 있게 되었으며 안전재고의 수준을 일정 수준 이하로 감소시킬 수 있게 되었다.

이렇게 구매업체 P&G와 공급업체 간의 생산 일정에 관한 연동이 시스템적으로 이루어지게 됨으로써 판매 요구량 예측의 실패에서 오는 후속 프로세스의 업무예측 위험부담을 감소시킬 수 있게 되었다.

또한 새로운 주문 프로세스에서는 P&G에서 발행한 구매오더를 공급업체가 모니터할 수 있으므로 이를 통해 공급업체는 자체 생산일정을 계획할 수 있었다. P&G는 납품 프로세스에서 공급업체의 생산일정을 파악할 수 있게 되었으며 이를 바탕으로 고객의 납품 요구일에 납기가 가능한지에 대한 예측력을 개선할 수 있게 되었다. 그리고 DRP(Distribution Resource Planning) 개념을 도입하여 수요 예측의 부정확성에 대한 일정 부분을 개선하게 되었다.

P&G는 프로젝트 완료 후 일정 시점에서 개선효과의 정도를 평가한 결과 오른쪽 그림과 같은 결과를 얻게 되었다.

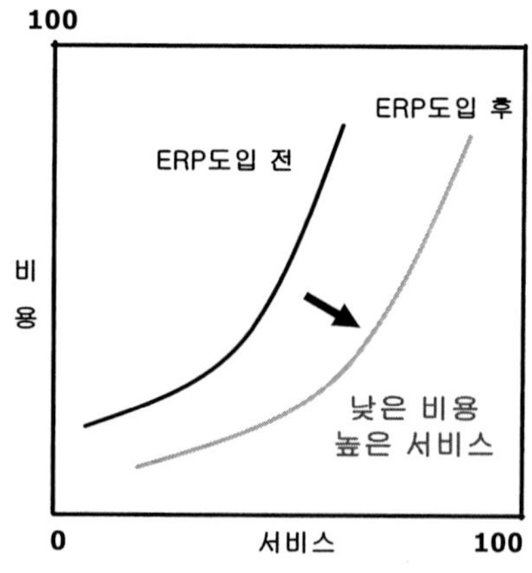

[그림 30-2] ERP 도입 후 성과

ERP 시스템의 도입 후 P&G는 주문 주기의 30%, 제조 주기 30%, 물류 시간 26%, 배달 주기 25%, 개발 리드 타임 30%가 각각 감소하였다. 또한 공급업체의 수도 소수로 줄였고 수요 예측 정확도 향상 등에 대한 개선이 이루어졌다.

결국 P&G는 공급사슬 내의 불필요한 프로세스를 제거함으로써 고객의 가치를 증대하고 기업 간의 Win-Win 전략을 달성할 수 있도록 노력하였다. 이것은 제조업체, 유통업체, 공급업체의 물류체계가 너무 비효율적이라는 생각에서 시작되었다고 할 수 있다.

그리고 이러한 공급사슬 전체의 프로세스 효율성을 개선하기 위해 IT기술을 도입함으로써 시스템의 개선과 함께 프로세스의 혁신도 이룰 수 있었다. 이것은 한편으로는 프로세스 개선을 위한 활동은 일시적인 것이 아니며 지속적인 평가 및 보완작업이 진행되어야 초기에 설정했던 목표를 달성할 수 있다는 점을 알려준다.

ERP의 어제와 오늘 그리고 내일

ERP는 어느 날 갑자기 만들어진 새로운 개념이 아니다. 1970년대에 EDPS (Electronic Data Process System)라고 하여 수작업으로 처리하던 트랜잭션을 전자화하여 빠르고 정확하게 처리하는 것을 가리키며, 그 당시에는 급여 계산, 회계 전표 처리 등을 주요업무 대상으로 하였다. 그리고 이 당시 기업의 가장 큰 고민거리인 재고를 줄일 목적으로 MRP(Material Requirement Planning)라는 자재수급관리 시스템이 등장하였다.

MRP는 제품, 특히 조립제품을 적기에 생산하기 위해 부품이 투입되는 시점과 투입되는 양을 관리하기 위한 생산관리 시스템이라 할 수 있다. 이러한 시스템은 일정한 기준 정보에 근거하여 물품 소요량을 예측하고 모든 제조활동과 관리활동을 계획에 따라 진행한다. MRP 시스템의 도입으로 많은 기업들이 이전보다 자원의 능률적인 활용이 많이 개선되었다. 하지만 컴퓨터와 통신기술의 부족 등 정보통신기술이 낙후하여 이를 완벽하게 구현하지 못하는 한계점을 가지고 있었다.

1980년대를 풍미하였던 경영 정보 시스템(MIS : Management Information System)은 한 때 기업의 최적 시스템으로 등장하였으며 MRP II 시스템은 기존의 자재뿐만 아니라 생산에 필요한 모든 자원을 효율적으로 관리하기 위해 MRP의 확장 개념으로 등장하였다.

1990년대에 들어 컴퓨터의 빠른 전개로 인하여 생긴 개념으로 특히 경영 및 정보기술(IT) 환경의 변화에 따라 기업들은 기존의 MRP, MRP II를 넘어서는 또 다른 요구를 하게 되었다. 즉 고객, 하청회사 등 상·하위 공급체계와 설계, 영업, 원가회계 등 회사 내 관련부서의 업무를 동시에 고려하지 않고서는 이전보다 복잡한 의사결정을 올바르게 내릴 수 없다는 인식을 하게 되면서 자연스럽게 생긴 개념으로 ERP(Enterprise Resource Planning : 전사적 자원관리)가 등장하였다.

그리고 1990년대 후반에 접어들면서는 인터넷의 보급과 확산으로 기업활동 영역이 외부로 더욱 확장됨에 따라, 내부업무통합과 아울러 외부 여러 관계를 관리하는 영역까지 확대하고, CRM(Customer Relationship Management : 고객관계관리), SCM(Supply Chain Management : 공급사슬관리), EC(Electronic Commerce : 전자상거래) 기능까지 구현하는 확장형 ERP(X-ERP)로 발전하였다.

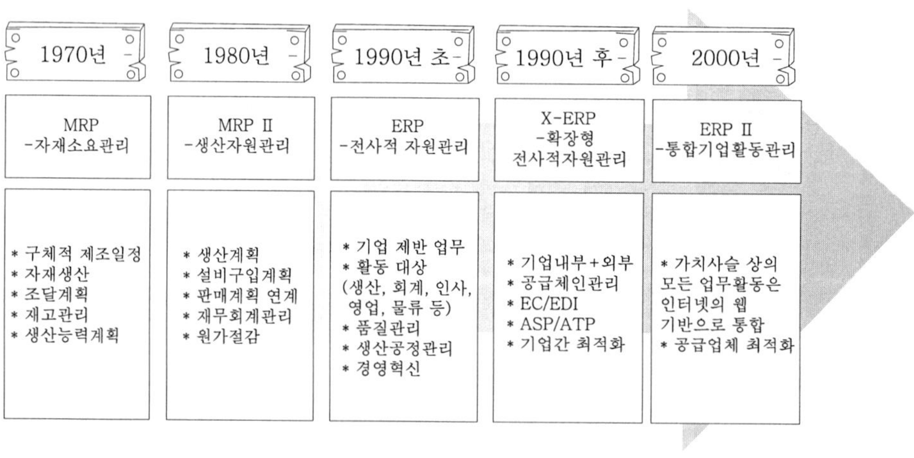

[그림 30-3] ERP의 발전 과정

2000년대 후반 가트너그룹은 이전의 확장형 ERP의 개념을 보다 확대하여 기업의 외부활동과 내부활동을 통합하는 기능을 지닌 새로운 패러다임으로 ERP II (Enterprise Resource Planning II : 통합기업활동관리) 개념을 주장하였다. 이는 기존의 ERP 시스템의 효용을 증가시킬 수 있으나 아직 그 완성도가 떨어진다는 단점을 지니고 있다.

ERP라는 개념에 대한 정의는 여러 가지가 있겠지만 미국생산재고관리협회(APICS : American Production and Inventory Control Society)에 의하면 ERP란 '정보 기술을 활용하여 주문에서 제품 출하까지의 일련의 공급 사슬(supply chain)과, 관리 회계·재무 회계·인사 관리를 포함한 기업의 기본 업무를 지원하는 통합 정보 시스템'이라 정의를 내리고 있다. 또한 가트너그룹의 정의에 의하면 'ERP는 제조(manufacturing), 재무(financial), 물류(logistics/distribution) 그리고 다른 경영 기능(business function)이 제대로 기능을 발휘할 수 있는 응용 프로그램의 집합'이라 한다.

[그림 30-4] 효율적 관리시스템 ERP

ERP 시스템의 필요성

ERP 시스템을 도입하게 되면 업무측면에서는 원재료, 제품, 저장품 등의 재고 관리 능력이 향상되고, 계획생산체제구축이 가능해진다. 또한 생산실적 관리도 편리해진다. 또한 정보의 원활한 공유가 가능해지고, 영업에서 자재, 생산, 원가, 회계에 이르는 정보의 흐름이 일원화된다.

통합정보시스템

기업이 성장하면서 기업이 사용하고 있는 문서는 다양해진다. 또한 이러한 문서의 이동경로도 시간이 갈수록 다양화되고 있다. 그리고 정보 기술이 발달하면서 매체 역시 그 수가 다양해지며 이들의 저장, 표준화 그리고 통합화 등은 대단히 복잡하고 어렵다. 따라서 기업은 이를 해결하는 통합시스템이 필요하다. ERP 시스템은 첨단의 정보기술을 활용하여 회사 내 전체 업무를 마치 하나의 업무처럼 통합시킬 뿐만 아니라 실시간으로 모든 업무를 거의 동시에 처리할 수 있도록 설계되어 있다.

ERP 시스템을 도입하게 되면 기업 내의 영업, 생산, 구매, 자재, 회계 등 모든 조직과 업무가 통합되어 실시간으로 통합 처리된다. 이러한 업무통합을 통해 부분 최적에서 전체 최적화가 가능하게 되었고, 작업(task) 중심적인 업무처리 방식이 고객 지향적인 프로세스(process) 중심적으로 전환되어진다. 또한 모든 시스템이 통합되어 있기 때문에 어떠한 정보라도 2~3번 중복적으로 입력 내지 처리할 필요 없이 한번의 입력으로 거의 모든 처리가 끝나게 되는 'One Fact One Place'가 가능하게 된다.

세계적인 표준 업무 프로세스

21세기로 접어들면서 기업은 경쟁력을 높이기 위해 기업 내의 자원뿐만 아니라 외부의 자원 모두를 통합 관리해야 한다. 그리고 전문화 및 복잡화됨에 따라 의사결정 문제가 어렵게 되었다. 이에 부분적인 문제를 통합하고 정보를 체계화하여 의사결정을 할 수 있는 시스템이 필요하다. ERP 시스템은 첨단 경영기법을 연구하고 세계 초일류 기업의 선진 프로세스를 벤치마킹하여 프로세스를 구성하였기 때문에 ERP 패키지에서 구현된 프로세스 자체가 세계적인 표준 업무 프로세스라고 할 수 있다. 이러한 표준 프로세스의 도입을 통해 기업체들은 별도의 투자 없이 자동적으로 업무절차혁신(Business Process Reengineering : BPR)을 하게 되는 효과를 얻을 수 있다. 또한 국내 기업체들이 전자, 화학, 자동차, 선박 등 여러 업종별로 세계 수준의 다른 외국 기업들과의 경쟁에서 이기기 위해서는 과거의 경영 프로세스에서 벗어난 새로운 경영방식과 프로세스가 필요하다.

비용절감, 신속한 구축

일반적으로 ERP 시스템을 구축하는 데에는 기존의 시스템에 비하여 엄청난 비용이 든다. 더욱이 새로운 시스템을 구축함에 있어서 초기에 여러 시행착오를 겪고 고가의 컨설팅 비용을 지급하다보니 기업으로 보면 큰 손실이라 할 수도 있다. 하지만 단기적으로 눈에 보이는 관점이 아닌 중·장기적인 관점에서 보면 오히려 기존의 시스템보다 ERP 시스템이 비용이 적게 든다. 즉, 기존의 MIS의 경우 BPR 비용, 외주용역 개발비용 또는 자체 전산자원 운용비용, 유지보수 비용뿐만 아니라 급변하는 경영환경에 불가피하게 쫓아가는 전산 자원을 유지하는 데 많은 비용이 든다. 또한 아무리 신속하게 시스템을 구축하더라도 1년 이상의 시간이 소요되기 때문에 효율적인 시스템 구축이 어렵다고 할 수 있다.

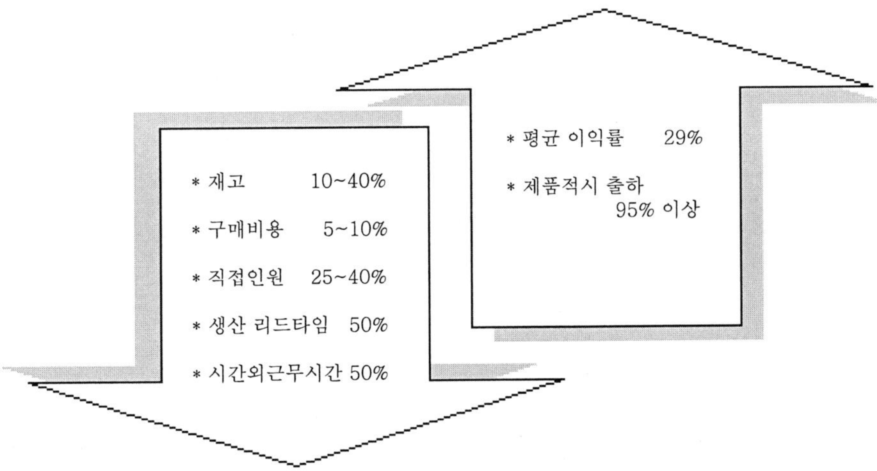

[그림 30-5] 1,480개 기업체의 ERP 도입 효과 분석 : 미국생산재고관리협회(APICS)

이에 반하여 ERP는 초기 구축비용이 많이 들지만, 추가비용면에서는 패키지의 업그레이드 비용만 부담하게 됨으로 상당한 비용이 절감될 수 있다. 그리고 ERP 시스템을 구축하는 데에 6개월 정도가 소요되기 때문에 급변하는 경영환경에 보다 정확하고 효율적으로 적용할 수 있다.

그룹웨어 연동

그룹웨어(Groupware)는 다수의 사람이 서로 협력하면서 공동으로 진행하는 지적인 작업을 지원하기 위한 소프트웨어이다. 일반적으로 그룹웨어에서는 전자메일, 전자게시판, 공용데이터베이스, 전자결재, Work-flow(작업의 흐름을 관리하는 기능) 등의 기능이 제공된다. 이러한 그룹웨어 기능과 영업, 생산, 구매, 자재, 회계 등 기간업무 시스템과의 연동은 필수적이라고 할 수 있다. ERP 시스템의 경우 패키지 자체 내에 이러한 그룹웨어 기능들을 내장하고 있으며, 자체 내에 그룹웨어 시스템이 없는 경우에도 외부 그룹웨어 시스템과의 연계를 통해 그룹웨어 기능을 제공하고 있다. 이를 통해 기존의 단순하며 일반적인 관계에서 상호보완하며 공존하게 됨으로써 업무 증대를 이룰 수 있다.

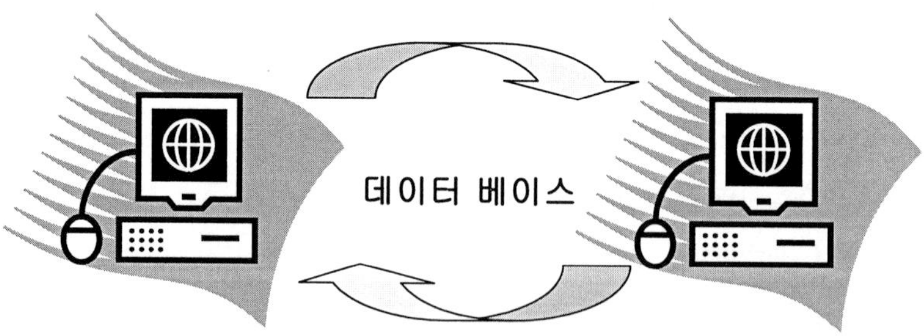

[그림 30-6] 그룹웨어 연동

ERP의 10계명

ERP를 도입하는 기업이 계약하는 마지막 순간까지 아무리 치밀한 분석과 평가를 진행했다고 하더라도 파악한 내용은 빙산의 일각에 불과하다고 밖에 볼 수 없다. 그만큼 최종적으로 도입이 끝난 후 얻게 될 최종 결과는 정확히 그려낼 수 없고, 구축 과정상에 다양한 변수가 존재하기 때문이다. 따라서 다음에 열거하는 열 가지 요소는 이러한 미래의 불확실성을 최소화하고, 만일 검토과정에서 예측치 못했던 변수가 발생하더라도 효과적으로 극복해 낼 수 있는 내성을 기르는 데 도움이 되는 내용이다.

ERP를 소프트웨어라고 생각하지 말라.

ERP 도입 목적을 명확히 정립하라.

경영층의 적극적 참여가 보장되어야 한다.

패키지에 대한 편협한 시각을 버려라.

전산인력의 위상은 변화되어야 한다.

과거의 실패에 연연하지 마라.

내용도 보기 전에 비용부터 고민하지 마라.

사례는 참조만 하라.

나무만 보지 말고 숲을 바라보라.

확실한 솔루션과 풍부한 경험을 지닌 파트너를 찾아라.

연습문제

1. ERP의 등장배경에 대해 설명하시오.
2. MRP, ERP에 대한 정의 및 차이점에 대해 설명하시오.
3. 왜 ERP가 필요한지 논하시오.
4. ERP의 특성에 대해 기능적인 측면과 기술적인 측면으로 나누어 설명하시오.
5. ERP의 도입 및 선정기준 절차에 대해 간단히 설명하시오.
6. ERP의 구축 과정을 4단계로 나누어 설명하시오.
7. ERP의 추진 시 한계점 및 문제점에 대해시 논하시오.
8. 국내 기업에서의 ERP의 사례를 들어 설명하시오.
9. 앞으로 ERP의 전망 및 발전 방향에 대하여 논하시오.
10. ERP 구축 및 실시에 있어서 기업과 개인이 필요한 것은 무엇인지 논하시오.

참고문헌

변지석(2003),「ERP를 통한 경영혁신」, 라이트북닷컴.

김계수(2004),「21C web기반의 ERP구축 이론과 실무」, 우용.

오우라 유조, 김양욱(1999),「업무혁신을 위한 ERP 성공포인트 98」, 21세기북스.

Norris, Grant(2000),「e-비즈니스와 ERP : 엔터프라이즈 혁명」, 물푸레.

요시카와 히로유키(2003),「(ERP로 실현하는) 업무혁신 프로젝트」, 대청.

최성, 김계철(2003),「(기업정보화를 대비한) ERP 시스템 기초」, 전자신문사.

김두경, 권순식(2002),「ERP 시스템 활용과 CRM의 이해」, 사이버.

한국오라클(2001),「(e-비즈니스를 위한 ERP) Oracle applications」, 한국오라클.

윤정모(2001),「(e-business를 위한) uniERP 실무사례연구」, 상조사.

박병형(2001), 「(한 권으로 끝내는) e-ERP」, 태영.

이동길(2000), 「e-비즈니스와 확장형 ERP」, MIT 경영과 정보기술.

박진우(2001), 「(사례를 통한) ERP 도입전략과 비즈니스 개혁」, 박영사.

신철(1999), 「(알기 쉬운) ERP」, 미래와 경영.

이동길(1999), 「ERP 전략과 실천」, 대청.

윤재봉, 김명식, 권태경(1998), 「ERP, 경영혁신의 새로운 패러다임」, 대청.

제 31 장

생산성 혁신의 순서

우리 기업들이 왜 생산성 혁신을 비롯한 경영 혁신에서 실패하는 것일까? 그것은 단순하다. 경영 혁신의 성공 요소는 두 가지로 요약할 수 있는데, 첫째는 타이밍(시기의 적절성)이고, 그 다음이 어프로치(접근 방법의 합리성)이다. 그런데 우리 기업들이 이러한 시기와 접근 방법을 무시하고 서두르기 때문이다. 어떻게 하면 성공할 수 있는가? 그것은 기업의 환경에 적합한 경영 혁신 기법을 선정해서 합리적 절차에 따라 수행하는 것이다. 그 합리적 절차는 5S 3I로 요약할 수 있다.

5S 3I란 무엇인가

5S 3I란 [그림 31-1]에서 보는 바와 같이 경영 혁신 절차 8단계의 머리 글자를 딴 것으로 생산성 혁신 200년사에서 연구한 역사의 편년사를 종목으로 나열한 것에 불과하다. 이 책에서 전부 검토하지는 못했지만 [표 31-1]로 첨부한 생산성 혁신의 200년사 연표를 참조하면 우리 기업이 어떤 순서로 경영 혁신을 진행할 것인가 에 대한 해답이 제공될 것이다. 역사 연표에 나타난 생산성 혁신 운동 또는 기법은 그 시대적 환경에서 기업이 부딪친 경영환경에 맞게 개발된 시대적 산물이다. 우리나라가 아무리 경제 성장이 빠르다고 해도 다만 그 기간을 단축할 뿐이지 선진국이 경험한 환경을 뛰어넘지는 못한다. 이러한 의미에서 선진국 기업들이 성장하면서 거친 생산성 혁신의 순서를 우리도 짧게나마 밟지 않으면 안 되는 것이다. 기업이 먼저 생산성 혁신을 생각할 때는 먼저 전문화를 생각해야 한다. 이것은 생산성 역사의 최초가 아담 스미스의 분업론에 의한 전문화(1776년)에서 출발하기 때문이다. 여기서 말하는 전문화란 크게는 기업의 업종의 전문화를 요구한다. 최근의 삼풍아파트의 사고를 비롯한 각종 사고에서 제일 먼저 지적되는 것이 우리나라의 각 부문에 걸친 전문가의 부족이다. 이러한 면에서 최근 기업에서 지방화·세계화 시대를 맞이하여 지역 전문가를 양성하고 하청업체를 수직계열화하는 등 전문화 열풍이 부는 것은 지극히 다행한 일이라고 생각된다.

전문화 다음으로 생각할 수 있는 것이 표준화이다. 이미 살펴본 것과 같이 표준화는 1798년 휘트니에 의해서 제기되어 미국의 남북 전쟁에서 북군을

[표 31-1] 생산관리의 역사 연표

연 대			1700	1800	1900	1920	1930	1940
현대동향			1760년경 산업혁명(영) 1776 미국독립선언	1868 명치유신 1869 대륙횡단철도(미)	1904~1905 노일전쟁 1914~1918 제1차세계대전	1922 소연방수립 1929 경제공황		1939~1945 제2차세계대전 1945 대한민국정부수립
생산관리	관리기술	경영관리 공장관리 종 합		1815 공장제도 : 오엔(영) 1867 자본론 : 마르크스(독)	1916 관리의 원리 : 파욜(프)	1924 호손 실험 : 메이요(미)	1938 경영자의 역할 : 버나드(미) 1939 인간관계론 : 뢰스리스버거(미)	1940경 TWI, MTP, CCS : 미 해군(미) 1946 시스템론 : 리카드(미) 1948 조직과관리 : 버나드(미)
생산관리	관리기술	작업관리	1776 분업의 원리 : 아담 스미스(영)	1881 시간연구 : 테일러(미) 동작연구 : 길브레스 (미)	1911 과학적관리법 : 테일러(미) 1913 컨베이어시스 템 : 포드(미)		1934 워크샘플링 : 티벳(영) 1934 WF법 : 클라크(미)	1940 MTM법 : 메이나드(미)
생산관리	관리기술	공정관리			1914 칸트차트 : 칸트(미)			
생산관리	관리기술	품질관리 (표준화)	1798 호환성의 원리 : 휘트니(미)			1924 관리도 : 슈하르트(미) 1920년대 실험계획법 : 피셔(영)		1941 발췌검사법 : 닷찌, 로미그
생산관리	관리기술	원가관리 (이익 관리)			1912 표 준 원 가 계 산 : 에머슨(미)	1920 손익분기점도표 : 노잇벨	1936 GT : 미토르파소 (소)	1949 VA : GE사(미)
생산관리	관리기술	타관리 기 법				1920 일본초컨설턴트 : 上野陽一		
생산관리	고유기술 (통신 등 컴퓨터)		1775 원절보링반 : 윌킨슨(영) 1797 나사절삭선반 : 머슬리(영)	1811~1817 기계타파운동(영) 1818 모방선반 : 브랜차드 (미) 1835 자동반 : 위트위스(영) 1880년대 전용기, 단능공작기 (미)		1924 트랜스퍼머신 : 모리스모 터스(영)		1945 전산기 : 폰 노이만(미) 1945 NC공작기계 : 트렉커 사(미) 1947 사이버네틱스 : 위너(미) 1947 선형계획(LP) : 단찌그 (미)

1950	1960	1970	1980	1990
1950~1953 한국전쟁	1965~1971 월남전쟁	1973~1978 오일쇼크	1988 서울올림픽	1991 소련 붕괴
1954년경 욕구단계설 : 매슬로우(미) 1956 목표관리 : 트랙커	1960 의사결정론 : 사이몬(미) 1960 XY이론 : 맥그리거 1965 성장요인론 : 안숍(미) 미성숙성숙이론 : 아지리스(미)	1970년대 관리원칙론 : 군쯔(미) 1972 QWL국제회의	1980년경 방침관리 : 日科技連(일)	
1954 라인밸런싱 : 셀버슨 1955 SLP(레이아웃) : 뮤서(미)	1965 PAC : 門田武治(일) 1969 싱글환치 : 新鄕重夫(일)	1975 모듈생산시스템 : 竝木高矣地(일) 1970년대 도요타생산방식 : 도요타 自工·大野耐一(일)		
1957 동적계획법 : 벨만(미) 1957 CPM : 듀폰(미) 1958 PERT : 미해군(미)	1968 생산정보시스템·PICS·MRP : IBM 사(미)	1970년경 간판시스템 : 도요타自工·大野耐一(일) 1972, 1976 부품중심 생산정보시스템 : 人見勝人·票山仙之助		
1950후반 OR : 국방성(미) 1950 FMEA : 국방성(미) 1952 특성요인도 : 石川聲(일)	1960전반 FTA : 벨통신연구소(미) 1962 QC서클 : 日科技連(일) 1962 ZD : 마틴 사(미)	1978 품질기능전개 : 木野·赤尾(일) 1979 신QC 7가지 도구 : 日科技連(일)	1980 <종합> TQC(CWQC) : 日科技連(일)	1986 다변량해석활용 : 興野他(일) 1988 품질공학 : 田口玄一(일)
1949~1958 MAPI/신MAPI : 터보(미) 1959 VE : 국방성(미)	1965 VD : 쥬무고(일) 1967 MIC : 日能(일)	1970 VRP : 日能(일) 1970 제로베이스예산 : TI 사(일) 1975 원가기획포함원가관리 : 도요타自工(일) 1977 PPM : 아베크랜과 보스턴컨설팅(미)		
	1963 워크디자인 : 나드레(미) 1967 KI법 : 川喜多二郞(일)	1971 TPM : 일본전장(일) PM협회(일)	1987 TP관리 : 日能(일), 秋庭他(일)	1990 RIAL : 松下그룹(일) 上田和範(일)
1959 산업용로봇 : 유니멘숀 사(미)	1960 FMS : 트렉커 사(미) 1962 CAD/CAM : 록히드 사(미) 1963 온라인 리얼타임 시스템 : 어메리칸 에어라인(미)	1973 CIM : 해링톤(미) 1977 공장 인간화 : 볼보 칼마일 공장(스웨덴)	1980 MAP : GM 사(미) 1980 CAE : SDRC 사(미) 1983 TOP : 보잉 사(미) 1988 SIS : 와인즈만(미) 1989 CIM특허 : AT&T 사(미) 1989 IMS : 통산성(일)	

승리로 이끈 것으로 알려지고 있다. 그러나 동양에서는 이보다 2000년 먼저 진시황이 화살촉이나 활을 호환성 있게 설계함으로써 중국 통일의 기반을 마련한 일은 널리 알려져 있다. 표준화란 약속이며 질서이다. 질서가 있는 사회는 그만큼 편리하며 생산적일 수 있는 것이다. 제품의 모듈설계에서부터 시작해서 서식의 표준화 등 그 응용 분야는 무궁무진하다. 이미 연구한 바와 같이 세계화는 기술 개발로 이루어지는 것이 아니라 개발된 제품이 세계 표준이 될 때 완성되는 것이다.

우리는 종종 자동창고를 지어 놓고도 제품이 표준화되지 않음으로써 입출력할 때 바코드를 사용하지 못하고 수작업으로 하는 예나, 설비가 비표준화됨으로써 부품의 공용화가 이루어지지 않는 예를 볼 수 있다. 이를 개선하는 것이 생산성 혁신의 첩경인 것이다.

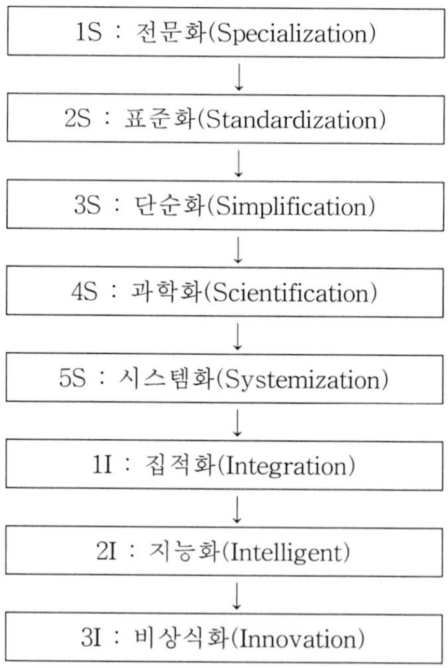

[그림 31-1] 생산성 혁신의 순서

전문화와 표준화가 이루어지면 당연히 찾아오는 것이 단순화이다. 이것은 1900년대 길브레스가 벽돌쌓기 작업에서 보여준 것과 같이 작업을 13단계에서 5단계로 단순화시키면 분당 120개 쌓던 작업을 360개로, 생산성을 3배 가까이 증진시킬 수가 있는 것이다. 일반적으로 제품의 품종 수를 반으로 줄이면 제품 가격을 15% 정도 인하시킬 수 있는 것으로 알려져 있다. 이러한 이유로 전문화, 표준화, 단순화를 생산성 혁신의 기본 3S라고 한다.

이 3S에 하나의 S가 더해지면 4S가 되는데 그것은 테일러의 과학적 관리법(1911년)의 도입이다. 여기서 말하는 과학적 관리법이란 정확한 측정과 그에 걸맞는 보상을 의미한다. 기본적으로 인간은 경제적 동물이며 그러기에 인간의 행동을 유발하는 것이다. 합리적 보상 체계의 구축을 위해서는 수행도에 대한 과학적 측정을 필요로 하며 그에 따른 차별화 관리 또한 필요하다.

이상과 같은 4S는 기본적으로 개별적 개선이기 때문에 시너지 효과를 내기 위해서는 이를 체계화할 필요성이 있다. 이는 다섯번째의 S(Systemization)로서 포드의 컨베이어 시스템(1913년)이 그 최초의 응용 사례이다. 객체가 흩어지면 아무런 힘이 되지 않지만 그 객체의 힘이 한 방향으로 모아질 때 시너지 효과가 나타나는 것이다. 그러나 시너지 효과가 극대화되기 위해서는 4S의 기초적 생산성 혁신이 이루어지고 난 다음, 전산 시스템 등을 도입해야 한다. 전문화·표준화·단순화가 없는 상태에서의 전산 시스템 도입은 모래위에 성을 쌓는 것과 조금도 다르지 않다.

이러한 5S 시스템이 구축되면 이를 기초로 전 객체를 집적화하는 1I, 즉 집적화(Integration) 시스템을 구축하여 스피드화에 대응하는 것이다.

집적화란 최근 CIM(Computer Integrated Manufacturing)으로 불려지는 것으로 수주, 조달, 판매를 통합화해서 고객의 스피드화에 대응하자는 것이다.

여기에 2I는 무인 자동화를 가능하게 하는 지능화(Intelligent) 시스템을 도입하는 것인데, 지능화 시스템은 선진국에서도 실험적 응용이 시도되는 것으로 우리 기업에게는 아직 요원한 문제로 남아 있다.

마지막 3I는 비상식화(Innovation)의 경지이다. 상식적 개선으로 한계에 부딪칠 때에는 이 한계를 벗어나는 비상식적 접근이 필요하다.

이것을 혁신이라고 한다. 그러나 여기서 우리가 유의해야 할 것은 비상식은 상식의 기초 위에서 전개되어야 한다는 것이다. 마치 비구상을 하는 사람이 구상의 기초 위에 서야 하는 이치와 조금도 다르지 않다.

이상에서 살펴본 바와 같이 어느 기업에서 성공한 기법이나 운동이 자사에서도 성공하리라는 보장은 없다. 그러나 적어도 다른 기업에서의 성공 요소와 실패 요소를 같이 검토하고 나서 자사에 그와 같은 기법을 도입할 때 실패의 소지는 사전에 봉쇄되어 실패의 확률이 줄어들게 되리라는 데에는 의심의 여지가 없다.

저자 **윤덕균**은

서울대학교 공과대학을 졸업하고 KAIST 산업공학으로 석사와 박사를 취득하였음. 현재 한양대학교 산업공학과 교수로서 재직하고 있으며 공학대학원장의 보직을 맡고 있음. 경력으로는 미국 버클리 대학과 중국 천진 사범대학 경제 및 관리학원 객원교수, 천진 이공대학 경제 및 관리학원 객좌교수를 역임하였으며, 현재 한국 TOC협회 회장, 한국경영공학회 회장을 맡고 있음. 산업자원부 산업기술정책평가위원, 남북 산업 경쟁력 강화 전국 교수 자원봉사단 대표, 한국고객만족학회 이사, 한국표준협회 품질경영 상임자문교수, 한국능률협회 컨설팅 자문교수, 전경련 국제경영연구원 지도교수, 국가경영전략연구원 자문교수, 삼성전관, 삼성기계 소그룹, 대우중공업, 대덕산업, 대덕전자 자문교수, 한국전력(주) 자문교수, 기아정기 사외이사, 한국로지스틱학회 부회장, 대한산업공학회, 대한인간공학회, 한국품질경영학회 이사, 한국생산성본부, 공진청 공산품 심의위원, 기술품질원 자문교수 등을 역임함.

초우량 기업들의 경영혁신 200년

펴낸날 | 2007년 2월 15일 초판 1쇄
2008년 8월 15일 초판 2쇄
지은이 | 윤덕균
펴낸이 | 김정식
펴낸곳 | 민영사
주소 | 서울시 마포구 염리동 36-249 (201호)
전화 | (02) 711-1224~5
팩스 | (02) 711-1226
등록 | 1990년 5월 7일 제1-1050호
메일 | myspub@hanmail.net

정가 | 20,000원 ISBN 978-89-8134-107-7